本书由国家社会科学基金（编号16BYY035）、中央高校基本科研业务费专项资金（编号16G055）及国家留学基金委（编号201806765022）项目资助

国家能力视角下的
美国翻译政策及对中国的启示研究

龚献静　著

武汉大学出版社

图书在版编目(CIP)数据

国家能力视角下的美国翻译政策及对中国的启示研究/龚献静
著.—武汉：武汉大学出版社,2024.6(2024.12 重印)
ISBN 978-7-307-24054-4

Ⅰ.国… Ⅱ.龚… Ⅲ.翻译—语言政策—研究—美国 Ⅳ.H059

中国国家版本馆 CIP 数据核字(2023)第 209883 号

责任编辑：邓　喆　　　责任校对：李孟潇　　　整体设计：韩闻锦

─────────────────────────────────────

出版发行：**武汉大学出版社**　　(430072　武昌　珞珈山)
　　　　　(电子邮箱：cbs22@ whu.edu.cn　网址：www.wdp.com.cn)
印刷：湖北云景数字印刷有限公司
开本：720×1000　1/16　印张：13.5　字数：221 千字　　插页：1
版次：2024 年 6 月第 1 版　　2024 年 12 月第 2 次印刷
ISBN 978-7-307-24054-4　　定价：65.00 元

目　　录

第一章 绪 论

任何研究往往都是在一定的时空背景下为解决当下问题而展开的。自 21 世纪以来，中国经济、政治、文化和军事方面的实力得到了极大的提升，一跃成为世界第二大经济体。然而，经济实力极大提升的背后，中国语言文化在世界各国的影响力与其经济实力仍然存在很大差距，这一点和美国在"二战"后成为世界强国显示出极大的不同——美国的语言文化影响力在"二战"后伴随其经济和军事实力的增强而得到极大提升，超越曾经享有文化优势的欧洲，尤其在语言使用方面，英语伴随着美国成为世界强国而成为国际事务中最常用的语言。中国在 21 世纪崛起，但中国的语言和文化如何随着国家实力的增强而成为世界主流语言和文化，成为濡化①世界的重要力量，是走向世界的中国面临的重大课题之一。

为让中国经济发展的成功经验惠及世界，2013 年习近平总书记提出了"一带一路"倡议，要实现包含"民心相通"的"五通"建设目标。"民心相通"在一定程度上就是对增强国家濡化能力提出的要求。然而，面对世界不同的语言与文化，如何做到民心相通，如何促进不同语言和文化之间的理解、认同，外语学科作为以学习和研究世界不同国家的语言和文化为己任的高等教育学科，须对这些问题作出回答。

自 21 世纪以来，翻译作为外语学科发展最快的分支，已形成从本科到博

---

① 王绍光于 2008 年提出，濡化能力是国家能力的重要一环，指一个主权国家在治理中不应仅靠暴力、强制力来维持社会秩序，应通过塑造国家认同和核心价值观减少治理成本。参见：王绍光. 国家能力的重要一环——濡化能力[C]//潘维，廉思. 中国社会价值观变迁 30 年(1978—2008). 北京：中国社会科学出版社，2008. 本研究认为在构建人类命运共同体的今天，国际社会的安定和平也需要塑造基本的认同和一套核心价值体系，不然，国际社会就会丛林化，不利于共同体的构建。因此，国家濡化能力不仅指一个国家内部的主流信仰和价值观的教化能力，还包括一个国家塑造国际社会的核心价值观的能力、形成国际社会的普遍认同的价值理念的能力。

士学位教育的完整培养体系①，体现了翻译对满足国家和社会需求的重要性。在翻译成为外语学科重要研究方向的同时，翻译如何应对不同语言和文化之间的交流与沟通的需要，如何提升国家的翻译能力，如何从政策层面发展和规划翻译，进而提升各个领域的沟通交流的能力，构建共同价值理念，以应对国内外的挑战，成为学者探讨的共同话题。② 在语言既是软实力也是硬实力③的今天，翻译也必将是软硬兼具的一种实力。翻译在今后的国家战略发展中应扮演怎样的角色？对这一问题的回答和探索成为本书的研究重点。

　　学术研究是一场研究者个人对其所属学科领域问题的探索之旅。本课题研究的问题既缘于现阶段国家和社会发展对外语学科提出的挑战和期冀，也出自研究者个人在学术训练和研究中所产生的困惑。研究者自博士研读起，就一直关注美国的外语教育、语言政策等相关领域，在探究美国"二战"后的外语教育政策的过程中，在惊叹来自世界各国的移民给美国带来丰富的语言文化资源的同时，也对美国如何应对语言的多样性给国家治理带来的问题感到好奇，尤其想探究美国是如何应对国民因语言不同而带来的沟通障碍，实现国家在各领域的有效治理的。来自世界各国的非英语母语者如何在以英语为事实上的官方语言的美国获得各类公共服务？在完成美国外语教育的研究之后，笔者就开始探究美国如何应对语言多样化给国家管理带来的问题，发现美国具有丰富且历史悠久的翻译实践，翻译在美国不仅被赋予了提升国家文化软实力的使命，而且一直是美国进行国家治理和管理国际事务的重要工具，正如后现代文学评论家埃里克·切菲兹（Eric Cheyfitz）所认为的，"翻译过去是，现在仍然是欧洲在美洲实行殖民化和帝国主义的中心行为（That translation was, and still is, the central act of European colonization

---

　　①　教育部 2005 年批准在高等学校设置翻译本科专业。参见教育部《教育部关于公布 2005 年度教育部备案或批准设置的高等学校本专科专业结果的通知》（教高函〔2006〕1 号）并于 2006 年在几所高校试点。2007 年国务院学位委员会批准了翻译专业硕士学位（MTI），参见国务院学位委员会《关于下达〈翻译硕士专业学位设置方案〉的通知》（学位〔2007〕11 号）：http：//www. moe. gov. cn/srcsite/A22/moe_833/200703/t20070330_82704. html.

　　②　提出中国应提升翻译能力的学者有刘宓庆、季羡林等。参见：刘宓庆. 翻译教学：实务与理论［M］. 北京：中国对外翻译出版公司，2003；李景端. 听季羡林先生谈翻译［N］. 光明日报［2005-02-22］.

　　③　李宇明. 语言也是"硬实力"［J］ 华中师范大学学报（人文社科版），2011（5）：68-72.

and imperialism in the Americas)"①。鉴于此，针对美国的翻译政策与实践的研究必须回答一个重要问题，即翻译在美国国家的治理中扮演了什么角色，也即美国如何通过显性或隐性的翻译政策及实践提升其国内外事务的治理能力。

在中国大力提升文化实力并向外传播文化的新时代，翻译是有利于中华文明延续和传播的行为。本书试图回答：美国是如何借助翻译发展和对外传播文化的？这一实践可以为中国提供怎样的借鉴和启示？因此，本书一方面探索翻译在美国国家治理中的角色，美国如何通过翻译实现对多语言社会的治理并参与全球治理；另一方面基于中国文化软实力提升中对翻译提出的要求，探索美国如何利用翻译逐步从文化沙漠发展成为世界文化强国并对外传播其文化，以期通过对美国翻译政策在国家治理和文化发展与传播两大领域实践的探索，为中国如何借助翻译提升国家治理能力、提升文化软实力，更好地实现中国文化对外传播提供参考与借鉴。

第一节　核心概念的界定

"概念是理智的工具，运用它可以把感觉和回忆的材料集中起来，以便澄清含糊的事实，使看起来似乎是混乱的东西变得有秩序，使不连续的、零碎的东西统一起来。"②许多概念和术语，不同的人在不同情境使用往往指代完全不一样的内涵。因此，为了更明晰本研究的问题，聚焦相关材料，需要对研究中涉及的概念进行界定。本研究中的"美国"即美利坚合众国，其作为主权国家的概念和内涵没有歧义，但因"美国"作为主权国家经过了一场独立革命，其在独立之前已经建立了一套社会治理体系和机构，且美国一直处在扩张中，从最初独立时期的13个州扩张到今日50个州，因此，本研究中，有关翻译在美国国家文化建构和传播的章节会从殖民地时期进行论述。鉴于国内外学界对"翻译""政策"及"翻译政策"的内涵和外延有着不同的解读，以下主要对本研究情境下的"翻译""政策"及"翻译政策"概念的内涵进行界定，并对本研究视角中的"国家能力"这一概念进行说明。

---

① Eric Cheyfitz. *The Poetics of Imperialism: Translation and Colonization from The Tempest to Tarzan*[M]. Philadelphia: University of Pennsylvania Press, 1997: 104.

② 约翰·杜威. 我们怎样思维[M]. 姜文闵，译. 北京：人民教育出版社，1991：149.

一、翻译

英语 translation 来源于拉丁语 translatio，"trans"和"lation"分别意为"across""to carry"或"to bring"，"translation"的意义是"a carrying across"或"a bringing across"，也就是"把……带过去"。因此，对不同语言文本的"翻译"就是"bring across a text from one language to another"，即"把文本从一种语言搬运到另一种语言"。然而，正如"translation"的词源所揭示的，"translation"是"把……带过去"，就不免会引申出"把一种东西带到另一个地方的目的是什么"的问题。这给"translation"赋予了另一个重要含义，即"the conversion of something from one form or medium to another"，这一含义丰富了"translation"概念的内涵，也带来对"translation"的不同界定，超越了语言符号领域所理解的"翻译"一词。即使在语言符号领域，"翻译"一词除了指不同语言之间的翻译，即"语际翻译"（interlingual translation），还有另外两种类别的翻译，即"语内翻译"（intralingual translation）和"符际翻译"（intersemiotic translation）。[①] 其次，"translation"也不是只指语言符号层面的转换，还带有"转化""占有""同化"的含义。这一含义得到了广泛的使用和论证，尤其在后现代和后殖民主义学者的著作中，例如美国学者埃里克·切菲兹（Eric Cheyfitz）的代表作《帝国主义诗学：从〈暴风雨〉到〈泰山〉的翻译与殖民》（*The Poetics of Imperialism: Translation and Colonization from The Tempest to Tarzan*）中的"translation"所指的并非语言符号层面的转换，而是指向"转化""占有""挪用"。此外，区域国别研究中也经常使用"translation"一词，其往往指认识论层面的"知识或理念的转化"，即知识或理念从国别或区域的独特性到全球普适性的转化，或普适性知识理念如何转化以适用于国别或区域的独特性。[②]

汉语的"翻译"一词是随着中国翻译活动的发展而逐步形成的。最早指

---

① 关于"语际""语内"及"符际"等翻译的概念在 1959 年由雅各布森（Roman Jakobson）提出，参见 Jakobson, R. *On Translation*[M]. Cambridge, Mass: Harvard University Press, 1959: 232-239。乔治·斯坦纳也在《通天塔之后——语言和翻译面面观》的第一部分"Understanding as Translation"对三个划分进行了深入的探讨。参见斯坦纳. 通天塔之后——语言与翻译面面观[M]. 上海：上海外语教育出版社，2001: 1-31.

② Mielke, K., & A. K. Hornidge. *Area Studies at the Crossroads: Knowledge Production After the Mobility Turn*[C]. New York: Palgrave Macmillan, 2017: 1-20.

"不同语言之间的信息传达"的汉语词语是"译",根据《说文解字·言部》："译,传四夷之语者。"这也就是为什么在中国早期的翻译活动中只出现"译"一词。"翻译"一词的出现实际上在很大程度上是对翻译活动中涉及的语言文化的"不可译性"这一问题的解决,其包含了对原文的诠释,并非语言的平行置换。翻译的意义就是"需要立足于自身的语言文化,对原文作创造性的解释,实施翻转、反转式的置换"①。所以,"翻译"一词在中国文化历史的演变中,就涵盖了西方目前探讨的后现代主义、哲学层面的含义。

除了中外学者对"翻译"一词的词源学解释,现当代许多著名翻译家及翻译学者也基于当今翻译在社会的功能作出了各自的界定,丰富了"翻译"一词的内涵。基于本研究关注的是国家治理层面的翻译活动,翻译主要作为推动多语言社会的沟通及国家对外发展的活动,因此,本研究中的翻译指不同语言之间的转换活动,不过在语言服务领域也涉及"符际翻译"②。此外,本研究不对微观层面的"翻译质量"及"是否可译"等进行探讨。

另外,需要指出的是,美国不同的政府部门使用了不同术语来描述翻译活动,如联邦政府部门最常用的术语是"Language Service",而军事活动中的翻译一般使用"Language Support"③进行界定。"Language Service"和"Language Support"都涵盖了笔译"translate"和口译"interpret"两种活动,因此,在本研究中,翻译也指这两类活动。鉴于此,美国对从事翻译职业的称谓不仅有"translator"或"interpreter",还有美国联邦政府及军事部门的"linguist",也就是汉语中的"语言专家"。"linguist"这一术语的使用也表明了美国一些部门对翻译从业者素养要求更高,如进行语言情报分析、使用语言翻译技术等。本研究在描述翻译相关的政策和活动时,不对"linguist""translator"及"interpreter"进行严格区分,但会根据所描述的场景需要,分别使用"译者""译员"或"语言专家"等词语描述这一职业群体。

---

① 王向远. "翻""译"的思想——中国古代"翻译"概念的建构[J]. 中国社会科学, 2016(2): 138-156.

② 如在医疗卫生领域,针对缺乏读写能力的人,美国通过图画来翻译公共卫生指示语。而在军事翻译领域,需要把收集到的各种图片情报翻译成文字情报。

③ 如美国军队关于战争法的操作手册中,关于翻译服务的章节是用"Language Support"命名的。参见:Department of the Army. The U. S. Army/Marine Corps Counterinsurgency Field Manual (FM 3-24). Chicago: University of Chicago Press, 2007: 340-346.

二、政策

对"政策"的界定具有极强的国家和文化特征。《现代汉语词典》(第 6 版)的"政策"词条为:"国家或政党为实现一定历史时期的路线而制定的行动准则"。而《牛津高阶英汉双解词典》(第 8 版)的定义没有强调国家,但强调了政党和企业作为政策制定的主体,即"由政党、企业等一致同意或选择的行动计划"(plan of action agreed or chosen by a political party, a business, etc.)。从英汉两种权威词典的定义可以看出不同文化和国家对政策理解的偏差。在中国语境下,政策更强调国家和政党等政治权威机构,这一倾向在中国的百度百科条目中表达得更为清楚:政策是"国家政权机关、政党组织和其他社会政治集团为了实现自己所代表的阶级、阶层的利益与意志,以权威形式标准化地规定在一定的历史时期内,应达到的奋斗目标、遵循的行动原则、完成的明确任务、实行的工作方式、采取的一般步骤和具体措施"①。而以西方或英语文化为代表的维基百科对"政策"的解释为"政府、机构、组织或公民个体为实现目标而订立的计划。政策包含一连串经过规划的和有组织的行动或活动"②。对比可以发现,维基百科的定义中"政策主体"也包含"公民个人"。中外词典和网络百科对"政策"一词解释的偏差在一定程度上也反映了中西方国家机构运行机制的不同。中国偏向狭义的政策含义,认为政策是自上而下的公权力机构的职责;而西方对政策的界定也强调了"社会组织",甚至是"公民个人"作为政策制定的主体。此外,因"政策"内涵的多元性,有学者对政策进行了描述性的界定,从不同层面对政策特征分别进行描述,例如,政策既可以是在场的,也可以是一种缺席的状况,没有明确的政策也是一种政策,政策既可以是显性的,也可以是隐性的。③ 本研究的内容是美国的翻译政策,对政策的界定选择西方较为宽泛的定义,即政策制定主体也包含社会组织甚至公民个人。选择西方较宽泛的定义更符合美国的国家特点。美国在其国家发

---

① 参见百度"政策"词条 . https://baike. baidu. com/item/% E6% 94% BF% E7% AD% 96/32783? fr=aladdin).

② 参见维基百科"政策"词条. https://zh. wikipedia. org/wiki/% E6% 94% BF% E7% AD% 96.

③ Jenkins, Richard. The Meaning of Policy/ Policy as meaning[M]//Hodgson S. M. & Irving Z. *Policy Reconsidered Meanings*, *Politics and Practices*. Bristol: Policy Press, 2007: 22.

展历程中强调公民自治，尤其在文化领域，认为文化是公民个人的事务，至今都没有设立专门的文化部对文化事务进行管理，因此，无专门的文化管理机构制定涉及文化事务的政策就是美国的国家文化政策，可以说是"不在场"（non-present）政策，或者说是一种隐性政策。美国的"不在场"政策表现在多个领域，如《美国宪法》没有规定官方语言，但在美国 200 多年的发展中，英语一直是事实上的官方语言，发展英语为官方语言可以说是一种秘而不宣的"不在场"政策。① 美国没有文化部颁布文化政策，但美国的文化发展却得到了全社会的资助。总而言之，本研究讨论的"政策"一词不仅是指国家、政府或政党的政策，也包含社会组织机构甚至公民个人制定的政策。

三、翻译政策

"政策"内涵和外延的多样性也在"翻译政策"中得以呈现。学者们对"翻译政策"②这一术语的不同界定反映了国家和文化特色。20 世纪 70 年代，霍姆斯（James S. Holmes）在宣告翻译研究成为正式的学科领域之时，"翻译政策"就被列入其所设计的翻译研究路线图。③ 90 年代，图里（Gideon Toury）给翻译政策作出了专门的界定："翻译政策指特定时期，特定语言文化通过翻译对所输入的文本类型和文本进行选择的一些支配性的因素。"④

21 世纪以来，翻译政策进一步受到关注，中国有学者把"翻译政策"界定为"国家政府或政府机构提出的或制定的与翻译活动有关的各种规定性要求"⑤。中国学者的界定很明显是受中国对政策的定义的影响，强调了国家和政府机构作为翻译活动和行动方案的主体。当然，也有学者融合了国外对政

---

① 美国近年来涌入越来越多的移民，一些州要求将英语作为官方语言，此外，美国的入籍条件中，要求申请者通过英语读写测试，这个政策于"二战"后开始实行。

② 学者 Jiří Levý1967 年在其一篇文章中使用"translation policy"一词，指译者在翻译过程中使用的翻译策略或策略选择。参见 Levý, Jiří. Translation as A Decision Process[M]// *To Honor Roman Jakobson: Essays on the Occasion of His Seventienth Birthday*, Vol. 2, 1171-1182. The Hague: Mouton, 1967.

③ Holmes, J. S. The Name and Nature of Translation Studies [C]//Venuti, L. *The Translation Studies Reader*. London & New York: Routledge, 2000: 172-185.

④ Toury, G. *Descriptive Translation Studies and Beyond*[M]. Amsterdam/Philadelphia: John Benjamins, 1995: 58.

⑤ 滕梅. 翻译政策研究及对当下中国的借鉴意义[J]. 上海翻译, 2014(1): 35-39.

策的界定，强调了民间和个人亦可作为政策主体，认为翻译政策为"官方或民间机构就翻译问题所作出的讨论、陈述或行动方案"①。国外学者借助与翻译政策密切相关领域的概念对翻译政策进行界定，如梅拉茨（Reine Meylaerts）借助"语言政策"把翻译政策界定为"用来规范基于教育和交流目的的语言使用的法律规则，包括法律事务、政治机构、新闻媒介和行政部门的语言使用"②，并且认为非官方情境下的翻译政策是值得研究的，因非官方情境下，政策也能以非结构化、更为复杂的方式运行"③，而加布里埃尔·冈萨雷斯·努涅斯（Gabriel González Núáez）借助了著名语言政策专家斯波斯基（Bernard Spolsky）关于语言政策的界定，把翻译政策划分为三个层面，即翻译管理（Translation Management）、翻译实践（Translation Practice）和翻译观念（Translation Belief），并对翻译政策涉及的三个层面进行了界定。④

正如以上界定所表明的，"翻译政策"的内涵和外延极其宽泛，可能会导致该术语丧失其作为学术研究命题的效能。确实，翻译政策的广涉性使其一直未能成为现有的翻译研究词典的专门词条⑤，但翻译政策一直是学者们探讨的重要问题之一，并在国内外有不同的研究取向，西方国家出现的大规模移民潮及民族自决的理念激发国内少数族裔对自己语言和文化的保护，翻译成为许多国家在多语情境下应对不同族裔的语言权利诉求的重要措施，提供语言翻译服务的规定成为许多公共服务领域法律规定和政策文件的重要部分。在中国，虽然有关翻译的政策规定也是民族自治区域基本公共服务政策规定的一部分，但总体而言，学者更强调文化发展领域的翻译政策，相应研究关注于翻译在国家文化发展中的功能和角色，翻译事业是国家文化发展事业的重要组成部分。⑥

---

① 黄立波，朱志瑜. 晚晴时期关于翻译政策的讨论[J]. 中国翻译，2012(3)：26-33.

② Meylaerts, R. Translational Justice in a Multilingual World. *Meta*, 2011, 56 (4)：744.

③ Meylaerts, R. Translation Policy[C]//*Handbook of Translation Studies*, Vol. 2, ed. by Yves Gambier, and Luc van Doorslaer, 2011：167.

④ Gabriel González Núñez. On Translation Policy[J]. *Target*, 2016(1)：87-109.

⑤ Meylaerts, R. Translation Policy[C]//*Handbook of Translation Studies*, Vol. 2, ed. by Yves Gambier, and Luc van Doorslaer, 2011：164.

⑥ 许钧. 从国家文化发展的角度谈谈翻译研究和学科建设问题[J]. 中国翻译，2012(4)：5-6.

因此，综合以上对政策的界定，结合本研究的研究对象和问题，就翻译政策主体而言，本研究采纳更宽泛的主体界定，认为私立机构、民间团体、学术组织甚至公民个人所从事的翻译活动和行动方案都是政策；而就翻译政策内容而言，笔者将从语言政策和文化政策两个层面对美国的翻译政策进行研究。

四、国家能力

"国家能力"对不同领域的学者而言也具有不一样的内涵。然即便如此，不同领域的学者对国家能力的基本内涵仍有一定共识，即"国家能力"是"主权国家针对国内及国际事务制定和实施一系列政策的能力"①，是"相关政治权威机构执行他们意愿和政策的能力"②。"二战"以来，"国家能力"成为分析国家发展、社会治理、战争、国际秩序等领域问题的重要学术方法和路径。面对"失败国家"③带来的人道灾难及对国际社会的稳定的威胁，"国家能力"在论述中主要强调其国家治理的层面，学者王绍光在 20 世纪 90 年代总结了国家能力的四个核心内涵，即国家汲取财政能力、规管调控能力、合法化能力以及强制能力。21 世纪以来，王绍光对国家能力进行细分，从 8 个层面论述了国家能力，即强制能力、汲取能力、濡化能力、认证能力、规管能力、统领能力、再分配能力、吸纳和整合能力。在对作为国家基本能力之一的"濡化能力"的阐释中，其主要分析了国家如何通过语言、文化、教育等政策以实现

---

①　Vom Hau, Matthias. State Capacity and Inclusive Development: New Challenges and Directions (March 5, 2012) [EB/OL]//Effective States and Inclusive Development Research Centre Working Paper 2, 参见：https://ssrn.com/abstract=2141771.

②　Centeno, M. A. *Blood and Debt: War and the Nation-State in Latin America* [M]. Philadelphia: Penn State University Press, 2002: 3.

③　即"failed State"，也有学者使用"脆弱国家"（fragile State），指一个国家政府机构已经瓦解到其作为主权国家的基本条件和责任都缺乏，国家无法正常运转。参考 https://en.wikipedia.org/wiki/Failed_state。美国《外交政策》及和平基金会也共同编制了"失败国家指数"，也叫"脆弱国家指数"。国家能力的理论视角是基于当今世界的失败或脆弱国家的研究而产生的重要理论视角。可参考 Gros, J.-G. "Towards a taxonomy of failed states in the New World Order: Decaying Somalia, Liberia, Rwanda and Haiti". *Third World Quarterly*, 1996 (3): 455-472; Rotberg, R. *When States Fail: Causes and Consequences* [M]. Princeton, NJ: Princeton University Press, 2004.

国家认同和核心价值观的培育和巩固，从而降低通过强制力实施社会管理的成本。① 本研究将从国家能力中的强制能力、濡化能力、统领能力、整合能力四个层面切入美国翻译政策研究，探索翻译政策与国家能力之间的相互影响和相互作用。

第二节　研究视角与方法

一、研究视角

任何研究都是在一定的理论视角下进行的。"没有任何一项研究，可以没有基本理论或方法的指导。无论是从清晰的人类学知识体系还是从模糊的个人认知系统进入，研究者的理论模式都有助于界定问题和应对问题。每个人应对问题时在脑海里都有关于事物运转的一个或一系列理论，诀窍在于为手头的任务选择最为恰当的理论。"②本研究根据研究的问题和内容选择"国家能力"这一视角来研究美国的翻译政策与实践，具体理由如下。

一是"国家能力"在"二战"后成为研究国家政策的重要视角。"二战"后的反殖民及民族自决理念促进了许多国家脱离过去的殖民统治而宣布独立。然而，新独立的国家作为主权国家在财政汲取能力、公共服务供给能力方面一直受到质疑，学界根据"国家能力"概念所具有的要素把这些缺乏提供基本公共服务能力的国家定义为"失败国家"，失败国家失去了对国土的控制能力，缺乏合法的权威机构进行集体决策，缺乏提供公共服务的能力，以及与世界主权国家交往并成为国际社会的一员的能力。③ 因此，为防止"失败国家"的出现，提升国家能力成为诊断和建议国家治理与发展的重要措施。

目前，"国家能力"作为一种研究理论框架或视角已广泛应用于国家发展、国内外冲突、对外关系、政治机构组织、经济建设、公共服务供给等政策的研究；而"二战"以来，翻译政策也已逐步嵌入国家政治、经济、文化发展的各种政策措施之中。"国家能力"影响着翻译政策的制定和实施，同时翻译政

---

① 王绍光. 国家治理与基础性国家能力[J]. 华中科技大学学报，2014(3)：8-10.

② 费特曼 D. M. 民族志——步步深入[M]. 龚建华，译. 重庆：重庆大学出版社，2007：4.

③ 参见维基百科"failed State"词条：https：//en. wikipedia. org/wiki/Failed_state。

策也是提升国家能力的重要工具。因此，从"国家能力"视角研究国家的翻译政策和实践具有其合理性。

二是曾属于英属殖民地的美国自独立以来逐步发展成世界第一大强国，本身就吸引着学者们从国家能力的视角去探讨美国作为一个"成功国家"所具备的各项能力。历史发展也表明，美国自成为独立国家以来，其国家能力在国家治理、公共服务提供等多种领域一直持续增强，并吸引世界各地移民涌入，尤其第二次世界大战后美国凭借其在战争中的胜利而成为世界最强大的国家之一，四大国家核心能力——汲取财政能力、宏观调控能力、合法化能力及强制能力得到极大的增强。增强的国家能力也让美国以国家力量介入文化和高等教育领域。联邦政府在"二战"后改变了不直接介入文化教育事业的传统，通过其强大的财政汲取能力及合法化能力直接介入了文化和高等教育领域。① 美国联邦政府介入文化教育既是国家能力发展的结果，也是提升其国家对内和对外的濡化能力的需求。濡化能力要求美国在国内通过文化教育培育国家认同的核心价值观，在国际上输出其国家价值观和意识形态，让美国文化成为世界的主流文化，以实现美国文化主导世界。翻译政策和实践是文化教育事业的重要组成部分，国家能力对文化教育事业的介入必然会反映在翻译政策和实践中。因此，有必要从国家能力的视角研究"二战"后美国的翻译政策和实践。

三是翻译的工具性价值。翻译作为国家治理和国家形象建构的工具在第二次世界大战后得到了极大彰显。"二战"后世界各国之间的竞争不仅表现在军事、经济等传统领域，还体现在科技、文化、意识形态等领域，通过翻译传播价值观、传递国家意识形态、提升国家形象、抵抗文化侵略成为许多国家的国家战略的重要组成部分，通过或隐或显的翻译政策来促进本国国家形象和价值观的传播。美国"二战"后的大量移民带来的语言文化的多元化发展

① 美国在"二战"后通过多项法案介入高等教育事业，如 1944 年通过《退伍军人权利法案》(*G. I. Bill of Rights*) 促使大学招收大量退伍军人，1958 年通过了《国防教育法》，1965 年又通过《高等教育法》。在文化领域，美国在 20 世纪 60 年代分别设立了国家艺术基金会 (National Endowment for Arts) 和国家人文基金会 (National Endowment for Humanities) 支持文化艺术的发展。

给公共治理带来了新的挑战。为更好地服务来自世界各地且英语能力有限①的移民，翻译服务成为公共服务的一部分，语言服务产业也因此得到发展，管理翻译服务活动的政策及措施因而受到关注。因此，需要从国家层面研究翻译，而"国家能力"这一理论视角为政策层面的翻译研究提供了合理的视角。

四是本研究视角的选取也是基于对中国现实问题的观照。自 1949 年中华人民共和国成立以来，在仅仅 70 多年的时间里，中国一跃成为世界第二大经济体，中国经济实力的增长是中国作为主权国家的"国家能力"的重要体现。早在 20 世纪 90 年代，国内外的学者就开始从"国家能力"的视角研究中国的成功。② 当今面对百年大变局，无论是国内治理还是国际事务的处理，都需要强大的"国家能力"，以应对国内外的挑战。除了我国已具备的较强的财政汲取能力，中国还需提升哪些层面的国家能力，才能更好地应对国家发展提出的挑战？有学者特别强调了在新时期国家发展所应具备的濡化能力③，那么，翻译在提升国家濡化能力方面应该扮演什么角色？美国在提升国家濡化能力过程中是如何借助翻译的？有关翻译的政策和实践会给中国今后的全球治理能力提供怎样的参考和启示？如何通过翻译提升中国文化的海外濡化能力，促进中国文化不仅"走出去"并"走进去"？④ 针对这些问题，从"国家能力"的视角对美国翻译政策进行研究以更好地观照中国现实刻不容缓。

二、研究方法

本研究主要采取了三种方法。第一种是文献法。翻译政策首先涉及翻译

---

① 英语能力有限者(Limited English Proficiency，LEP)已经成为美国公共服务部门必须关注的群体。为更好地服务该群体，保障他们的权益不因英语能力有限而受到损害，联邦政府专门建立了 LEP 网站(https://www.lep.gov/)提供相关资讯。目前许多公共机构翻译政策的制定都是基于保障该群体的权益，相关政策和立法详见第三章的论述。

② *Chinese Economic Studies* 杂志在 1995 年第 3 期专刊专门探讨中国国家能力问题。王绍光从国家能力的层面全面论述了中国的成就。Shaoguang Wang. State Capacity. *Chinese Economic Studies*，1995(3)：27-43.

③ 王绍光. 国家能力的重要一环——濡化能力[C]//潘维，廉思. 中国社会价值观变迁 30 年(1978—2008). 北京：中国社会科学出版社，2008.

④ 自 2015 年起，越来越多的声音呼吁中国文化不仅要走出去，还要走进去。有学者提出要从国家层面、企业层面和学者层面共同促进"走出去"并"走进去"。参见：唐珊. 中华文化要"走出去"更要"走进去"[EB/OL]. (2020-02-26). http://www.rmlt.com.cn/2020/0226/570283. shtml.

管理，而管理就意味着对某一活动所进行的决策——在什么样的情景下需要翻译，翻译以什么样的形式进行，都需要立法者、活动负责人对这些问题作出决策。这些决策往往是通过一定程序而实施，并以正式或非正式的文件进行记录的。此外，一些诸如是否雇用专业译员，译员需具备怎样的资格等有关翻译活动的管理政策也会有详细记录。总之，涉及翻译管理的政策规定往往是明确的，会出现在国家立法以及机构管理指南等文件中，研究翻译政策就需要对这些文件进行梳理。另外，虽专门针对翻译问题的政策较少，但在国家的语言政策、对外政策、文化项目组织章程中往往能找到涉及翻译的规定，需要对立法机构发布的法律文件、政府的管理文件及学术组织、私立基金会及学校等各类机构发布的文件、项目资助条款甚至发布的有关翻译的广告等文献资料进行全面梳理，才能了解国家在翻译领域的相关政策规定。因此，文献法是本研究采用的最基本的方法。

第二种是个案研究法。本研究会对一些机构所制定的有关翻译政策规定进行描述分析，如在国际事务管理中，以美国国务院为案例对其翻译管理进行分析，论述翻译政策的制定、实施及其影响。第三种是调查法。研究者利用访学及学术交流的机会，通过调查或访谈政策制定者或实施者，尤其是翻译项目的负责人或参与人，来了解政策产生的背景、实施的成效及产生的影响。

第三节　文　献　综　述

任何研究都是在前人研究的基础上展开的。由于"翻译政策"的内涵和外延仍处在争议中，相对其他层面的翻译研究，有关翻译政策的研究比较庞杂，主要涉及以下四个领域：一是国家或区域某一特定历史时期的翻译政策与实践研究，二是机构翻译政策与实践研究，三是公共管理领域翻译政策与实践研究，四是公共或文化外交领域翻译政策与实践研究。本部分从这四个方面综述相关文献。

一、国家或区域某一特定历史时期的翻译政策与实践研究

国家或区域的某一特定历史时期的翻译政策主要是关注一国在某一特定历史时期针对国家语言文化发展或意识形态的建构而实施的翻译政策。如韦

努蒂(Lawrence Venuti)考察美国殖民地时期的翻译历史发现，美国自殖民地时期起就力图通过翻译奠定其在文化方面的独立性：新大陆出版的第一本书是殖民者自己翻译的《海湾圣诗》，译者反对英国国教的礼拜仪式和皇家宫廷文学，用大众流行的民谣韵律来对抗宫廷流行的高雅诗歌，体现了当时的清教徒在美洲发展属于北美大陆文化所做的努力。① 此外，韦努蒂也分析了"二战"后美国是如何通过翻译日本文学以服务美国在远东的战略目标的，如为了减少美国民众对发动了珍珠港突袭的日本的憎恨，并在文化和意识形态方面支持日本以遏制苏联在远东的扩张，美国大型出版社翻译出版了川端康成等作家的作品，并转译到欧洲，在西方读者心中营造了"凄楚、雅致和感伤"的日本文化形象，强调了日本文化的正面性，从而使日本从"二战"时期的敌人转变为战后的盟友，保障了美国战后在远东和太平洋地区的战略利益。② 土耳其学者艾克索依(Nüzhet Berrin Aksoy)描述分析了土耳其时任教育部部长哈桑·阿里·郁索尔(Hasan Ali Yücel)于1939年设置的翻译委员会，研究土耳其如何通过翻译政策实现国家现代化。③ 学者理查德·雅克蒙(Richard Jacquemond)研究了阿拉伯国家"二战"后的翻译政策，基于阿拉伯国家2003年发布的《第三部阿拉伯人力发展报告》(3rd Arab Human Development Report)中阿拉伯国家存在的翻译问题，分析了阿拉伯国家的翻译政策，并对目前阿拉伯国家民族语言活力下降及外语使用增加表达了担忧，认为这最终将影响阿拉伯国家实现"建立知识型社会"的目标。④

中国学者也对中国不同发展时期的翻译政策进行了研究。宋以丰对清代前期、中期的翻译政策进行了研究，通过对这两个时期的翻译政策与实践的分析，认为这个时期的翻译政策以"首崇满洲"为价值理念，是基于清朝统治者的政治、文化需求而制定并实施的，不仅增进了民族之间的相互了解，也

---

① Venuti L. American Tradition [C]//Baker M. *Routledge Encyclopedia of Translation Studies*. New York：Taylor & Francis Group，1998：305-316.

② Venuti L. *The Scandals of Translation：Towards an Ethics of Difference*[M]. London/New York：Routledge，1998：14.

③ Aksoy，N. B. The Relation Between Translation and Ideology as an Instrument for the Establishment of a National Literature[J]. *Meta*，2010(3)：438-455.

④ Jacquemond，R. Translation Policies in the Arab World[J]. *The Translator*，2009(15)：1，15-35.

维持了清朝的稳定与和谐,维护了旗人统治集团的既得利益。① 黄立波和朱志瑜从翻译人才培养、翻译选材、译员雇用、翻译模式、翻译奖励方式、翻译活动监管和教科书编译七个层面探讨了晚清时期的翻译政策,认为这个时期的翻译政策是以官方为主,具有自上而下、急功近利的特点。② 滕梅对中国自1919 年以来的翻译政策进行了研究,分析了制约翻译政策的社会、文化、经济及政治环境,提出了制定和实施具有中国特色的、为社会主义建设服务的翻译政策的标准和原则。③ 李萍、田传茂对抗日战争时期的中国现代文学向美国译出的政策进行了研究,认为尽管这一时期没有明确的翻译政策规定,但中美两国的政治、外交和文化政策,以及社会制度和意识形态的不同影响了文本的选择。④ 李思源对重庆国民政府在抗战时期的翻译政策进行了研究。⑤总之,大多针对某一国家或区域某一时期的翻译政策研究探讨的是翻译如何帮助实现国家在一定历史时期的社会治理、语言及文化发展目标。

二、机构翻译政策与实践研究

机构包含了政府机构、新闻出版机构、国际组织、公司等各类社会组织。翻译政策总是由具体机构制定并执行的。20 世纪以来,有关机构翻译的政策与实践受到了学者的关注。国外学者对机构翻译(Institutional Translation)的研究主要在社会学的框架里进行,并对机构的翻译规范、策略及影响进行了研究。如布莱恩·莫索普(Brian Mossop)研究了加拿大联邦翻译局是如何影响翻译标准以及翻译背后的政治目标的,他认为机构翻译更关注的是信息的传递,翻译局这一机构的翻译活动和加拿大双语政策有关,以确保法语区留在联邦

① 宋以丰.“首崇满洲”观念下的清代前、中期翻译政策研究[D].长沙:湖南师范大学,2019.

② 黄立波,朱志瑜.晚清时期关于翻译政策的讨论[J].中国翻译,2012(3):26-33.

③ 滕梅.1919 年以来中国翻译政策研究[M].济南:山东大学出版社,2009.

④ Ping Li, Chuanmao Tian. Translation Policy, Social System, and Ideology:A Study on the English Translation of Modern Chinese Fiction for America During the CWRAJ[J]. *SAGE Open*, 2021, July-September:1-14.

⑤ 李思源.抗战时期重庆翻译政策研究[D].成都:四川外国语大学,2021.

机构。① 凯萨·科斯基宁对超国家机构——欧洲联盟的翻译政策进行了研究，认为机构的翻译对象明确，且主要是和实现机构的管理目标密切相关。② 有学者对国际非政府组织的翻译政策进行了研究，认为从社会语言学的视角对国际组织的语言问题和翻译政策的研究，将有助于全球治理中的各类行为主体把相应的治理话语转换成行动，有助于提醒注意非政府组织内的英语主控地位的危害及相应的权力转移机制，促进弱势国家的声音在全球范围得以传播。③ 安德烈·勒菲弗尔研究了出版机构、学术教育机构对文学翻译的影响。④

国外学者研究机构翻译活动大多并不直接使用"Translation Policy"一词，但中国学者一般会明确使用"翻译政策"一词对各种机构的翻译实践活动进行研究。如有学者对晚清时期洋务学堂的翻译政策进行了研究，对京师同文馆、江南制造总局等翻译机构的翻译活动进行了描述，研究主要集中在这些机构如何促进晚清时期的翻译事业发展、西学东渐等。⑤ 也有学者以京师同文馆和江南制造总局为案例分析了晚清时期国家翻译实践的治理与制度建设。⑥ 另一大关于翻译机构的研究是对外文局和中央编译局的翻译活动和政策的研究，这些研究主要集中在马列、毛泽东文选等政治思想著作的翻译传播及相关翻

---

① Mossop, B. Translating Institutions: A Missing Factor in Translation Theory[J]. *TTR*, 1988, 1(2): 65-71.

② Koskinen, K. *Translating Institutions: An Ethnographic Study of EU Translation*[M]. Manchester: St. Jerome, 2008.

③ Tesseur W. Incorporating Translation into Sociolinguistic Research: Translation Policy in an International Non-governmental Organisation[J]. *Journal of Sociolinguistics*, 2017(3): 629-649.

④ Lefevere, A. *Translation, Rewriting, and the Manipulation of Literary Fame*[J]. London/New York: Routledge, 1992.

⑤ 这类研究较多。主要有：杨文瑨，罗列：论晚清洋务派的翻译政策与京师同文馆翻译人才培养模式[J]. 北京第二外国语大学学报, 2014；徐婷. 晚清官方对西方知识的接受与京师同文馆的西学翻译[J]. 东方翻译, 2017；陈双燕. 江南制造总局翻译馆的译书方法[J]. 中国翻译, 1993；张美萍. 翻译一事，系制造之根本——江南制造局的翻译及其影响[J]. 中国翻译, 2010.

⑥ 韩淑芹. 国家翻译实践之"治"与"制"：以洋务运动时期官办译馆翻译为例[J]. 上海翻译, 2021(5): 79-84.

译活动的管理等。① 此外，还有对文化部、各大出版社的翻译活动进行的研究，如有对"熊猫丛书"的翻译规范、管理、赞助、文本选择及其影响的研究。② 中国也有学者对企业的翻译实践进行了探索，主要是对企业翻译进行了调查，探索其翻译理论与实践。③ 总之，在针对机构的翻译政策与实践的研究中，国内外学者都是从机构的翻译规范、翻译活动管理、文本选择及翻译活动影响等方面进行研究。

三、公共管理领域的翻译政策与实践研究

公共管理领域的翻译政策主要与国家或一些组织机构面临的多元语言问题相关。这些问题主要涉及两个领域：一是如何保障少数族裔的语言权、平等获得公共服务的权利及解决政府公共管理中的不同语言带来的交流问题；二是解决全球化带来人口和货物的流动而产生的不同语言之间的交流问题。针对少数族裔社区的翻译政策，国内外学者进行了广泛研究。如布里埃尔·冈萨雷斯·努涅斯根据卢比奥·马林有关工具性语言权和非工具性语言权的理论④，对不同的国际条约中有关国家应承担的翻译义务进行了分析和研究，认为翻译政策是帮助少数族裔实现这些语言权的重要保障，是实现国家所承诺的公民应享有的语言权利和文化权利的重要途径。⑤ 此外，冈萨雷斯·努涅

① 滕梅，曹培会. 意识形态与赞助人合力作用下的对外翻译——外文局与20世纪后半叶中国对外翻译活动[J]. 解放军外国语学院学报，2013(3)：75-80；滕梅，吴菲菲. 国家翻译机构对翻译活动的规范——以中央编译局马列著作及毛著翻译为例[J]. 中国海洋大学学报(社会科学版)，2014(6)：110-115；滕梅，吴菲菲. 翻译政策作用下的国家翻译机构——以中央编译局为例[J]. 外语教学，2015(4)：110-113.

② 耿强. 中国文学走出去政府译介模式效果探讨——以"熊猫丛书"为个案[J]. 中国比较文学，2014(1)：66-77；刘会然. 当前中国内地翻译机构研究[D]. 济南：山东大学，2010；郑晔. 国家机构赞助下中国文学的对外译介[D]. 上海：上海外国语大学，2012。

③ 文军，唐欣玉. 企业翻译与企业文化：从调查看问题[J]. 上海科技翻译，2002(1)：3-5.

④ Rubio-Marin, R. Language Rights: Exploring the Competing Rationales [C]//W. Kymlicka and A. Patten. *Language Rights and Political Theory*. Oxford: Oxford University Press, 2003: 56-58.

⑤ González Núñez, G. Translating to Communicate with Linguistic Minorities: State Obligations Under International Law[J]. *International Journal on Minority and Group*, 2013(2): 405-441.

斯也研究了英国的翻译政策，具体分析了英国政府部门、公共健康机构及司法机关的翻译政策是如何满足多元语言社会的需求，保障少数族裔的语言权及获得公共服务的权利的。① 玛利亚·塞拉科多·巴赛拉诺分析了美国联邦层级和州层级的社区翻译政策，对联邦和州出台关于翻译政策的法规、具体的翻译制度及其实践进行了研究，认为翻译是保障美国多语社区语言权和公民权的重要途径。② 此外，针对少数族裔社区的翻译，阿尔伯特·布兰切戴尔、奥斯卡·迪亚兹·弗卡斯及玛尔塔·加西亚·冈萨雷斯通过研究欧洲国家少数族裔的多语言社区，要求政府机构为少数族裔和多语言社区提供翻译服务，认为实施强制性的翻译政策是实现少数族裔语言权和平等权的重要保障。③ 也有学者对中国自 1949 年以来的民族翻译政策进行了研究，认为中国针对少数民族区域的翻译政策与西方不同，中国是推广以汉语为主体目标的多语制，因此，在翻译管理、翻译政策与实践方面和一些西方的管理模式不同。④ 此外，2017 年劳特里奇出版的《翻译与公共政策——跨学科视角与案例研究》一书刊登了 8 位学者分别针对国家、国际组织及州县公共服务机构的翻译政策的实证研究，为公共服务领域的翻译政策研究提供了丰富的案例和理论基础。

相比国外学者通过案例分析翻译在公共政策与治理领域的功能和影响，中国学者对翻译政策在国家治理领域的实证研究较少。最近有学者对清朝时期的翻译如何促进了清王朝的统治进行了研究。宋以丰认为清王朝前期、中期面对多元语言、文化的多民族融合的政治现实，通过设立翻译科举、翻译官职等措施以实现王朝的统治和社会治理。⑤ 孙中强也对清朝的翻译政策进行

① González Núñez, G. *Translating in Linguistically Diverse Societies：Translation Policy in the United Kingdom*[M]. Amsterdam / Philadelphia：John Benjamins Publishing Company，2016.

② María Sierra Córdoba Serrano. Translation Policies and Community Translation：The U. S., a case study[J]. *New Voices in Translation Studies*，2016(14)：122-163.

③ Branchadell, A. "Mandatory translation" (125-136); Díaz Fouces, O. Translation policy for minority languages in the European Union：Globalisation and resistance (95-104); García González, M. Translation of minority languages in bilingual and multilingual communities (105-123)[C]//A. Branchadell & L. M. West. *Less Translated Languages*. Amsterdam：John Benjamins，2004.

④ Shuang Li, Duoxiu Qian, Meylaerts R. China's Minority Language Translation Policies (1949-present)[J]. *Perspective*，2017(4)：540-555.

⑤ 宋以丰. "首崇满洲" 观念下的清代前、中期翻译政策研究[D]. 长沙：湖南师范大学，2019.

了研究，认为清朝的翻译政策是"少数民族统治中原的特殊语言政策或政治政策"，是"服务国家统治的有效工具"。① 在国家治理领域，民族地区的翻译政策是中国学者研究的重点，尤其是司法领域的翻译政策，如中国知网就有30多篇期刊和硕士论文专门探讨民族地区和司法领域保障诉讼人的语言权、司法公正及翻译制度的相关问题。② 此外，随着中国走向世界的中心，越来越多的外国人在中国定居和生活，针对来自世界各国的外国人的语言服务问题也受到学者的关注，并对外国人在中国获得语言服务的现状进行了调查研究，认为翻译是保障外国人在中国获得医疗、公共服务的重要措施。③

四、公共或文化外交领域翻译政策与实践研究

尽管翻译在人类文明发展中起到了不可替代的作用——"如果没有超越时空的翻译，人类文明就不可能存在，翻译对保存、传递、发展和传播文化起着不可替代的作用"④——但现代主权国家主动通过翻译实施对外文化传播的历史并不是很长久，其主要是伴随西方殖民主义的扩张，尤其是20世纪初欧美逐步把文化作为国家实力的一部分而发展起来的。萨义德在其《东方学》一书中对拿破仑如何借助东方学家的翻译、书写和挪用东方知识进而帮助其实现对东方的征服和殖民统治进行了阐述，认为西方以自己的话语体系建构了东方，从而置东方文明于西方的下属地位。⑤ 第一次世界大战期间，美国成立的公共信息委员会（Committee of Public Information）是美国联邦政府成立的第

---

① 孙中强. 清代翻译政策述论[J]. 青海民族研究，2017（2）：145-147.
② 代表性的论文有：薛培. 论刑事诉讼翻译制度的缺陷与重构[J]. 中国刑事法杂志，2007（4）：73；吴雯. 涉外刑事司法翻译问题的检讨[J]. 人民司法，2017（19）：82；赵森. 我国刑事诉讼翻译制度亟需完善[N]. 检察日报，2018-02-12（003）；史航宇. 论我国刑事诉讼中翻译制度的完善[D]. 北京：中国公安大学，2020.
③ 主要研究有：杜宜阳. 智能时代国际化城市的语言生活治理[D]. 上海：上海外国语大学，2019；周博. 在华非洲人管理新模式：广州外国人管理服务工作站[J]. 广西民族大学学报（哲学社会科学版），2016（4）：129-134；罗雪梅，韩笑，等. 外籍人士对上海外语服务满意度的调查分析[J]. 上海管理科学，2010：103-105.
④ 参见：斯坦纳. 通天塔之后——语言与翻译面面观[M]. 上海：上海外语教育出版社，2001：1-31.
⑤ Said, E. *Oreintalism*[M]. London：Penguin，1978/2003.

一个对外进行文化扩张的机构①，国内外学者从对外宣传及公共或文化外交的视角，对公共信息委员会如何通过翻译并以不同的载体传递美国的作战理念、目标及威尔逊总统的演讲进行了研究。② 第一次世界大战后，面对欧洲各国以国家力量介入对外文化传播和文化外交，美国于 1938 年在国务院成立对外文化关系处，开启了国家行为的对外文化传播。学者对美国国务院的文化、教育交流部门实施的包括翻译项目在内的各项公共外交进行了研究。③ 有学者研究了美国战争信息部针对欧洲和部分亚洲国家所实施的大型书籍翻译出版计划，认为美国在第二次世界大战和冷战期间把图书作为思想武器并取得了成功，美国在冷战结束后应继续在全球资助美国代表性图书的翻译出版，图书应成为国家机器的一部分。④ 有学者研究了美国"二战"后成立的新闻署的翻译活动，对新闻署制定的翻译政策和实施的翻译项目进行了描述和分析。⑤ 此外，还有学者研究了冷战期间美国中央情报局通过资助杂志和文学著作的翻译出版等措施对外传播美国文化。该研究根据档案资料阐释"权威翻译""翻译与统治模式"及"文学外交"，批判了以美国为代表的西方知识分子和国家机构合谋以实现美国的国家利益的行为。⑥

相比国外学者在公共外交、文化冷战及对外宣传框架下研究和描述相关

① 辛兆义，董小川．美国官方第一个对外文化扩张机构"公共信息委员会"[J]．历史教学问题，2013(1)：67-72.

② 研究美国公共文化外交的学者一般会如此论述。如 Emily, S. Rosenberg. Spreading the American Dream, American Economic and Cultural Expansion 1890-1945. New York：Hill and Wang, 1982；Arndt, R. T. The First Resort of Kings：American Cultural Diplomacy in the Twentieth Century. Washington, D. C. ：Potomac Books, Inc., 2005；Lenczowski J. Full Spectrum Diplomacy and Grand Strategy：Reforming the Structure and Culture of U. S. Foreign Policy. New York：Lexington Books, 2011.

③ 参见 Ninkovich, F. A. *The Diplomacy of Ideas：U. S. Foreign Policy and Cultural Relations, 1938-1950* [M]. Cambridge：Cambridge University Press, 1981；Arndt, R. T. *The First Resort of Kings：American Cultural Diplomacy in the Twentieth Century.* Washington, D. C. ：Potomac Books, Inc., 2005.

④ 亨奇．作为武器的图书：二战时期以全球市场为目标的宣传、出版与较量[M]．蓝胤淇，译．北京：商务印书馆，2016.

⑤ Cull, N. J. *The Cold War and the United States Information Agency* [M]//American Propaganda and Public Diplomacy, 1945-1989. New York：Cambridge University Press, 2008.

⑥ 鲁宾．帝国权威的档案：帝国、文化与冷战[M]．言予馨，译．北京：商务印书馆，2014.

翻译政策和项目，中国学者更多集中在中国典籍、文学等文本的翻译和传播，主要关注微观层面的翻译活动，并不明确指出其文化外交的背景，主要强调文化交流和影响。如宋丽娟研究中国古典小说的早期翻译，该研究以英语世界为中心，对 1735 年至 1911 年中国古典小说在西方的翻译传播进行了全面的梳理，概述了其对西方文化的影响；① 崔艳秋研究了 80 年代以来中国现当代小说在美国的译介；② 耿强研究了"熊猫丛书"与中国文学走向世界等问题③。有关中国古典文学经典，如《红楼梦》《西游记》《水浒传》《三国演义》及唐诗宋词的翻译一直是国内研究热点，相关期刊和硕博论文均在 100 篇以上。④ 而在中国典籍方面，对《论语》《孙子兵法》等中国古代思想和军事著作及《本草纲目》等科学类典籍在西方的译介也是翻译界的研究热点，研究主要是对比西方不同的译本并分析不同译本的产生背景及对西方的影响。近年来，借鉴社会学的"场域理论"对中国科学类经典如《天工开物》等的研究也逐渐增多。⑤ 此外，中国老一代革命家和领导人治国理念的著作的外宣翻译也成为研究热点，如以《习近平谈治国理政》不同语种的翻译与研究为主题的学术期刊论文和硕博论文分别达到 150 多篇。何明星根据全国总书目和 OCLC 数据库，对 1949 年至 2014 年中国文化图书在世界以各种语言翻译出版进行了调查研究，论述了对外翻译的图书为讲好中国故事，提升中国文化的世界影响力作出了重大贡献。⑥总之，中国对外文化传播领域的翻译政策研究虽不是在明确的公共或文化外交的框架下进行，但其研究的目标和宗旨是提升中国文化影响力，进而促进中国与世界各国发展友好关系，以达到文化外交的目标。

国内外学者对不同领域的翻译政策与实践的研究为本书提供了研究基础

① 宋丽娟."中学西传"与中国古典小说的早期翻译(1735—1911)：以英语世界为中心[M].上海：上海古籍出版社，2017.

② 崔艳秋.八十年代以来中国现当代小说在美国的译介与传播[D].长春：吉林大学，2014.

③ 耿强.中国文学：新时期的译介与传播——"熊猫丛书"英译中国文学研究.天津：南开大学出版社，2019.

④ 通过关键词搜索，中国知网会出现上百项涉及这些古典著作的外译研究文献。

⑤ 参见：许明武，王烟朦.任译《天工开物》深度翻译的"资本"视角解读[J].中国翻译，2017(01)：92-97.

⑥ 参见：何明星.中国文化翻译出版与国际传播调研报告(1949—2014)[M].北京：新华出版社，2016.

和可资借鉴的研究思路，但现有的研究仍存在不足。首先，研究视角较单一，大多研究主要是关注翻译活动的本身，未能从较大的时代背景和国家治理层面进行研究，尤其是国内研究未能上升到国家层面的公共外交视角。其次，研究内容不够综合和丰富。国外综合性和跨学科的研究较多，但对翻译政策本身的研究关注较少；国内研究却大多关注翻译政策或实践本身，综合性和跨学科性不足，更多的是对文本的翻译及译者的研究。再次，国家翻译实践研究的综合性不足。虽然国外学者针对国家翻译实践的研究涉及战争冲突、多语种社区的翻译服务等，但大多研究以具体事件为材料，且选取的是后殖民地的理论视角，造成研究的批判性有余，建设性不足[1]；而国内学者虽有较强的国家意识，强调国家的政策和翻译能力建设[2]，但研究的综合性不足，仍囿于翻译本身的研究，未能从更全面、更综合和跨学科视角进行研究。本书将以政治学领域的国家能力框架为切入点，描述美国不同领域的翻译政策与实践，探究翻译政策与国家能力的相互作用和影响。

第四节　研究问题及内容

一、研究问题

本研究试图回答以下三个问题。

一是翻译如何帮助国家提升治理能力？多语言问题是现代主权国家在国家治理中需要克服的问题。美国自建国以来就面临着多语言文化的问题，但具有多语言文化的美国并没有分裂，反而逐步建构了世界最强大的国家。面对多语言文化给国家治理带来的困难，翻译扮演了怎样的角色？翻译如何参与美国的国家治理？

---

① 例如，美国学者韦努蒂在其著《译者的隐身》中批判美国翻译图书的出版比例为世界所有国家中最低，但未考虑美国的出版总量。美国的翻译书出版虽只占3%，但其实际出版总量是全球第一。参见：Pym, A. Venuti's Visibility[J]. *Target 8*, 1996：165-177.

② 2021年的《中国翻译》第4期设置了国家翻译能力专栏，刊登了任文、李娟娟的《国家翻译能力研究：概念、要素、意义》、杨枫的《国家翻译能力建构的国家意识与国家传播》及蓝红军的《国家翻译能力的理论建构：价值与目标》3篇文章，对国家翻译能力进行了探讨。

二是美国没有设置文化部，也没有专门政府机构制定发展文化事业的政策，却在北美大陆荒原构建了美国独特的国家文化和核心价值观。"二战"后，美国文化具有全球影响力，英语不是《美国宪法》规定的官方语言，却在美国的影响下成为全球通用语。翻译在提升美国语言文化的影响力中扮演了怎样的角色？美国在对外传播中采取了怎样的翻译政策与实践？

三是新时代的中国在国家治理体系的建设、实现中华民族伟大复兴及走向世界的战略与"二战"后的美国的国家战略具有极大的相似性，美国"二战"后基于国家能力提升的翻译政策和实践对中国当今的国家战略具有怎样的借鉴意义？

二、研究内容

根据以上研究问题，主要集中研究以下内容。

一是对翻译政策和实践的法律基础的研究。基于国家的"合法化能力"，对涉及翻译规定的法律条款进行研究。本研究首先在第一章梳理美国翻译政策的法律基础，主要描述分析美国签订的国际条约、国会立法及判例法等涉及翻译的条款的具体规定，力图说明美国的翻译政策和实践是以国际条约、立法及联邦法院或州法院的各类判例为基础的，而基于法律规范的翻译活动既是美国国家合法化能力的体现，同时又进一步增强了国家的合法化能力。

二是对美国国内治理和国际事务管理领域的翻译政策和实践的研究。公共服务供给能力是现代国家的核心能力之一，"失败国家"的一个重要特征就是没有能力提供公共服务。① "二战"后的美国和许多西方国家一样，面对全球化带来的人口、货物跨国移动而产生的语言问题，必须通过提供相应的语言翻译服务以确保公共服务供给的有效性。美国作为移民国家，需制定翻译政策帮助美国移民事务管理及为移民等英语能力有限者提供服务。在"9·11"恐怖袭击后，国土安全成为美国国内治理的最根本目标，美国新组建了"国土安全部"，整合了国内治理的各个领域。因此，美国关于国内治理领域的翻译政策主要集中于移民管理、国土安全部各个部门的语言服务规划，通过这些政策文本论述其国内治理领域的翻译政策与实践。在国际事务领域，美国国

---

① "失败国家"或"脆弱国家"的共同特征之一就是中央政府太脆弱或无效以至于无法汲取足够税收以提供公共服务。参见 https：//en. wikipedia. org/wiki/Failed_state。

务院是管理国际事务的最高机构。研究将主要集中在美国国务院的翻译管理制度及该机构如何通过文化教育交流项目促使国际社会以美国的价值理念和方式处理世界事务，从而帮助美国应对国际社会的挑战，实现美国国家利益的最大化。

三是对美国文化领域翻译政策和实践的研究。文化是国家濡化能力的内涵，是国家主流价值观形成的重要领域。本部分从美国国家文化建构和对外文化传播两个层面描述美国的翻译政策与实践。美国在其历史发展过程中形成了国家或政府不干涉文化事业的传统，美国建国时期的奠基者虽然认为文化是国家的灵魂，但却不愿意国家力量介入文化活动中。"国家政府虽然在组织形式上代表着人民的意志，却不可能表达一个国家的灵魂。只有人民自愿、自发地表现在艺术、科学、教育和宗教中的活动才能充分展示一个国家完整的文化面貌"①。因此，对文化领域的翻译政策研究，采取了历史发展的方法，论述了美国自殖民地时期以来如何通过各类翻译活动构建美国的独特文化；在对外文化传播领域，美国在"二战"前的传播主体是宗教团体、学术组织及私立基金会，研究将主要围绕不同机构在对外文化传播领域所制定的翻译政策及相关实践进行研究。

四是对美国军事领域翻译政策的研究。军事是国家强制能力最直接的体现。自独立战争以来，美国就面对着军队因语言不同带来的沟通障碍，而"二战"后的美国在全球的驻军及其全球性的军事活动更是需要大量的语言专家为军队服务，因此，对这个领域的翻译政策和实践的研究可以进一步说明翻译在提升国家能力方面具备的重要功能。

五是在总结美国的翻译政策与实践对美国国家能力建构的影响的基础上，探讨中国的翻译政策在国内外事务治理领域应扮演的角色。

第五节　研究的意义与不足

本研究具有一定理论和实践意义，具体表现在以下几个方面：

首先是理论意义。自 20 世纪 70 年代霍姆斯发表创立翻译学的宣言以来，

---

①　Ninkovich, F. A. *The Diplomacy of Ideas*：*U. S. Foreign Policy and Cultural Relations，1938-1950*[M]. Cambridge：Cambridge University Press，1981：13.

翻译研究就经历了文化转向和现在正在进行的社会学转向，但作为学科的翻译研究仍然在发展中。一方面，翻译研究的文化转向仍有许多需进一步探讨的空间，如后殖民语境的翻译研究如何应对英语作为通用语带来的翻译不平等现象，出版的全球化及"后真相"时代对翻译的操纵和赞助对翻译行为产生怎样的影响等；另一方面，正在进行中的翻译社会学转向还在为到底是"翻译社会学"还是"社会翻译学"这一基本概念争论①，除了布迪厄的场域理论，社会学的其他理论如何和翻译研究相结合仍然缺乏足够的研究。更重要的是，自现代民族国家兴起，翻译一直是国家发展语言文化及对外传播文化的重要工具，尤其在冷战期间，翻译成为国家之间政治和意识形态斗争的工具，但翻译研究却很少借用政治学理论研究国家的翻译行为。虽已有学者认为国家翻译能力是关于国家建设、国家治理、国家安全力量的能力，②且目前的研究仍局限在概念的辨析及国家需要层面，未能采用明确的政治学理论视角对此进行研究。本研究尝试以政治学的"国家能力"这一理论视角对翻译政策与实践进行研究，以期对翻译研究提供新的理论视角。

其次是实践意义。本研究对美国不同领域的翻译政策和实践进行了详细描述，并对政策出台的背景及其影响进行了分析，有助于理解翻译政策产生的原因及其功能，对国家实施相应的翻译活动有一定的实践指导价值。本研究从国家的合法化及统领能力所衍生的国内和国际事务的治理能力角度，对美国出台的关于翻译的法律、法庭案例、联邦政府各部门的相关语言服务政策指南、美国国务院的翻译活动进行了描述和分析；从国家濡化能力所衍生的国家在文化、科学技术以及对外文化传播及国家形象建构等层面，描述和分析了美国的译入和译出政策，其中包含科学技术类学会机构、国家宣传机构、高等院校及基金会等实施的翻译实践项目及其产生的影响，这些描述分析可为我国利用翻译促进文化建设及对外文化传播提供实践指导。

本研究也存在不足。研究对美国国内治理领域的翻译活动只选取了联邦政府的移民事务、国土安全部及公共卫生部的翻译政策和实践进行研究，未能研究美国国内治理具有重要意义的州政府的翻译政策和实践，因此在研究

①　2021年7月18日，华南理工大学与北京外国语大学联合举办了"社会翻译学前沿探索高层论坛"，会上关于定义"翻译社会学"还是"社会翻译学"仍在争论，王洪涛教授作了题为《社会翻译学：名实之辩与未来之路》的发言。

②　蓝红军.国家翻译能力的理论建构：价值与目标[J].中国翻译，2021(4)：20-25.

翻译与美国国内治理的深度和广度上都有所欠缺。其次是本研究基于美国国家能力的历史发展选取了大量的历史材料，尽管历史叙述有助于揭示发展脉络并对当下具有启示意义，但中国和美国的历史和国家发展历程的差异在一定程度上削弱了历史材料的借鉴与参考价值。

第二章　美国翻译政策与实践的法律基础

法律是现代主权国家实施国家治理的重要工具，合法化能力是国家能力最核心的要素之一。美国从建国起就通过宪法授权立法、司法和行政等各机构实施对国家内部事务的治理。同时，美国作为国际社会的一员，也通过签订各种条约或合约承担相应法律义务，管理与世界各国交往的问题及跨越主权国家边境的事务。翻译作为国家在国内外治理中解决语言问题的重要手段，也是在法律授权范围内进行。本章主要从美国签署的国际条约、国会通过的法案以及有关翻译的判例三个领域对美国翻译政策与实践的法律基础进行论述。①

第一节　美国翻译政策与实践的国际法基础

现代国际法为翻译政策提供的法律基础主要涉及三个领域②：一是"二战"后不断发展的全球化带来的濒危语言及土著语言保护问题；二是"二战"后多元文化的发展要求国家履行保护语言多样性的义务；三是保护公民个体言论表达自由、禁止歧视的条款中涉及语言使用而带来的翻译问题。此外，世界各国签署的相关促进文化交流的条约中往往也有涉及翻译的条款，这些条约包括《日内瓦公约》《公民权利和政治权利国际公约》《赫尔辛基协定》。

---

① 美国属于普通法系，法庭判例往往和制定法具有同样法律效力并作为先例成为之后同类型案件的判决依据，法官在判决中往往会援引先前的判决作为法律依据。

② De Varennes, F. Language, Rights and Opportunities: The Role of Language in the Inclusion and Exclusion of Indigenous Peoples [Z/OL]. (2012) [2020-06-18]. http://www. ohchr. org/Documents/Issues/ IPeoples/EMRIP/StudyLanguages/FernandDeVarennes. doc.

一、《日内瓦公约》（*Geneva Conventions*）

《日内瓦公约》指世界各国于 1949 年签署的涉及战争的一系列公约，经过 1906 年、1929 年及 1949 年的补充和修改，发展成日内瓦四公约，即第一公约《改善战地武装部队伤者病者境遇的日内瓦公约》（*Geneva Convention for the Amelioration of the Condition of the Wounded and Sick in Armed Forces in the Field*）、第二公约《改善海上武装部队伤者病者及遇船难者境遇的日内瓦公约》（*Geneva Convention for the Amelioration of the Condition of the Wounded, Sick and Shipwrecked members in Armed Forces at Sea*）、第三公约《关于战俘待遇的日内瓦公约》（*The Geneva Convention Relative to the Treatment of Prisoners of War*）、第四公约《关于战时保护平民的日内瓦公约》（*Geneva Convention Relative to the Protection of Civilian Persons in Time of War*）。日内瓦四公约于 1949 年由 61 个国家在日内瓦签订，目前已经有超过 190 个国家加入该公约，美国是签约国，因此负有执行相关条约规定的义务。四公约中的第三公约《关于战俘待遇的日内瓦公约》和第四公约《关于战时保护平民的日内瓦公约》中关于战俘及平民人权的保护条款为翻译政策和实践提供了法律基础。

《关于战俘待遇的日内瓦公约》的第 17、41、96、105 条及第 107 条的规定为签约国制定相应翻译政策提供了法律基础。第 17 条规定"对囚犯的审问应用囚犯能听得懂的语言进行（The questioning of prisoners of war shall be carried out in a language which they understand）"；第 41 条规定要求"本公约及其附件和第 6 条规定的任何特别协定的内容应以囚犯能理解的语言张贴""有关战俘行为的各种条例、命令、通知和出版物，应以战俘可以理解的语言发布给他们，向战俘发出的每一个命令也必须以他们能理解的语言发出"；第 96 条规定"在宣布任何纪律处分之前，被告应得到关于他被指控罪行的确切资料，并有机会解释他的行为和为自己辩护。应允许他传召证人，必要时可求助合格的口译人员"；第 105 条规定"战俘有权得到符合标准的翻译服务，对战俘的指控和提审及相关文件应以囚犯能理解的语言传达"。第 107 条规定"判决应以被告人听得懂的语言传达"。

从以上条款的具体规定可以看出，虽第 17 条、41 条及第 107 条未直接使用"翻译"或"口译"，但要求以战俘"能理解的语言"审问、传达相应的规章制度和判决通知等规定预设了签约国负有为战俘提供口译或翻译服务的义务，以保障战俘的权益。签约国在涉及这些信息传达时负有相应的义务去了解囚犯的语言，根据囚犯的国籍或能读写的语言提供不同的翻译文本。第 96 条和 105 条中明确使用了"口译"和"翻译"等语言，对签约国负有的翻译义务进行了明确的规定。这些条款对签约国在涉及战俘事务时必须承担的翻译服务义务做出了规定，成为签约国制定相应翻译政策的法律基础。

《日内瓦公约》是最早基于人权保护理念而对各签约国提出翻译义务的国际条约。第三公约基于保护战俘的权利而要求签约国提供翻译和语言服务的各项规定为之后的国际条约提供了先例和范本。[①] 这些原则和规定在日内瓦第四公约《关于战时保护平民的日内瓦公约》中也得到了延续。

《关于战时保护平民的日内瓦公约》是对占领区平民的保护公约，对签约国的翻译义务规定主要集中在第 65、71、72 及第 99 条。第 65 条规定要求"占领国的罚则在以其被占领区的语言公布并告知居民之前，不得生效"。第 71 条规定要求"被占领国应以被指控当事人所能理解的语言对其提出指控并立即以书面形式通知被指控人……"；第 72 条要求"被告人在初步调查期间和法庭听审期间，除非自愿放弃这种协助，否则应由一名口译员协助。他们有权在任何时候对口译员提出异议并要求更换口译员"；第 99 条规定"本公约的文本和根据本公约缔结的特别协定的文本应以被拘留者理解的语言张贴在拘留地点内。各种规章、命令、通知和出版物应以被拘留者能理解的语言传达给被拘留者，并张贴在拘留场所内。向个别被拘留者发出的每一项命令必须以他们能理解的语言发出"。可以看出，这些条款既有明确要求"口译协助"的规定，也有"以能理解的语言传达各种指示"的条款。

日内瓦第三公约和第四公约对"二战"后美国战俘管理[②]和其在德国和日本占领区军事管制翻译政策的制定和实践起到了规范作用。大量曾经在战场服役的军事译员被派往占领区，协助盟军军事部及美国军事管理部在日本和

---

① De Varennes, F. Language Rights as an Integral Part of Human Rights: A Legal Perspective[A]//Koenig M., De Guchteneire P. *Democracy and Human Rights in Multicultural Societies*[C]. Aldershot and Burlington: Ashgate, 2007: 115-125.

② 美国在"二战"期间接受了大量来自德国、意大利和日本的战俘，在管理战俘时美国遵循了《日内瓦公约》相关条款，当时美国为了去除战俘的法西斯思想，翻译了大量书籍供战俘阅读，但为了避免违反《日内瓦公约》，不能强迫战俘接受教育，书籍并不是免费发放，而是由战俘自愿购买。参见：亨奇 J. 作为武器的图书：二战时期以全球市场为目标的宣传、出版与较量[M]. 蓝胤淇，译. 北京：商务印书馆，2016：152-179.

德国的日常管理工作。美国在当今的许多军事行动仍受条约制约，这也说明了美国的军事翻译是美国军队不可缺乏的一部分（参见第七章）。

二、《公民权利和政治权利国际公约》(*International Covenant on Civil and Political Rights*)

1966 年颁布的《公民权利和政治权利国际公约》是国际人权三大法案之一。作为有关人权保护的重要国际条约，其涉及翻译的条款主要是保护当事人获得公正审判的权利，而提供翻译是确保公正审判的基础，因此，该条约也成为各签约国制定相关翻译政策的法律基础。《公民权利和政治权利国际公约》涉及翻译的条款主要集中在第 14(3)条款的 a 项和 f 项，要求"以被刑事指控者能听懂的语言告知其被指控的性质和原因"及"若被刑事指控者不懂或不会说法庭上所用的语言，应免费获得译员的援助"。

《公民权利和政治权利国际公约》在理念上和《日内瓦公约》一样，为确保审判的公正性和保护被指控人的权利，要求签约国提供翻译服务，其对被指控者获得口译的权利规定更明确——缔约国有义务为被指控者提供免费的语言翻译服务。尤其重要的是，该项翻译权利不只有本国国民享有，非本国国民也有权利获得服务，且不受庭审结果的影响。条约的立法理念影响了许多国家国内法的制定，许多国家受该条约约束，为被指控者或囚犯提供免费翻译，如美国在 1978 年通过的《法庭口译法案》，对翻译和口译的规定在很大程度上与《公民权利和政治权利国际公约》的相关规定相一致。多语言民族国家把提供翻译服务作为公共管理的政策措施之一也是基于该公约的立法理念和相关规定。①

三、《赫尔辛基协定》(*Helsinki Accords*)

《赫尔辛基协定》又称《赫尔辛基最终法案》(*Helsinki Final Act*)或《赫尔辛基宣言》(*Helsinki Declaration*)。该协议于 1975 年 8 月在芬兰首都赫尔辛基签署，是由美国主导的为保障欧洲安全与合作而签署的协议，共 37 个国家签署

---

① González Núñez, G. Translating to Communicate with Linguistic Minorities: State Obligations Under International Law[J]. *International Journal on Minority and Group*, 2013(2): 405-441.

了该协议。协议共有四个部分，第一部分是欧洲安全问题（Quesions Relating to Security in Europe），主要涉及政治和军事问题；第二部分与经济和科技交流（Cooperation in the Field of Economics, of Science and Technology and of the Environment）有关；第三部分是关于人道等领域合作的规定（Cooperation in Humanitarian and Other Fields），包括移民自由、文化交流和出版自由等方面；第四部分为关于实施细节的讨论（Follow-up to the Conference），探讨改善东欧等国家与西方的关系。《赫尔辛基协定》第三部分的第三个领域（Section 3）是关于文化领域的合作与交流（Cooperation and Exchanges in the Field of Culture），主要是关于签约国之间的人员往来，知识生产、交流和传播，这一部分条款对如何通过翻译促进文化交流进行了规定，为签约国制定基于文化交流为目标的翻译政策和实践奠定了法律基础。条约涉及翻译的条款主要包含三大内容：一是鼓励通过签订协议，促进各签约国的著作以原作或翻译版本的形式在各签约国的图书馆和书店储存或售卖；二是扩大各签约国之间原著和翻译作品的进口和销售；三是促进各签约国相互之间译入和译出文学作品，尤其是促进使用人口较少的语言的著作的翻译和传播，并为达到此目标而促进各签约国进行中高级翻译培训、出版翻译著作及促进出版社和相关机构相互交流翻译作品目录，促进各签约国译者的交流和合作，促进与翻译及与翻译传播相关的合作研究等。①

《赫尔辛基协定》目前仍然是美国针对欧洲安全和合作的重要基石，基于该条约而实施的文化教育交流计划，促进了东欧和西欧国家的交流。条约签署后，美国成立了"赫尔辛基委员会"，就如何实施该协定提供相关政策建议。② 协定也对译者培训、翻译项目合作、大学翻译专业发展和翻译研究等在翻译政策和实践上做出了具体规定。美国作为《赫尔辛基协定》的倡导者和重要签约国，为达到条约有关文化交流所必需的外国语言与文化能力，于1978年成立了"外语和国际研究总统委员会"（Pesident's Commission on Foreign Language and International Studies），对美国的外语能力状况进行了调查。经过一年的调查，该委员会发布了《智慧出实力：美国外语能力评估》（Strength

---

① Conference on Security and Cooperation in Europe Final Act［Z/OL］.［2020-06-11］. https：//www. osce. org/files/f/documents/5/c/39501. pdf.

② Morgan M. *The Final Act：The Helsinki Accords and the Transformation of the Cold War*［M］. Princeton：Princeton University Press，2018.

Through Wisdom：A Critique of U. S. Capability）的报告。报告共141页，"介绍"（Introduction）部分就明确指出该报告的出台是基于《赫尔辛基协定》对美国的要求："《赫尔辛基协定》责成包括美利坚合众国在内的所有签署国，学习外语和其他文化，作为扩大各国人民之间交流、了解各国文化以及加强国际合作的重要手段。"报告要求加强翻译教育和口译人才培养。① 美国联邦政府各部门基于该调查报告的建议制定了资助翻译的政策，如美国国家人文基金会自1979年开始大力资助对世界各国经典文献的翻译②，国家艺术基金会于1981年起资助翻译世界各国的文学作品③。

此外，由于美国国内政治制度的原因，一些规定了国家的翻译义务的国际条约未能被美国国会批准。如美国未能批准1989年的《国际劳工组织第169号关于独立主权国家的土著民族和部落民族公约》（*ILO Convention（No. 169）Concerning Indigenous and Tribal Peoples in Independent Countries*），该条约涉及翻译的两大条款：第12条规定了"通过提供翻译或其他有效方式，采取措施保障这些民族的成员在诉讼过程中能够理解和被理解"；第30条规定了"（1）各国政府应采取适当措施保护民族的传统和文化，让他们了解享有的权利，特别是在劳工、经济机会、教育和卫生事务、社会福利方面本公约赋予他们的权利。（2）必要时，应通过翻译或者其他使用民族语言的大众传播工具让他们了解他们的权利和义务"。另外，美国也没有批准1990年联合国制定的《关于保护外籍劳工及家属的权利国际公约》（*International Convention on the Protection of the Rights of all Migrant Workers and Members of Their Families*），该公约也有涉及翻译的条款，如第16条规定，"对外国劳工的指控、拘留和逮捕需要使用外国劳工能理解的语言，外国劳工有权获得免费的翻译协助"；第18条规定，"外国劳工在刑事审判中有权获得免费的法庭口译服务"；第22条规定，"外国劳工被遣返或驱逐，必须以其能理解的语言告知"。

---

① President's Commission on Foreign Language and International Studies. *Strength Through Wisdom：A Critique of U. S. Capability*［R］. Washington D. C.：US Government Printing Office，1979.

② 巴特勒. 国外翻译界［M］. 赵辛而，李森，编译. 北京：中国对外翻译出版公司，1979：61.

③ National Endowment for Arts. Translation Projects［EB/OL］.［2019-06-18］. https：//www. arts. gov/grants/translation-projects/program.

美国虽未能签署上述保护土著民族及国际劳工的国际条约，但作为拥有大量土著民族和移民的国家，美国国内法对土著民族和移民劳工制定了较为详细的保护条款，如 1990 年出台的《土著语言保护法》(*The Native Language Act*)。在 1978 年《法庭口译法》要求开发的各种语言的法庭口译员资格考试中，土著语言纳瓦霍语(Navajo)和西班牙语同属于优先开发的语种，说明美国对土著语言翻译人员的素质和翻译质量的重视，而美国州法院和联邦法院涉及口译的司法判例在一定程度上保障了移民劳工享有的翻译服务权。①

第二节　美国翻译政策的国内法基础概述

美国国会颁布的法律也为翻译政策和实践提供了重要的法律基础。首先是《美国宪法》。作为世界上最早的宪政国家，美国拥有世界最早的成文宪法，宪法为美国制定各项政策治理国家提供了合法性基础，翻译政策也不例外，美国宪法及其修正案中涉及的公民权益保护条款为翻译政策和实践提供了法律基础。其次，美国国会通过的各类编入美国法典（US Code）的法案、联邦政府颁布的行政命令（Executive Order）也是各类翻译政策的重要法律基础。

一、《美利坚合众国宪法》(*Constitution of the United States*)

《美利坚合众国宪法》简称为《美国宪法》，是美国的立国基础。《美国宪法》的主体部分没有规定国家官方语言，宪法第一、五、六及第十四修正案所规定的权利的实现或保障条款对美国各公共机构提出了相应的语言翻译要求，以确保宪法规定的权利不受侵犯并得到实质性的保障。例如，笫一修正案规定，"国会不得制定关于下列事项的法律：确立国教或禁止宗教活动自由；剥夺言论或出版自由；剥夺人民和平集会和向政府诉冤请愿的权利"，该修正案涉及公民的言论和出版自由，确立了公民以自己熟悉的语言进行表达和出版的权利，也预设了国家机关或各机构为保障该权利的实现而应承担的翻译服务义务，如美国各移民社区开办了自己语言的报纸，并且这些报纸往往也翻译刊登联邦政府、州政府通过的法律规章，以便让不懂英语或英语能力不佳

---

① 最早有记录的涉及口译的司法判例是 1906 年的菲尔兹诉墨菲案(Felts v. Murphy, 201 U. S. 123)。

的的移民知晓相关法律规章。第五修正案规定"任何人不得在任何刑事案件中被迫自证其罪；未经正当法律程序，不得剥夺任何人的生命、自由和财产；非有恰当补偿，不得将私有财产充作公用"。第五修正案与第十四修正案规定，"合众国出生或归化于合众国并受合众国管辖的人，均为合众国和所居住的州的公民。无论何州均不得制定或实施任何剥夺合众国公民的特权或豁免的法律，无论何州未经正当法律程序均不得剥夺任何人的生命、自由或财产，亦不得拒绝给予在其管辖下的任何人以同等的法律保护"。这些规定预设了为保障司法诉讼中的正当程序而应负有的免费提供翻译服务的义务。在美国现实司法诉讼中有相当多涉及翻译的判例的依据是宪法第五和第十四修正案。总之，《美国宪法》第三条有关司法公正审判的原则性规定及修正案中的公民权利条款为之后美国联邦及州法庭①在司法判决过程中提供翻译服务提供了宪法基础。

二、《1964 年民权法案》(*Civil Rights Act of* 1964)

《1964 年民权法案》是美国最为重要的平权法案，该法案为之后美国各类公共管理政策中涉及语言权的公平原则奠定了基础。《1964 年民权法案》的第六章"联邦项目中的禁止歧视(Title Ⅵ：Non-discrimination in Federal Assisted Programs)"规定，"在美国，任何人不得因种族、肤色或民族国家来源地而被排除在任何接受联邦财政支持的项目或活动之外，被剥夺获得项目或参与活动的权利，或在项目中受到歧视"。该规定对所有获得联邦资助的项目或活动规定了禁止歧视原则，保障了来自世界各地的母语非英语的移民的语言权，间接地对美国的政府机构和公共服务部门提出了提供翻译服务的要求。《1964年民权法案》也对后来的残疾人法案产生了重大影响，该法案规定了联邦机构须为聋哑人士提供手语翻译服务。该法案和宪法一样，其禁止歧视的原则及蕴含的权利保障理念在之后的一些诉讼判决中得到了确认。

三、《13166 号行政令》(13166 *Executive Order*)

随着大量移民涌入，美国英语能力有限者(LEP Persons)增加，为保证他

---

①　1978 年《法庭口译法案》主要是对联邦法庭的翻译服务的规定，但实际上许多州法庭早已形成了有关翻译的司法判例，而这些判定是基于美国宪法作出的。

们的权益不受损害及充分享受应得的权益，特别是为确保《1964 年民权法案》的第六章（Title VI）关于"禁止歧视"的法律条款得到切实执行，2000 年美国在克林顿政府时期签署了一项行政命令，即《13166 号行政令》（13166 Executive Order），"增加英语能力有限者获得服务的机会"（Improving Access to Services for Persons with Limited English Proficiency），是美国联邦政府专门为英语能力有限的美国公民或居住者颁布的行政令。行政令共分五个部分。第一部分为总体目标："联邦政府应为有资格但英语能力不足者获得联邦政府提供的服务或参与资助的项目提供条件……"①为达到该目的，每个联邦机构对其提供的服务进行审查，制定和实施能够使英语能力有限者实质性地获得或参与这些服务的政策，在不增加过多财政负担的情况下提供基本语言服务。基于该行政令和《1964 年民权法案》，美国司法部发布了英语能力有限者的指导文件（LEP Guidance）②，确保联邦各机构必须遵守的标准。司法部的指导方针明确规定，"受联邦资助的项目及活动的机构或个人必须采取合理的步骤以确保LEP 人员能有效参与项目或活动"，该部分规定预设了联邦机构必须为一些项目和活动提供相应的翻译服务，以确保非英语为母语者能参与并获得项目的益处。第二部分规定，"联邦机构应制定相应的政策改善有资格的 LEP 人员获得项目服务的途径"。该部分条款要求联邦机构在相关规划制定后 120 天内执行，所制定的语言服务规划都应发给司法部进行备案。第三部分规定，应制定相应的措施以保证被资助的 LEP 人员能有效获得相关项目的权益。制定的政策规划要获得司法部批准，并在联邦公报上刊登及公示。第四部分规定，联邦机构制定规划时应向利益相关人征询意见，以确保相关政策措施的可实施性、有效性及财务负担适中。第五部分是对司法审核（Judicial Review）的规定，强调该行政令的目的只是提升行政部门的内部管理能力，而不是创建任何实质性、程序性或法律可执行的权利或利益来反对美国、美国行政机构、官员、雇员或任何人员。为确保该行政令的执行，司法部除了在行政令颁布之时颁发了一般性指导标准，还于 2002 年和 2011 年分别就执行该原则颁布

---

① Executive Order 13166［Z/OL］.（2000-08-11）［2020-06-11］. https：//www.govinfo.gov/content/pkg/FR-2000-08-16/pdf/00-20938. pdf.

② Enforcement of "Title VI of the Civil Rights Act of 1964—National Origin Discrimination Against Persons with Limited English Proficiency［Z］. *Federal Register*, 2002, 57(117)：41455.

了指导标准①和备忘录②。

　　基于该行政令和司法部的相关指导方针，美国各联邦机构制定了关于保障英语能力有限者获得翻译服务的语言服务指南（Language Access Plan），在政策的立法授权说明中列出了《美国宪法》《1964 年民权法案》和《13116 号行政令》作为政策的法律来源。如美国卫生及公共服务部在《2013 年美国卫生及公共服务部的语言服务规划》（*The Department of Health and Human Services Language Access Plan* 2013）的"目的和授权"中就明确指出，该语言服务规划是基于《1964 年民权法案》及《13116 号行政令》的授权。③

四、《法庭口译法》（*Court Interpreters Act Public Law* 95-539）

　　《法庭口译法》是 1978 年美国制定的第一部专门关于翻译政策和实践的法律，其目的是"更有效地为美国法庭提供口译以及其他目的（To provide more effectively for the use of interpreters in courts of the United States, and for other purposes）"。该部法律涉及的是美国司法和司法程序，整个法案的各部分融入到《美国法典》第二十八条——司法和司法程序（28 US Code）。第 28 条共有 10 个小部分（Sections），其主体是第二部分。第 1827 项涉及授权管理法庭口译业务的机构、口译资格认定及相关权利和义务等 11 个领域。第 1828 项涉及具体服务的规定、费用及其来源。为确保第 1827 项和第 1828 项的实施，第三部分对《美国法典》第 28 条第 604 项（a）部分作了修正，如对费用的承担等进行了明确的规定。第四部分是对法典第 28 条第 604 项（e）部分的修正：增加了关于法庭办公室主任的权限和职能及聘用合同制口译等的相关规定。第

---

　　①　Department of Justice. Guidance to Federal Financial Assistance Recipients Regarding Title VI Prohibition Against National Origin Discrimination Affecting Limited English Proficient Persons. 参见 https：//www. govinfo. gov/content/pkg/FR-2002-06-18/pdf/02-15207. pdf.

　　②　Office of Attorney General. Memo to Federal Agencies Reaffirming the Mandates of Executive Order 13166 from Attorney General Eric Holder-February 2011. 参见 https：//www. justice. gov/sites/default/files/crt/legacy/2011/02/25/AG_021711_EO_13166_Memo_to_Agencies_with_Supplement. pdf.

　　③　U. S. Department of Health and Human Services. The Department of Health and Human Services Language Access Plan. ［Z/OL］. （2013-03-15）［2020-05-21］. https：//www. hhs. gov/sites/default/files/2013-hhs-language-access-plan. pdf.

五部分是对法典第 602 项的修正：规定了法庭办公室主任为执行其职责而聘用相关雇员的付酬标准。第六部分是对法典第 28 条第 603 项的修正；第七部分是对第 28 条第 1920 项的修正，进一步明确了法庭聘用专家、口译的付酬标准。

1988 年和 1996 年，美国针对执行中出现的问题，从五大方面对 1978 年的《法庭口译法》进行了修正，涉及法庭口译者的权限，译者的选拔、报酬，口译的模式和质量监控，具体如下：第一，规定了翻译管理的主体：根据 1988 年修正案，美国法庭行政办公室负责制定具体措施确保法庭聘用具有资格或者合格的口译者；法庭行政办公室主任负责确定、评估和认证译者资格。第二，口译员聘用的规定：法庭口译员必须由具有口译资格证书的译者担任，对一些没有提供口译资格认证的语言，法庭行政办公室以高标准聘用该语种的语言专家，如具有美国专业协会资格证书的译员或具有较高双语技能的语言专家，同时也应考虑译者的教育背景、训练时长及翻译经验。该项规定也要求法庭办公室每年发布各语言的口语需求统计报告，并建立合格口译人才库。第三，提供口译服务的责任人、翻译服务的费用标准及支付的规定。法庭办公室负责确立翻译服务的费用标准，法庭书记官在主审法官的指导下为诉讼程序中当事人或证人提供有资质的口译人员，相关费用由划拨给司法部的特别资金支付，管理办公室和联邦司法部应划拨专门资金用于口译认证及翻译服务费用。第四，法庭口译服务方式的规定：法庭在行政主任指导下，由主审法官决定司法程序中的口译服务的形式、提供口译服务的情境及时间安排。第五，口译质量不达标的处理办法及当事人享有的翻译服务权利的规定：若聘用的口译者无法进行有效交流，主审法官负责更换口译；诉讼人如果有翻译请求，主审法官或法庭职员应协助当事人获得翻译服务；当事人也有放弃翻译服务的权利。

总之，《法庭口译法》是一部专门针对法庭诉讼翻译的法律，其在确保美国实现司法公正的同时，也确保了美国签署的国际法、《美国宪法》及一些国内法相关规定在庭审中得到有效执行，对美国国家合法化能力的提升具有重要作用。

五、《史密斯-蒙德特法案》(*Smith-Mundt Act Public Law 80-402*)①

《史密斯-蒙德特法案》的正式名称是《美国信息和教育交流法》。该法案于 1948 年通过，目标是"增进世界人民了解美国，加强国际合作"。该法案共有十条(Sections)，其第二条第二款(Section 202)就明确规定："授权国务卿通过翻译和分发书籍、期刊、政府出版物及教育资料实现美国和世界各国的交流和相互理解(The Secretary is authorized to provide for interchanges between the United States and other countries of books and periodicals, including government publications, for the translation of such writings, and for the preparation, distribution, and interchange of other educational materials)。"此项规定成为美国国务院及美国新闻署制定翻译政策和实践的法律基础。法案在第八条第一款(Section 801)对译者资格作出政策性规定："为达到该法案的目标，授权国务卿可以聘用在美国的外国人从事翻译工作，但其工作内容必须限制在对外国语言的翻译或通过转译叙述外国的日常俗语，且没有美国公民有资格从事该项工作(aliens within the United States, but such employment of aliens shall be limited to services related to the translation or narration of colloquial speech in foreign languages when suitably qualified United States citizens are not available)。"《美国信息和教育交流法》为之后美国官方机构和民间机构为进行对外宣传和文化传播而实施的对外翻译活动奠定了法律基础，确保美国以公共财政支持对外文化传播和宣传，彻底改变了美国在"二战"前实行的国家尽量不介入文化领域的基本国策。

联邦政府于 1953 年基于《史密斯-蒙德特法案》的授权成立了美国新闻署(US Information Agency)。② 在新闻署的领导下，美国开启了近半个世纪的"向世界讲述美国故事"的对外宣传活动，而翻译成为其重要的政策工具。美国通过翻译向世界各地输出美国的治理模式、价值观及意识形态，其资助的海外

---

① Smith-Mundt Act Public Law 80-402. [Z/OL]. [2020-09-21]. https://2009-2017. state. gov/documents/organization/177574. pdf.

② 该法律对美国翻译政策的影响详见本书第四章第三节关于美国新闻署对外翻译项目的论述。

图书项目也向全球输出了美国的文化和知识,是美国文化在全球影响力的重要推手。

第三节　美国翻译政策的判例法基础

美国属于普通法系,相比国会通过的成文法,司法判例更能影响相关政策和实践,具体指导国家治理。美国法庭诉讼产生了大量涉及翻译的判例,对美国法庭翻译实践产生了重要影响。例如,诉讼当事人享有的翻译权利及确保翻译质量不影响案件的公正审理往往是在具体案件的判决中得以确认,法庭判决形成的先例(Precedent)不仅指导后来相关案件的判决,也直接影响法庭及各机构的翻译实践。

美国作为移民国家,翻译实践一直在现实的法庭诉讼中存在。20世纪以来,随着美国移民的增加,联邦法院和州法院的上诉案件中涉及翻译问题的诉讼激增。针对这些诉讼的判决说明,对诉讼人提出的因翻译而导致权益受损的法律诉求,法庭会从法律条文、先例及法庭翻译实践的具体情况三个方面进行审查,作出判决,而这些判决又为后来涉及翻译服务的诉讼提供了可供遵循的先例。下面主要从法庭诉讼中常涉及的三个领域的翻译问题来说明联邦法院和州法院如何通过判例确立法庭翻译政策及实践。

一、有关译者聘用的判例

关于译者聘用的判例在1906年"菲尔兹诉墨菲案"(Felts v. Murphy,201 U. S. 123)的判决中就已形成。该诉讼案主要是关于法庭未能为诉讼人聘用翻译而导致的诉讼人权益受损。判例说明中,针对诉讼人因听力障碍而无法有效参与诉讼程序,判例认为法庭没有提供相关服务,否认了诉讼人依据宪法修正案第6条应享有的权利,判例首次确立了依据宪法修正案第6条而衍生的翻译权。1967年的"美国诉德斯特"(United States v. Desist)案中,诉讼人也认为法庭未能提供翻译导致其被剥夺了应享有的宪法规定的正当权利。在该案件判决的第五部分中,法官针对诉讼人声称的"法庭拒绝为其聘用翻译",从法律条文、先例以及诉讼人的上诉状等方面进行了详细审查,但基于诉讼人的语言能力及可使用的语言资源(诉讼人能够和律师等用法语进行有效交流），法官没有支持诉讼人提出的"法庭未能提供翻译而影响了程序正当性"这一说法。① 但在 1970 年的美国内格隆诉纽约州案（United States ex Rel. Negron v. State of New York）中，上诉法院支持了诉讼人对法庭"未能为其聘用译者提供翻译服务"的抗辩，并对 1967 年的案件判例进行了反驳。审理该案件的法官在判决中说明，"我们在公开庭审中批准了内格隆提出的人身保护令的请愿书。由于我们的判决将具有重要的先例价值，因此，我们有理由认为，1967 年以英语进行审理的萨福克郡谋杀案，由于缺乏足够的翻译，其判决在宪法上是无效的"②。1970 年美国内格隆诉纽约州案的判决所形成的先例被认为正式确定了《美国宪法》第六条所保障的"抗辩权"中预设的因语言不通须行使的翻译权，确立了有关诉讼人应享有翻译服务的先例。该判决也促使 1978 年《法庭口译法》的诞生，明确被告在抗辩中所应享有的翻译权利是公正审判的前提。1978 年通过的《法庭口译法》成为美国联邦法庭重新审判因涉及语言问题而引发的被告人权益受损的案件的重要依据。例如 1990 年的美国诉乔西（U. S. v. Joshi）的上诉案，被告人依据 1978 年的《法庭口译法》，声称法庭审理中的翻译不足（inadequacy of translation）导致其被剥夺了宪法第六修正案规定的公正程序，不过之后的法案审理依据《法庭口译法》的规定及法庭审理过程中提供的翻译驳回了当事人的上诉，维持原判。③ 2007 在美国联邦法庭诉艾道华案（U. S. v. Edouard）中，被告人因"在庭审中未能听懂检察官的问话而请求口译但被法庭忽视"提出上诉，法官以大量涉及有关翻译服务的判例，如 1980 年的美国诉塔普（United States v. Tapia, 631 F. 2d 1207, 1210〈5th Cir. 1980〉）、美国诉马丁内斯案（United States v. Martinez, 616 F. 2d 185, 188〈5th Cir. 1980〉）、1985 年的露娜诉布莱克案（Luna v. Black, 772 F. 2d 448, 451〈8th Cir. 1985〉）、1989 年的瓦拉达雷斯诉美国案（Valladares v. United States, 871 F. 2d 1564, 1566〈11th Cir. 1989〉）及 2001 年的美国诉约翰逊（United States v. Johnson, 248 F. 3d 655, 661〈7th Cir. 2001〉）的判决，并根据

---

① United States v. Desist, 384 F. 2d 889（2d Cir. 1967）.［Z/OL］.［2020-10-01］. https：//casetext. com/case/united-states-v-desist.

② United States ex Rel. Negron v. State of N. Y, 434 F. 2d 386（2d Cir. 1970）.［Z/OL］.［2020-10-01］. https：//casetext. com/case/ united-states-ex-rel-negron-v-state-of-ny.

③ U. S. v. Joshi, 896 F. 2d 1303（11th Cir. 1990）.［Z/OL］.［2020-10-01］. https：// casetext. com/case/us-v-joshi.

《法庭口译法》对上诉人关于法庭剥夺其获得口译权利的诉状进行了审查，认为上诉人声称的并不符合现实，因此没有支持上诉人的请求。该判决也再次确认了主审法官对"能否聘用翻译"享有自由裁量权，并有权利判断"未能提供翻译是否会导致不公正"①。

此外，除了以美国作为被告的联邦法院案件，美国各州的上诉法院也为此提供了丰富的判例。以俄亥俄州的上诉法庭为例，该州有相当多的案件中，被告因法庭未能提供翻译导致其无法享有正当程序而提起上诉，州法院败诉。1997 年的俄亥俄州诉丰塞卡（Ohio v. Fonseca, 705 N. E. 2d 1278〈Ct. App. Ohio 1997〉）、2003 年的俄亥俄州诉弗伦扎（State v. Frunza, 2003-Ohio-4809）等案件的判决均为俄亥俄州的法庭译员聘用等相关问题提供了法律基础。

二、有关口译资格的判例

早在 1903 年的哈里·芬南诉俄亥俄州（Fennen v. State）案件中，原告就对口译的资格提出了质疑，但该案件的判决认为口译是否具备资格由法庭自由裁决，从而确立了"法庭对口译的资格享有自由裁量权"这一原则。② 1978 年的《法庭口译法》延续了这一原则。1907 年美国最高法院关于佩罗维奇诉美国（Perovich v. United States）案件的判例支持了刑事法庭中的"口译的聘用及资格的确定属于法官的自由裁量权"③。

关于口译资格认定的标准也通过司法判例得到确认。1978 年《法庭口译法》授权联邦法院行政办公室管理法庭口译认证工作，行政办公室联合语言学家及译者开发了法庭口译认证资格考试。资格考试包括笔试和口试两部分，且必须首先通过笔试才能取得口译员资格。但 1980 年的塞尔兹 & 托雷斯卡塔赫纳诉弗莱等人（Seltzer & Torres Cartagena v. Foley et al. ）的案件对该联邦法院行政办公室设立的法庭口译资格认证考试的合理性提起了诉讼。原告认为"联邦法院行政办公室主任仅仅根据书面考试成绩而剥夺了其口译资格，未能

---

① U. S. v. Edouard, 485 F. 3d 1324 （11th Cir. 2007）. ［Z/OL］. ［2020-10-01］. https：//casetext. com/case/us-v-edouard.

② Fennen v. State, 14 Ohio C. C. Dec. 583 （1903）. ［Z/OL］. ［2020-10-01］. https：//cite. case. law/ohio-cc-dec/14/583/.

③ Perovich v. United States, 205 U. S. 86（1907）. ［Z/OL］. ［2020-10-01］. https：//supreme. justia. com/cases/federal/us/205/86/.

考虑 1978 年《法庭口译法》中对译者的教育背景、训练时长及翻译经验的相关规定"。案件在纽约南区联邦法院审理，弥尔顿·波拉克法官最后的判决维护了行政办公室规定的笔试成绩作为口译资格认定的首要标准。① 该案件是依据《法庭口译法》对口译资格考试进行判决的第一个案件，确认了联邦法院行政办公室设置的西班牙语口译资格考试的可信性和有效性，确认了联邦法院行政办公室在管理口译工作、认证口译资格等方面的权威。

　　在美国各州法院，案件也经常因为"口译员没有按程序宣誓"或"口译员资格不符合规定"而被提起上诉。例如，1988 年俄亥俄州诉罗莎（State v. Rosa）案中，诉讼当事人罗莎（Gerardo Rosa）基于州法律 R. C. 2311. 14② 及联邦证据法第 604 款（Evid. R. 604）③规定的译者应进行宣誓及应确认译者的资格，认为法庭犯了两个程序性错误——"法院未能按照法律要求口译员宣誓"及"法院未能认证口译员的证人资格"——而可能带来不公正的审判，但上诉法庭根据法律规定及相关诉讼案，如俄亥俄州诉格莱罗斯（State v. Glaros, 170 Ohio St. 471）、俄亥俄州诉威廉（State v. Williams, 51 Ohio St. 2d 112, 5 O. O. 3d 98, 364 N. E. 2d 1364）、美国诉米勒（United States v. Miller, C. A. 10, 1986, 806 F. 2d 223）等案件的判决，认为"宣誓在某些情境可以免除，最为重要的是口译者具有相应资质，且并没有证据表明口译不忠实"；此外，"没有认证口译资格"并没有影响"公平审判"。该判决驳回了被告关于口译资格认证问题而导致不公平审判的上诉。④ 在 2004 年俄亥俄州诉纽康（State v. Newcomb）一案中，被告／上诉人声称"初审法院由于没有要求口译员宣誓，没有认证并记录口译员的专业资格而犯了明显错误"，也对"口译员翻译充分性"提出了质疑，但上诉法官援引了相关法律及相关先例，如 1996 年的俄亥俄州诉埃斯克达案（State v. Esqueda）、1988 年的俄亥俄州诉罗莎案（State v. Rosa）、1994 年的俄亥俄州诉里维拉案（State v. Rivera）等对上诉人声称的程序错误进行了分析

---

① Seltzer v. Foley, 502 F. Supp. 600（S. D. N. Y. 1980）. ［Z/OL］. ［2020-10-01］. https：//law. justia. com/cases/federal/district-courts/FSupp/502/600/1512346/.

② Ohio Revised Code（Section 2311. 14）. ［Z/OL］. ［2020-10-05］. https：//codes. ohio. gov>section-2311.

③ Rule 604. Interpreter. ［Z/OL］. ［2020-10-05］. https：//www. law. cornell. edu/rules/fre/rule_604.

④ State v. Rosa, 547 N. E. 2d 1232（Ct. App. Ohio 1988）. ［Z/OL］. ［2020-10-05］. https：//www. courtlistener. com/opinion/3979201/state-v-rosa/.

和说明，驳回了被告提出的"关于未能宣誓及认证译者的资格构成了明显错误"的上诉，也援引了俄亥俄州诉皮娜（State v. Pina, 361 N. E. 2d 262〈Ct. App. Ohio 1975〉）中关于"翻译充分性（adequacy of translation）"的判决原则对诉讼人的诉讼请求进行了说明，最终作出了驳回诉讼人请求的判决。①

三、口译质量标准的判例

英语能力有限的当事人享有免费获得翻译服务的权利逐步在《法庭口译法》和许多判例中得到了确认，口译员的资格及管理也通过法律条文和判例得到确认，但很少有判例规定对法庭翻译质量标准做出明确规定。1988 年的《法庭口译法修正案》也未能对法庭翻译标准及错误情况进行规定，只是在 1827（b）项第二部分规定，"有的语言联邦法院没有开发翻译资格认证测试，使用这些语言的译员时，办公室主任必须提供指导，以保证以高标准聘用口译员"。在现实的各类诉讼案中，总有当事人因为法庭口译的标准及翻译错误影响其权利而提出上诉，基于这一问题，1959 年俄亥俄州诉罗德里格斯案（State v. Rodriguez）中，法庭明确指出：不应允许口译员就证人的回答发表自己的结论，而应对证人的原话进行逐字翻译（the court stated that an interpreter should not be permitted to give his own conclusions with respect to the answers of the witness but, instead, should give a literal translation of the witness' words）②。该判决对翻译标准的说明指导了后来的案件审理。在 2003 年的俄亥俄州诉阿尔瓦雷斯（State v. Alvarez）一案中，上诉人阿尔瓦雷斯（Santiago Alvarez）声称其被剥夺了有效获得翻译服务的权利，法庭在判决中援引了俄亥俄州的法律条款 R. C. 2301. 12（A）③的规定——"法庭口译员应宣誓就职，根据法庭的意愿和指导，保持中立立场翻译证人的证词及法院所要求的书面材料，并提供法院要求的其他必要服务"及 1959 年俄亥俄州诉罗德里格斯（State v. Rodriguez）的

① State v. Newcomb, 2004 Ohio 4099, (Ohio Ct. App. 2004). [Z/OL]. [2020-10-05]. https：//casetext. com/case/state-v-newcomb-5.

② State v. Rodriguez（1959）, 110 Ohio App. 307. [Z/OL]. [2020-10-05]. https：//casetext. com/case/state-v-rodriguez-175.

③ Section 2301. 12, Ohio Revised Code. [Z/OL]. [2020-10-05]. https：//codes. ohio. gov>section-2301.

判决原则驳回了上诉人的诉求。① 该案件的判决又被 2007 年俄亥俄州诉内盖西（State v. Negash）一案援引：上诉人认为"审判法院拒绝了被告因翻译不当而提起的审理动议，导致不公正审判，违反了《美国宪法》第五条、第六条和宪法第十四修正案，以及俄亥俄州宪法第 10 条和 16 条"，但法庭通过援引俄亥俄州诉阿尔瓦雷斯（State v. Alvarez）及俄亥俄州诉皮娜（State v. Pina）等判例，并对上诉人所声称的"法庭未能提供证人证词的逐字翻译及翻译中出现错误"进行了逐条分析，认为法庭并没有滥用其自由裁量权，驳回了上诉人的请求。② 美国在各类案件中形成的有关"翻译标准"的判决为后来法庭处理翻译质量争议提供了指导原则，也成为指导现实司法实践有关翻译质量争议的重要的判例法。

本章小结：美国翻译政策与实践的影响及对中国的启示

美国作为世界上最早实施宪政的国家，涉及国家社会治理的各项活动都必须有合法性基础，翻译活动也不例外。通过法律对翻译活动进行规定是美国国家合法化能力的重要体现。美国签署的国际条约如《日内瓦公约》等为美国关于对待战俘、人权保障等方面规定了翻译义务。《赫尔辛基协定》为美国通过翻译与国外进行文化交流奠定了法律基础。美国国内法也是翻译政策的重要法律基础，如美国宪法修正案、《1968 年民权法案》等法律要求美国在公共服务领域提供足够的翻译服务以避免公民权益被侵犯。1948 年《史密斯–蒙德特法案》为美国基于对外文化传播的翻译政策提供了法律基础。更重要的是，美国作为普通法系国家，法院对涉及翻译问题而形成的判决成为指导美国具体翻译实践的判例法。美国基于法律来制定翻译政策和实施翻译活动，不仅有助于保障公共治理效率及合法性，更促进了本国文化的发展及海外传播，最终为国家能力提升作出了贡献，体现了国家合法化能力对国家内外事务治理的重要性。

自中华人民共和国成立以来，我国签署并批准了各项国际条约，并制定

---

① State v. Alvarez, 154 Ohio App. 3d 526, 797 N. E. 2d 1043, 2003 Ohio 5094. ［Z/OL］. ［2020-10-06］. https：//www. courtlistener. com/opinion/3952375/state-v-alvarez/.

② State v. Negash, 170 Ohio App. 3d 86, 2007-Ohio-165. 参见：http://www. supremecourt. ohio. gov/rod/docs/pdf/10/2007/2007-Ohio-165.pdf.

了《中华人民共和国宪法》，依法治国已经成为中国治理国家、管理国家事务最基本的原则和核心理念。因此，在服务多语社区的人民群众时，我国应通过立法及行政规章对翻译服务进行规定。尤其是随着越来越多的外国人在我国工作、居住，为确保他们遵守中国的法律规章等，需要制定一些语言服务条款，从而实现对涉及外国人事务的依法管理及提供相应的公共服务。在对外文化传播领域，我国目前并没有专门的法律对翻译活动进行规定，但我国一些部门制定了为促进对外文化传播的翻译政策。在此基础上，我们可以借鉴美国通过法律规章进行管理，以确保政策的稳定性和长期性。此外，中国缔结的促进文化交流与传播的国际条约及签署的双边协议，也应对如何充分利用翻译进行规定，以更好地传播中国文化，促进我国与世界各国的文化交流。

第三章 美国国内事务领域的
翻译政策与实践

主权国家在其管辖范围内处理各类事务最能体现国家能力，处理国内事务的能力是国家的规划能力、统领能力和认证能力最直接的体现。美国在国家的建构过程中，面对领土扩张及不断涌入的移民带来的语言文化的不同，如何提供公共服务、有效进行国家治理，是美国作为主权国家必须面对的重大事务，也是国家能力的彰显。本章主要从移民事务、国土安全事务及公共卫生服务三大领域来说明翻译政策和实践如何帮助美国实现国内事务的治理。①

第一节 移民事务中的翻译政策及实践

美国是一个移民国家，《美利坚合众国宪法》第一款就是授权国会制定归化移民的法律，从中可以看出移民事务在美国治理中的重要性。基于宪法授权，美国国会于 1790 年颁布了首部管理移民的法律——《1790 年入籍法》（*The Naturalization Act of* 1790），显示了美国作为新生国家对明确获得美国公民身份的有关条件的重视，而认证公民资格，统领、动员国民的能力是现代国家必备的国家能力。移民给美国带来宝贵的人力资源，为美国的经济发展作出贡献，但伴随移民而来的不同语言和文化也给美国的国家治理带来了问题，翻译是美国解决语言文化问题的重要措施。

一、移民管理中的翻译政策与实践

移民事务是美国通过法律进行管理的领域，也是最早制定翻译政策的领

---

① 这三大领域涉及的翻译问题最多，同时也是美国国内治理的核心领域。

域之一。《1790 年入籍法》规定："有品格的自由白人在美国生活两年或以上可以申请国籍，进而受宪法保护，具有私人财产权和法庭作证的权利。"①南北战争后，为更好地管理涌入美国的大量移民，《1891 年移民法》授权在财政部下设移民事务主管办公室(Office of Superintendent of Immigration)处理移民事务，并于 1895 年升级为移民事务局(Bureau of Immigration)。

　　管理移民事务需要翻译的协助。在国内事务领域，移民事务局是第一个制定有关翻译人员聘用政策的机构。《1882 年移民法》主要针对的是来自中国的移民事务，所以美国最早制定的翻译人员的聘用政策是关于聘用中文译员的。根据《1882 年移民法》，美国设置了"中国事务局"(China Bureau)，制定了中文翻译的聘用规定，要求只聘用白人作为译员。但在现实中，由于移民事务需要的翻译众多，中国事务局也聘用了一些华人作为译员翻译相关文件。但 1896 年美国财政部指示旧金山中国事务局解雇所有的华人口译，只允许聘请白人翻译，并且一旦白人翻译申请者被发现和华人有关联，就被认为是不合格的译者。由于美国歧视华人译者，但又缺乏白人译者，因此很多合法的华人移民被迫在港口滞留多日而得不到合适的翻译服务。② 因缺乏翻译，许多合法的华人移民被拒绝入关；合法移民向法庭进行申诉，又进一步加大了对移民事务翻译的需求。因此，面对大量的诉讼，美国移民事务局在实践中只能修改政策规定，如中国事务局在 1900—1907 年聘用了 32 名华人译者和 6 名白人译者，大多数华人译员按每天 4 美金临时聘用，有 7 名华人译者是长期聘用，年收入达 1200 美金，相当于职级较低的移民检察官的收入。③ 移民领域译者聘用制度也是最早对翻译职业伦理提出问题的领域。

　　除了针对中国事务局制定了翻译聘用制度，为管理来自南欧和东欧的移民事务，美国也制定了相应的翻译规定，这些规定主要是关于如何提升翻译质量，避免一些翻译错误而导致来自南欧和东欧的移民的权益受到损害。根据记录，1890—1945 年意大利移民遭遇了大量因翻译有误而导致权益受损的事件。由于缺乏翻译，再加上经过长时间海上旅行，刚到达的移民因无法与

---

　　①　参见 https：//encyclopedia. densho. org/Naturalization_Act_of_1790.

　　②　Lee，E. At America's Gates：*Chinese Immigration During the Exclusion Era，1882-1943* [M]. Chapel Hill：University of North Carolina Press，2003：60-72.

　　③　Young，E. *Alien Nation：Chinese Migration in the Americas from the Coolie Era Through World War II*[M]. Chapel Hill：The University of North Carolina Press，2014：188-190.

移民官交流往往被误判为精神有问题而被限制入境。此外，还有一些移民因证件未能被正确翻译而无法进入美国，法院受理的移民案件也因虚假翻译或错误翻译而导致对当事人不利的情况。此外，一些当事人也会把语言障碍转换成对自己有利的条件，把翻译错误及不懂语言作为获得赦免的条件。① 因此，有关移民的翻译问题也间接导致美国出台专门的《法庭口译法》。

总之，19 世纪中后期美国国内移民事务管理促使美国出台了一些涉及翻译的规定。翻译保障了美国移民法案的执行，提升了国家对移民事务的管理能力。然而，由于专业的翻译教育未能在"二战"之前得到发展，再加上美国的移民法案本身带有歧视性，翻译虽协助美国移民局在处理移民事务中起到了重要作用，但其歧视性的译员聘用制度及翻译质量的参差不齐又给国家治理带来了负面影响。这种情况直到第二次世界大战后才有所改善。

"二战"后美国减少了基于种族歧视而设置的移民障碍，并于 1952 年通过了《1952 年移民与归化法》(*Immigration and Nationality Act* (*INA*) *of* 1952)。该法案是目前移民事务管理的基础法律。② 2003 年之前移民事务隶属于司法部的"移民和归化服务局"管理，司法部 2003 年成立移民审查执行局(Executive Office for Immigration Review)，制定了语言服务政策指南。移民审查执行局针对翻译人员的不足，同时也为减轻财务负担，往往将一些语言的翻译服务外包给专业的语言服务公司。为保障翻译公司提供的翻译的专业性和质量，司法部也专门就外包翻译服务进行了规定，发布了《执行外包口译服务的程序和政策备忘录》(*Operating Policies and Procedures Memorandum No. 04-08: Contract Interpreter Services*)。备忘录对移民审查执行局外包的翻译公司进行了评估和修改，对聘请口译的情境、翻译类型(现场、电话)、翻译质量控制和评估、翻译费用计算等进行了规定。③

"9·11 恐怖袭击"后，美国把移民事务管理并入新成立的国土安全部，撤销了"移民和归化服务局"，成立了"美国公民权及移民服务局"(US

---

① Carnevale, Nancy C. *A New Language, a New World Italian Immigrants in the United States, 1890-1945* [M]. Champaign, IL: University of Illinois Press. 2009: 79-89.

② 该法案在之后虽也有修正，但基本精神和原则没有变化。

③ U. S. Department of Justice Executive Office for Immigration Review. Operating Policies and Procedures Memorandum No. 04-08: Contract Interpreter Services. [Z/OL]. (2004-10-20) [2020-09-10]. https://www.justice.gov/sites/default/files/eoir/legacy/2004/10/26/04-08.pdf.

Citizenship and Immigration Service）对移民事务进行综合管理，制定了相应的语言及翻译服务政策以更好管理移民事务。

2003 年新成立的"美国公民权及移民服务局"根据《1964 年民权法》《13166 号总统行政令》及《美国国土安全部语言服务政策指南》（U. S. Department of Homeland Security（DHS）Language Access Plan）对涉及移民事务管理的翻译政策和服务进行了规定，并分别于 2012 年、2016 年和 2020 年进行了更新。①《美国国土安全部语言服务政策指南》对翻译政策及实施进行了全方位规定。一是对移民事务的翻译服务的总体要求。要求公民及移民服务局对工作中常用语种进行记录，并把重要文件翻译成常用语言，提供电话和现场口译服务；要求雇用双语雇员及专职的翻译人员以满足服务局的翻译需求，并充分利用美国国土安全部所签署的翻译服务供应商的服务以节省开支。二是利用现代信息技术资源，设立线上多语资源中心和多语网站。服务局的多语资源中心（Multilingual Resources Center）可提供 25 种语言的各类表格及相关政策文件。② 公民权和移民服务局已经开发了西班牙语、阿拉伯语、海地克里奥语、尼泊尔语网站，方便母语居民通过网站了解信息及服务局的相关政策。三是设立专门的语言服务处。美国公民及移民服务局设有语言服务处（Language Services Section），负责语言服务的执行和确保英语能力有限者获得高质量的翻译服务。该语言服务处早在"移民和归化局"时期就已经成立，最初只是一个位于纽约的由 5 名口译组成的特别服务组，目前已经发展成能为全国提供专业的笔译、口译、语音转录服务的部门，也为美国移民局、海关执法局和海关和边境保障局提供必要的翻译服务。语言服务处制作了 25 种多语言电子书签，帮助申请人获得相应的信息，并开发了 14 种语言的综合信息指南。③

一方面，美国针对移民管理而制定的翻译政策是美国国家能力的彰显；另一方面，翻译服务又进一步提升了国家能力。此外，美国联邦政府也利用

---

①　这些文件都可以在美国国土安全部的语言服务网站查询。

②　Multilingual Resource Center［EB/OL］. https：//www. uscis. gov/tools/multilingual-resource-center.

③　U. S. Citizenship and Immigration Services Language Access Plan［Z/OL］.（2020-02-24）［2020-10-12］. https：//www. dhs. gov/sites/default/files/publications/uscis-updated-language-access-plan-2020. pdf.

翻译加强了英语作为美国事实上的官方语言的地位，向移民申请者及世界各地的民众传递了英语是美国联邦各机构的工作语言，并通过美国联邦法规（Code of Federal Regulations）第八章"外国人和国籍"（Title 8 Aliens and Nationality）的第 103.2 项（103.2 section（3））的规定进一步强化这一理念。第 103 项条款要求，移民或相关服务申请者提交给美国公民及移民服务局的材料必须翻译成英语："提交给美国公民及移民服务局的任何含有外文的文件都必须附有完整的英文译本，并由译者证明其完整性和准确性。译者需具有证明他或她有能力将该外文翻译成英文的资格证书。"[①]

二、同化移民的翻译政策与实践

翻译也是同化移民的重要工具。为帮助移民更好地了解美国法律、相关政策及美国风俗习惯，成为遵纪守法的美国公民，美国充分利用翻译实现该目标。

南北战争后，大量移民涌入美国。据统计，1865 年至 1900 年美国的移民数高达 1350 万人，比 1830 年人口总和还多 100 万人，且有大量来自东欧、南欧及中国的移民。[②] 面对大量且和以往不同区域和族群的移民的涌入，美国在出台限制性移民法案的同时，也制定了相应的同化新移民的政策规定，而这些同化新移民的政策中包含关于翻译的规定。

第一，为移民翻译并刊登联邦及州政府的法律法规，帮助移民成为守法公民。南北战争后，大多数移民缺乏英语读写能力，移民社团通过创办移民母语报刊，翻译并刊登联邦政府及州政府法律，帮助移民了解相关法律法规。费城的德国移民社区创办的德语报刊翻译刊登了大量美国联邦和州政府颁布的法律法规。移民社区出版的报纸杂志是通过翻译归化和同化移民的重要工具，因此，美国虽出台多项限制移民的法律，但仍大量创办了移民社区的移

---

①　该条款的英语原文为：*Translations. Any document containing foreign language submitted to USCIS shall be accompanied by a full English language translation which the translator has certified as complete and accurate, and by the translator's certification that he or she is competent to translate from the foreign language into English.* 参见：https://www.ecfr.gov/current/title-8/chapter-I/subchapter-B/part-103/subpart-A/section-103.2.

②　Schlesinger, Arthur M. The Rise of Modern America, 1865-1951 [M]. New York：Macmillian, 1951：169.

民母语报纸和杂志，如在排华的高峰期，第二份中文报纸《通藩三报》（*Tong Fan San Bo*）在美国得以出版。该报纸用双语印刷，既向美国人介绍中国文化和移民的生活，同时也通过翻译介绍美国法律、风俗、美国的商品广告等。①第一次世界大战前后，移民涌入美国，为让不懂英语的移民理解美国的政策，并减轻美国人对移民的恐慌，1918 年美国公共信息委员会（Committee of Public Information）成立了政府信息外语服务处（Foreign Language Government Information Service），目标就是"向外来移民解说美国，向美国人解说外来移民（To interpret the America to the Alien and the Alien to the American）"。为实现该目标，信息服务处翻译了大量政府提供给各移民社区的报纸。例如，仅 1919 年 10 月，政府信息外语服务处就给美国 800 家移民语言报纸提供了 576 篇政府各部门的信息，其中农业和劳工部提供了 117 篇，财政部及其 5 个分支部门提供了 117 篇信息，内务部提供了 51 篇，国防部 87 篇，国务院 11 篇，商务部、铁路管理部门等各类政府机构翻译了相关信息并提供给各移民报纸。②公共信息委员会被解散后，1920 年红十字会的外语局（Red Cross Foreign Language Bureau）承担了该服务，每天用德语、俄语、波兰语等 15 个语言翻译政府信息及法律并提供给 800 多家报纸。为促使双向了解，信息处还向 2100 多家美国的英语报纸发布有关外来移民的信息，向 9000 多家美国期刊提供关于移民社区的数据。③ 1921 年 5 月外语局从美国红十字会独立出来，成为独立的"外语信息服务处"（Foreign Language Information Service），继续为各类报刊提供相关政府信息，其中农业部、财务部、公共健康部门发布刊登的相关信息最多。④

第二，通过商品广告翻译同化移民。来自欧洲的移民踏入埃利斯岛（Ellis

---

① 第一份在美国定期出版的中文报纸是《东方》（*Oriental*），该报 1853 年在旧金山发行。参见：Hutton, F. & Reed, Straus. *Outsiders in 19th-Century Press History：Multicultural Perspectives*[M]. Bowling Green, OH：Bowling Green State University Popular Press, 1995：7-79.

② Foreign Language Government Information Service[N]. *Bureau Bulletin*, 1919(06)：1.

③ A New Phase of Red Cross Foreign Language Information Service[J]. *The Red Cross Bulletin*, 1920, 4(29)：5.

④ Foreign Language Information Service on Independent Basis[J]. *The Red Cross Bulletin*, 1921, 5(20)：3.

Island）①，就会遇到翻译，翻译是他们体验新世界的重要方式，而这又体现在无处不在的广告里。移民一踏入埃利斯岛，就会看到各种语言的通告和广告。随着大量移民到来，购买和使用美国制造的商品促使移民美国化成为美国商务部的目标，因此，商务部资助翻译美国商品广告以引诱新移民购买美国商品。美国商务部成立了美国化委员会（Americanization Committee），专门负责向移民推销商品的广告制作。为了更好地利用移民报纸刊登美国商品的广告，成立了美国外语报纸协会（American Association of Foreign Language Newspapers），该协会成为移民报纸和全国广告商的中间人，在协会登记的移民报纸发行量达700多万份，读者达到2000多万人。美国外语报纸协会定期每月两次为移民报纸提供1000字的文章，并把文章翻译成27种语言送往各个移民报纸刊登，翻译费用往往由生产商承担，例如协会要求酿酒厂家支付翻译费用，支付译者的办公室费用以及购买词典的费用。此外，外语报纸协会还负责把移民的诉求传达给国会议员，成为宣传移民政治观点的平台。全国性的广告宣传被认为是最好的美国化工具，美国通过广告宣传讲述美国故事，让移民了解到美国社会、美国所取得的成就等。② 外语报纸协会也把政府的爱国主义宣传文章翻译后刊登在各个移民报纸上，帮助移民从价值观和思想意识上认同美国。

　　第三，通过向移民社区翻译美国科学及文学作品实施教化。面对不同移民社区的英语能力不足问题，为更好地以美国主流价值观影响移民，减少移民母国传统价值观的影响，美国也把美国作家撰写的著作翻译成移民社区的语言。以《汤姆叔叔的小屋》在移民社区的翻译传播为例。1868年美国著名作家约翰·威廉·德福雷斯特（John William De Forest）在《国家》（Nation）撰文，认为《汤姆叔叔的小屋》是最伟大的小说，真正代表了美国文化，因此，必须翻译给将近一半以上的不讲英语的美国读者。③ 实际上，早在内战前，《汤姆叔叔的小屋》的作者哈里耶特·比彻·斯托（Harrieet Beecher Stowe）就意识到了把她的小说翻译给美国多语言的移民读者群的重要性，并授权一位德语译

---

　　① 1892年1月2日，美国第一个联邦移民站点在埃利斯岛（Ellis Island）开设，也称埃利斯岛站，是欧洲移民到达美国的第一站。

　　② Hutton, F. & Reed, Straus. *Outsiders in 19th-Century Press History*: *Multicultural Perspectives*［M］. Bowling Green OH: Bowling Green State University Popular Press, 1995.

　　③ De Forest, J. W. The Great American Novel［J］. *The Nation*, 1868（2）: 7-9.

者——赫顿(H. R. Hutton)将小说翻译成德语，但德语报刊已经刊登了多个未经授权的德语译本，为此，1853 年斯托起诉一位名为托马斯(F. W. Thomas)的德语译者侵犯了她的版权。然而，法庭最终判决翻译本身具有创造性，并不仅仅是复制品，驳回了作者的诉求。① 该判决进一步确定了作品的翻译版权不受保护，承认了翻译的创造性。翻译版权不受保护在一定程度上能以较低的成本让英语作品在移民社区广泛传播，传递了美国主流价值观和文化。此外，移民社区的报纸上也充斥着美国科普和文学畅销书翻译版本的广告，从侧面证实了美国当时通过翻译向移民传递了美国主流的文学著作和科学成就，用美国生产的文化和知识濡化移民。例如，立陶宛报纸《莱斯韦》(*Laisve*)曾这样刊登某翻译作品的广告："刚刚出版：第一本立陶宛语的关于性健康的书籍，由美国最著名的性问题科学家罗宾逊博士(Dr. Wm. J. Rcbinson)所著，这本书清楚真实地描述了如何避免一些性疾病问题，是成年人的必读书。"② 许多书店也在移民报纸上刊登广告，从中可以看出，许多美国作家创作的文学著作被翻译成不同语言在移民社区销售。书店的广告也显示芝加哥、纽约的书店充满了大量翻译成西班牙语、葡萄牙语、罗马尼亚语言、意大利语言等各种移民语言的言情小说和魔幻小说。③ 翻译作品在移民社区的需求也促使报社和出版机构聘用专业的译者，具有较好文学修养且具有双语能力的移民会直接被移民报社雇用，帮助报社翻译小说，扩大报刊的销量。《阿尔-胡达》(*Al-Hoda*)作为美国最早的阿拉伯语报纸，聘用了一位来自叙利亚的女性编辑，将美国的浪漫爱情小说翻译成阿语，供移民社区部分女性读者阅读。④ 翻译促进了美国英语文献在美国各移民社区的传播，逐步培养了移民作为美国公民的意识。

---

① Boggs, C. G. *Transnationalism and American Literature：Literary Translation 1773-1892* [M]. London：Routledge, 2007：130-145.

② Hunter, E. *In Many Voices：Our Fabulous Foreign-Language Press* [M]. Norman Park, Ga.：Norman College Press, 1960：179.

③ Kaplan, R. L. *From Partisanship to Professionalism, the Transition of Daily Press* [A]// *Carl F. Kaestle & Janice A. Radway A History of the Book in America：Volume 4：*Print in Motion：The Expansion of Publishing and Reading in the United States, 1880-1940. Chapel Hill：University of North Carolina Press, 2009：116.

④ Hunter, Edward. *In Many Voices：Our Fabulous Foreign-Language Press* [M]. Norman Park, Ga.：Norman College Press, 1960：52.

虽美国在 20 世纪 20 年代掀起的美国化运动对移民社区保留自己母国的语言产生了负面影响，移民母语报刊受到了攻击，但总体而言，借助翻译，非英语的移民报纸反而成为同化移民的重要力量。移民报刊的创办者大多希望通过报纸实现族群内的信息交流，在保留他们对母国的文化记忆的同时，帮助移民逐渐融入美国，借助翻译讲述美国的故事。①

总之，翻译不仅协助美国移民管理机构管理移民事务，更在美国同化移民过程中起到了重要作用。刚来到美国的移民主要通过翻译来理解新国家，翻译是移民了解法律规章、国家政策的重要工具，也是帮助他们构建新的身份、融入美国主流文化的重要手段。

第二节 美国国土安全事务领域的翻译政策与实践

保卫国家安全一直是现代主权国家的核心能力所在。自建国以来，翻译就在美国的国家安全中扮演了一定的角色，尤其在两次世界大战中美国充分利用了翻译在情报获取、劝降敌军中的重要作用，取得了战争的胜利。冷战期间更是实行了"译出"和"译入"的双重政策，其翻译政策不仅是美国取得冷战胜利的一个重要因素，也促进了美国文化和价值观在全球的广泛传播，保障了美国意识形态的安全。虽然苏联解体之后，美国有关翻译的资助明显下降，但 2001 年"9·11 恐怖袭击"的发生再次让美国意识到翻译对美国安全的重要性，尤其是"9·11 恐怖袭击"之后对有关情报的分析表明，美国安全局（National Security Agency）在恐怖袭击的前一天曾截获用阿拉伯语发出的行动信号——"明天归零（Tomorrow is Zero day）"和"比赛明天开始（The match begins Tomorrow）"，但该信号未能得到及时翻译。"9·11 恐怖袭击"暴露了美国缺乏翻译人员和语言专家，所收集到的情报往往要几天后才能翻译出来，甚至有些根本就没有翻译而被忽略了。② 翻译的缺乏对美国的国家安全带来了严重威胁，为此，2002 年美国国会成立"美国恐怖袭击调查委员会"（National Commission on Terrorist Attacks Upon the United States），对"9·11 恐怖袭击"为

---

① Hunter, Edward. *In Many Voices*: *Our Fabulous Foreign-Language Press*[M]. Norman Park, Ga.: Norman College Press, 1960: 20.

② ABC News. 9/11 Was "Zero Day" in Intercepted Warning [N/OL]. (2002-06-19) [2020-08-19]. https://abcnews.go.com/US/story? id = 91536&page = 1.

什么会发生及美国未来怎样避免同样的事情发生进行调查。经过长达 4 年的调查，委员会于 2006 年发布了长达 585 页的调查报告，报告认为，语言及翻译能力不足而带来的情报能力不足是导致这次恐怖袭击发生的原因之一，认为因情报未能及时翻译，再加上美国负责安全的各部门未能在防恐方面做到有效协作，导致很多关键性的情报信息未能受到重视，"9·11 恐怖袭击"的悲剧最终在毫无防备的情况下在美国本土发生。①

为保护美国国土安全，美国国会通过了《2002 年国土安全法》(*Homeland Security Act of* 2002)。基于该法，美国重组了联邦政府各部门机构，成立了国土安全部(U. S. Department of Homeland Security)。国土安全部的成立被认为是"二战"后美国政府机构的第二次大调整。② 鉴于翻译在国家安全领域的重要性，下面以美国负责安全并兼具情报和司法调查功能的联邦调查局及 2002 年组建的国土安全部为例，论述翻译在美国国土安全事务领域所扮演的重要角色。

一、联邦调查局的翻译政策与实践

联邦调查局成立于 1908 年，是负责美国国内安全事务的重要机构，并兼具情报和司法调查的双重功能，隶属美国司法部。目前联邦调查局在防止恐怖袭击，收集外国情报，打击间谍活动和有组织的跨国犯罪、网络及高科技犯罪、暴力犯罪、各个层级的贪腐问题、白领犯罪及保护公民权等方面享有最高优先权。联邦调查局雇用了超过 3.5 万名雇员，包括特工和情报分析员、语言专家、科学家和信息技术专家等专业人员，业务遍布世界各地。除了设置在华盛顿特区的总部，各大城市还设有 56 个办事处，在全国各地的城镇设有大约 350 个常驻机构或卫星办事处，并在美国驻世界各国的大使馆设有 60 多个国际办事处(legal attachés)。③

从联邦调查局成立之初，翻译就是其所需的核心能力，是实现联邦调查局使命不可缺乏的要素。正如美国政府审查委员会对联邦调查局的翻译能力

---

① The 9/11 Commission. Final Report of the National Commission on Terrorist Attacks upon the United States. [R/OL]. (2006-01-12) [2020-08-20]. https：//www. govinfo. gov/content/pkg/GPO-911REPORT/pdf/GPO-911REPORT. pdf.

② 上一次调整是基于《1947 年国家安全法》成立的国防部。

③ FBI About[EB/OL]. [2020-08-24]. https：//www. fbi. gov/about/mission.

的界定所声称的"联邦调查局(FBI)翻译外语资料的能力对 FBI 的反恐、反间谍和刑事调查至关重要。如果没有准确及时的翻译,FBI 调查以外语进行信息交流的犯罪行为和恐怖主义活动的能力将受到严重阻碍"①。而曾是联邦调查局的优秀探员埃米尔·科斯特利茨基(Emil Kosterlitzky)能讲八种语言,为联邦调查局边境安全作出了重大贡献。② 联邦调查局也是美国联邦各机构中雇用专职翻译或语言专家的重要机构,并在 20 世纪 90 年代设置了语言服务处(Language Service Section)负责管理联邦调查局的翻译业务,招募译员或语言专家。由于"9·11 恐怖袭击"暴露了联邦调查局语言翻译能力的不足,联邦调查局出台了一系列措施加强情报和语言翻译能力。

第一,联邦调查局加大了翻译人员的聘用。"9·11 恐怖袭击"后,联邦调查局反恐部门对译者的需求激增。2004 年联邦调查局反恐部发布的报告明确表明,"我们的反恐活动在很大程度上依赖翻译的语言能力,无论是问询还是监视活动都越来越需要翻译,而自 2001 年 9 月 11 日以来,电子监视器收集的阿拉伯文、乌尔都语、普什图语等中东语言文字增长了 75% 多"③。因此,美国增加了阿拉伯文等中东语言的翻译人员招聘,2001 年的阿拉伯语翻译雇员只有 70 名,但 3 年后激增到 207 名,增加了近 3 倍,并雇用了 5 名库尔德语译员。普什图语译员从 2001 年的 1 名增加到了 10 名,此外,许多被美国定为关键性语言[如波斯语(Farsi)、乌尔都语(Urdu)、汉语、法语、希伯来语、韩语、土耳其语]的译员都至少增加了一倍多。联邦调查局的翻译人员聘用和其他联邦机构一样,分两大类型,一类是正式的联邦雇员,另一类是合约译者,而合约译者人数多于正式雇员。语言服务部的数据表明,2001 年 FBI 的翻译人员共有 883 人,其中合约译者 492 名,正式雇员为 391 名;2002 年的翻译人员增加到 1061 名,其中合约译者 657 名,正式雇员为 404 名。2001 年至 2005 年,联邦调查局的翻译人员数量持续增加,2005 年达到了 1338 名,

① U. S. Department of Justice Office of the Inspector General Audit Division. The Federal Bureau of Investigation's Foreign Language Translation Program[R/OL]. (2009-10-02)[2020-09-20]. https://oig. justice. gov/reports/FBI/a1002_redacted. pdf.

② A Brief History:The Nation Calls, 1908-1923 [Z/OL]. [2020-09-09]. https://www. fbi. gov/history/brief-history.

③ Federal Bureau of Investigation. The FBI's Counterterrorism Program Since September 2001 [R/OL]. (2004-04-14) [2020-09-18]. https://www. fbi. gov/file-repository/stats-services-publications-fbi_ct_911com_0404. pdf/view.

之后有所下降，但一直维持在 1300 名左右。其中合约译者数量占总数的三分之二。联邦调查局招聘的译员 95% 以上是以外语为母语的，因此，译员不仅口语能力好，还熟悉母语国的宗教、文化和历史，能保证他们能更好地理解语言所传递的意义，高质量完成翻译任务。①

联邦调查局根据译者的聘用性质和语言能力将他们的职能分为四种类型：(1) 语言分析师 (Linguist Analyst)：全职 FBI 雇员，能对音频和文件进行摘要和逐字翻译 (Summary and Verbatim Translations)；可以出庭作证；可以执行现场翻译的监控工作。(2) 外语项目监控分析师 (Foreign Language Program Analyst)：全职 FBI 雇员；只能对音频和文档进行摘要翻译；可以对"实时"监控进行摘要翻译；不能逐字翻译；不能出庭作证。(3) 合约语言专家 (Contract Linguist)：来自独立的合约商；能对音频和文件进行摘要和逐字翻译；可以出庭作证。(4) 合同语言监听者 (Contract language monitor)：来自独立的承包商；只能对音频和文档进行摘要翻译；可以对"实时"的监听进行摘要翻译；不能逐字翻译；不能出庭作证。目前 FBI 近 1300 名译员分布在全美 52 个总部及其外勤办公室。随着电子技术的发展，联邦调查局允许译者通过安全网络从事翻译工作。经过近 20 年的技术提升，FBI 现有的强大网络系统已经能确保将收集到的情报传送给适当的翻译人员，并开发了工作流程管理软件，能进行跟踪、监控工作，确保翻译质量，也能对所收集到的信息情报及其相应的翻译进行解释说明，进而判定其对国家安全的价值。

除加强翻译人员的聘用，联邦调查局也负责管理国家虚拟中心 (National Virtual Translation Center) 的翻译业务。国家虚拟翻译中心于 2003 年 11 月依据《爱国者法案》第 907 条 (Section 907 of the USA PATRIOT ACT)，指定联邦调查局为执行代理人。国防部、中央情报局和国家安全局都是国家虚拟翻译中心的成员。联邦调查局作为执行代理人，负责中心的招聘、测试和采购等业务。国家虚拟翻译中心为联邦调查局提供了大量的翻译服务，联邦调查局的众多合约翻译专家也在国家虚拟翻译中心工作。

第二，联邦调查局建立了完整的翻译管理组织体系。为集中管理联邦调

---

① U. S. Department of Justice Office of the Inspector General Audit Division. The Federal Bureau of Investigation's Foreign Language Translation Program[R/OL]. (2009-10-20)[2020-09-20]. https：//oig. justice. gov/reports/FBI/a1002_redacted. pdf.

查局的翻译工作，联邦调查局早在 1999 年就成立了语言服务处（Language Service Section）。"9·11 恐怖袭击"后联邦调查局又在总部成立了语言服务翻译中心（Language Services Translation Center）指挥和调控翻译工作，确保无论何时何地一旦有翻译任务，能提供翻译人员完成翻译任务。

语言服务处负责管理所有翻译、语言分析项目，为 FBI 提供高质量的翻译、口译和语言分析服务，并确保联邦调查局确定的优先事项能及时得到翻译。语言服务处除主管主任和助理之外，还设置了 7 个部门，协调 FBI 的各类翻译工作。这 7 个部门分别是：翻译和任务分配部（Translation and Deployment Units），质量控制和标准部（Quality Control & Standards Unit），语言运营管理部（Language Operations Management），语言人力资源部（Language Personnel Resources Unit），语言规划、自动化技术及采购部（Language Planning，Automation & Procurement Unit），语言测试和评估部（Language Testing and Assessment），语言培训和资格认证部（Language Training & Certification Unit）。翻译和任务分配部成立三个工作组负责联邦调查局的翻译工作①，不同工作组负责管理本组的翻译任务，就其管理的翻译任务制定全国性统一政策，并与各地办事处合作，分配并指导译员翻译优先事项的材料；质量控制和标准部负责监控 FBI 翻译雇员、合同译员以及其他人员的翻译质量；语言运营管理部负责制定和实施外语翻译政策及程序，并负责任命管理区域翻译项目的经理；语言人力资源部负责管理语言翻译专家资源库，协调招聘、挑选和审核应聘的语言翻译专家；语言规划、自动化技术及采购部负责语言技术，翻译专家所需的办公空间和设备等资源的规划及采购；语言测试和评估部负责开发和管理语言能力测试，联邦调查局的翻译雇员和合约译员都要接受相关测试和评估；语言培训和认证部为所有联邦调查局与语言相关的情报培训工作制定要求，确定培训的内容。为确保翻译任务的完成，自 2001 年以来，联邦调查局语言翻译业务的运行经费急剧上涨，从 2001 年的 2150 亿美元涨到了 2004 年的 6610 亿美元，虽 2004 年后有所下降，但基本保持在 4200 亿美元左右，是"9·11 恐怖袭击"之前的 2 倍以上。②

---

① 分为 unit 1、unit 2、unit 3 三组。

② U. S. Department of Justice Office of Inspector General Audit Division. The Federal Bureau of Investigation's Foreign Language Translation Program［R/OL］. (2009-10-20)［2020-09-20］. https：//oig. justice. gov/reports/FBI/a1002_redacted. pdf.

　　第三，联邦调查局对翻译人员和翻译质量进行严格的监督和管理。联邦调查局对质量的控制首先表现在对招聘环节的严格管理。正如 2004 年 FBI 在提交给美国恐怖袭击委员会的报告中所提到的，自 2001 年"9·11 恐怖袭击"以来，FBI 审核了 30000 多份译者申请，最终只雇用了包括合约译者在内的 700 名翻译。① 联邦调查每个财年翻译雇用目标完成率不到 50%，如 2008 财年需要招聘 14 种语言的译员，只有 2 种语言达到雇用计划目标，整体完成率只有 14%。② 无法招募到足够的翻译人员的主要因素之一就是外语能力测试和安全审查程序太过严格，招聘审批时间往往超过了 13 个月，且通过多轮审核后，平均 18 名申请人中只有 1 人能最终被雇用(详见表 3-1)。

表 3-1　　　　　　　　　　合同制语言学家申请流程数据③

申请年份	2002	2003	2004	2005	2006	2007	2008④
筛选(人)	7,272	10,027	6,618	9,258	8,359	10,171	3,054
通过筛选进入审核(人)	4,333	2,615	2,930	2,166	1,582	2,849	1,629
未能通过能力测试(人)	1,496	510	1,299	1,280	1,010	1,052	844
未能通过测谎仪(人)	238	62	98	15	69	103	82
由于不合适而停止(人)	142	32	23	9	11	11	10
被安全部门否决(人)	26	32	21	280	171	203	89
同意录取(人)	319	203	226	280	171	203	89
录取和申请的比例	1：14	1：13	1：13	1：8	1：9	1：14	1：18

(数据来源：美国联邦调查局语言服务处)

---

　　①　The FBI's Counterterrorism Program since September 2001［R/OL］.（2004-04-14）［2020-09-21］. https：//www. ojp. gov/ncjrs/virtual-library/abstracts/report-national-commission-terrorist-attacks-upon-united-states.

　　②　U. S. Department of Justice Office of Inspector General Audit Division. Implementation of the Communications Assistance for Law Enforcement Act by the Federal Bureau of Investigation［R/OL］.（2008-03）［2020-09-17］. https：//oig. justice. gov/reports/FBI/a0820/final. pdf.

　　③　U. S. Department of Justice Office of Inspector General Audit Division. The Federal Bureau of Investigation's Foreign Language Translation Program［R/OL］.（2009-10-20）［2020-09-20］. https：//oig. justice. gov/reports/FBI/a1002_redacted. pdf.

　　④　截至 2008 年 6 月 10 日的数据。

除此之外，联邦调查局也设置了译员培训和翻译质量监控体系。根据 FBI 的情报理事会的培训政策，所有新聘的语言翻译专家都必须在入职之日起接受一年的语言分析专业培训（Linguistic Analyst Specialized Training（LAST））。自 2005 年起，联邦调查局把曾经为期 4 天的语言分析师培训延长到 2 周，并规定合约译者也应接受培训，培训的内容包括翻译标准和原则、专业精神及如何记录翻译过程，新招聘的译员必须要有不低于 80 个小时的翻译工作量培训。除通过培训以确保质量，联邦调查局也制定了较为系统的翻译质量审核流程。联邦调查局根据不同种类的翻译划分 5 个类型（见表 3-2），并根据不同翻译类型实施不同的质量监控程序。

表 3-2 翻译质量监控的类型（Quality Control Categories for Translations）①

类型（Category）	监控内容（Description）
I	将英语翻译成其他国家的语言材料
II	外语译成英语并进行公共传播的翻译材料
III	提供给法庭的翻译材料
IV	有 1 年及以上合作经验的语言专家的翻译
V	不到 1 年合作经验的语言专家的翻译

（数据来源：联邦调查局语言服务处）

第 I、II、III 类的翻译集中于对翻译语言质量的评估，要求翻译必须经过质量监控审查和编辑审查，消除错误并确保准确性之后才能发送给 FBI 之外的部门进行分析。第 IV 类和第 V 类是评估合约译员和 FBI 翻译雇员翻译能力，这两类的评估也是为了给监管者提供评估译员能力的方法。针对第 IV 类具有 1 年以上在 FBI 工作经验的译员的审查要求译者每 4 季度提交 1 次翻译样本审核；如果译者涉及多个语域的翻译，需要提交所有语域的翻译进行审核。第 V 类工作不满 1 年的译员，除完成 80 小时监管者指导的翻译任务以外，译员最初的 40 小时独立翻译任务要经过审查，而之后进行的 80 小时的翻译任

---

① U. S. Department of Justice Office of the Inspector General Audit Division. The Federal Bureau of Investigation's Foreign Language Translation Program［R/OL］. （2009-10-20）［2020-09-20］. https：//oig. justice. gov/reports/FBI/a1002_redacted. pdf.

务被随机抽查。

美国联邦调查局的翻译材料都关乎国家安全。为确保译者的素养及翻译质量，联邦调查局实施了较为严格的译员招聘、培训和质量监控措施。尽管如此，FBI 仍有翻译雇员被发现违规，甚至被其他国家收买为间谍，例如曾有一位 FBI 译员在翻译时篡改了恐怖分子的语音材料。① 为防止这类事件发生，美国一方面加强自己本国公民的外语教育，另一方面加强翻译技术的开发，以机器代替人完成一些材料的翻译。

二、美国国土安全部的翻译政策与实践

基于《2002 年国土安全法》成立的国土安全部（U. S. Department of Homeland Security）负责国土安全及相关事务，促使各部门能协调运作以有效防止恐怖袭击。为实现该目标，国土安全部虽成立了一些新的机构，但更多是把以前隶属其他部门的机构划归到国土安全部以协调各部门之间的行动。如属于移民和规划局（Immigration and Naturalization Service）的移民事务、边境巡逻及执法等管理分别成立了三个部门，统一归属国土安全部。② 更重要的是，国土安全部融合了海岸警卫队、运输安全局、联邦应急管理局、特情处等各类涉及国家安全事务的部门，这些部门负责"保障空中和陆路交通的安全，防止恐怖分子进入美国境内；提高美国应对和处理紧急情况的能力；预防美国遭受生化和核恐怖袭击；保卫美国关键的基础设施，汇总和分析来自联邦调查局、中央情报局等部门的情报"③等任务，为应对国家安全事务对各国土安全各部门的语言服务能力提出的挑战，国土安全部制定了相应措施以确保满足国家安全事务的语言能力需求。

首先，美国国土安全部制定了语言服务政策指南。美国国土安全部基于部门工作任务目标，在《1964 年民权法案》《13166 号行政令》指导下制定了《美国国土安全部语言服务政策指南》（U. S. Department of Homeland Security

---

① Barakat, M. Former FBI Translator Gets Probation for Doctored Transcript [N/OL]. (2020-01-31) [2020-09-24]. https://www.nbcwashington.com/news/local/former-fbi-translator-to-learn-fate-for-doctored-transcript/2207134/.

② 美国公民及移民服务局延续了移民归化局的翻译政策，已在第一节进行了论述。

③ Mission. [EB/OL]. [2020-09-18]. https：//www.dhs.gov/mission.

（DHS） *Language Access Plan*）。① 该政策文件共有 45 页，除对国土安全部的语言服务进行了原则性的规定之外，还附有 11 个部门②的已完成的翻译服务活动评述及根据政策指南而制定的未来行动方案。《美国国土安全部语言服务政策指南》在其首页对语言服务政策目标进行了规定："国土安全部的政策是为英语能力有限者提供及时、高质量的语言援助服务，以保障他们能参与到各项活动及行动中，以确保国土安全部的各项行动、活动、服务和项目能有效地执行和完成，隶属国土安全部的各个部门在其常规战略和业务规划中应纳入其语言服务政策措施，将关键文件翻译成工作中最常接触的语言，并在需要时提供口译服务。各部门应告知工作人员负有提供语言服务的义务，指导员工有效利用现有语言资源。"③该政策指南对国土安全部其他部门的语言翻译服务等作出了以下原则性的规定：④

（1）增加口译和笔译服务，将口译和笔译作为执行项目和业务的常规组成部分。

（2）增加与 LEP 人群的接触和交流，为其提供涉及国土安全项目的信息。

（3）记录与 LEP 人员的接触，以确定当前和未来对语言服务的需求。

（4）利用"公民权和公民自由办公室"（Office for Civil Rights and Civil Liberties）开发的"我说……"（I Speak...）⑤材料，识别工作中接触到的 LEP 人员所说的语言。

（5）翻译服务必须由专业翻译人员进行，只在特殊情况且信息非必要时才让家庭成员、朋友或其他与 LEP 人员有关系的人提供翻译服务。

---

① 笔者没有按字面意义翻译为"语言服务计划"，而是基于文件内容及性质翻译成"语言服务政策指南"。

② 这 11 个部门是：（1）美国海关和边境保护局；（2）公民和移民事务监察员办公室；（3）公民权利和公民自由办公室；（4）联邦紧急事务管理局；（5）国家保护和项目局，联邦保护服务局；（6）美国移民和海关执法局；（7）公共事务办公室；（8）运输安全管理局；（9）美国公民和移民服务局；（10）美国海岸警卫队；（11）美国特勤处。

③ U. S. Department of Homeland Security（DHS）Language Access Plan［Z/OL］.（2012-02-28）［2020-09-18］. www. dhs. gov/sites/default/files/publications/Language-Services. pdf.

④ U. S. Department of Homeland Security（DHS）Language Access Plan［Z/OL］.（2012-02-28）［2020-09-18］. www. dhs. gov/sites/default/files/publications/Language-Services. pdf.

⑤ 指美国各个政府机构的公民权和公民自由办公室开发的一种用于了解移民家庭语言的卡片。工作人员为英语能力有限者出示卡片，他们在卡片上填上自己所说的语言，工作人员根据语言从语言资源中心为其找该语言的翻译人员。

（6）为员工提供"语言服务相关要求、如何使用现有语言资源以及如何与口译人员合作"的培训和指导。

（7）向非政府部门的语言服务专家或公司咨询，规划未来的语言服务。

为确保政策规定能够既满足语言翻译服务的需求、保障翻译服务质量，又能降低语言翻译服务费用，《国土安全部语言服务政策指南》要求，各部门制定语言服务规划前应首先评估任务执行中涉及的四个要素，即执行任务中需要提供翻译服务的人群的数量、频率、任务性质（重要性和紧迫性）及现有可利用的语言翻译能力。政策实施的原则是在保障翻译服务的同时，充分利用国土安全部和联邦政府的语言资源以确保政策执行效益，避免服务成本过高而占用过多纳税人的钱。

其次，国土安全部各部门根据本部门的翻译需求制定了各自的语言翻译服务指南。隶属国土安全部的 11 个部门都公布了其语言服务指南，并在语言服务指南首先明确说明其政策的合法性基础是《1964 年民权法案》《13166 号行政令》及《国土安全部的语言服务政策指南》。因不同部门的工作业务和性质不同，各部门在具体政策措施、翻译服务种类及提供方式上有差异。这 11 个部门于 2011 年对外发布了语言翻译服务指南，并于 2016 年和 2020 年根据政策执行情况对指南进行了更新。① 以下将对国土安全部中涉及安全的重要部门的政策要点进行说明。

海关和边境保卫局（US Customs and Border Protection）是国土安全的大门，每天要接待来自全球的货物和人员，该部门在工作中几乎会碰到所有目前世界各国使用的语言。海关和边境保障局 2017 年发布的语言服务政策方针（CBP Language Access Plan）多达 24 页②，涉及 11 个方面的政策实施及完成情况。此外，海关与边境保卫局专门开发了语言资源的网站，可以提供高达 30 种语言的海关和边境服务各类文件及相关申请表，方便母语非英语者使用。2020 年的更新版本还为 20 多个国际机场提供了多语言

---

① 所有这些文件都可以在国土安全部语言服务网站 https：//www. dhs. gov/language-access 下载。

② U. S. Customs and Border Protection. Final U. S. Customs and Border Protection Language Access［Z/OL］.（2017-11-03）［2020-09-11］. https：//www. dhs. gov/sites/default/files/publications/final-cbp-language-access-plan. pdf.

的标识及视频。①

美国移民和海关执法局（US Immigration and Customs Enforcement）是处理非法移民的重要执法部门。该部门在执法工作中涉及众多语言种类，能提供迦勒底语（Chaldean）、基切语（K'iche）等原住民语言翻译服务。因此，2015 年发布的语言服务指南中增加了原住民语言服务的相关措施，列出了高达 25 种在执行任务中经常会碰到的语言，其中包括阿拉伯语、汉语、古吉拉特语（印地安语）、美国手语等。② 为满足不同语种的翻译需求，美国移民和海关执法局除了聘用双语员工和专业翻译，也将翻译服务外包给合约承包商，并充分利用联邦政府及国土安全部语言服务部的资源，以节约翻译费用开支。2020 年发布的更新版语言翻译服务指南的附件列出了移民和海关执法局最经常遇到的 10 种语言，分别是西班牙语、汉语普通话、旁遮普语、葡萄牙语、印地语、孟加拉语、克里奥语、俄语、法语、阿拉伯语。其中，排在第一的西班牙语翻译次数高达 66617 次，远远超出排名第二的汉语普通话，排在第十的阿拉伯语有 661 次。但是，除旁遮普语、西班牙语、汉语普通话等语言的翻译需求得到 100%满足，其他语言尽管翻译需求较少，但无法被满足，如汉语福州话的翻译需求只有 14 次，其满足率却不到 40%；波兰语和阿尔巴尼亚语的翻译需求不到 100 次，其满足率也只有 50%多一点。虽目前大多数语言的翻译需求满足率已高于 80%③，但移民和海关执法局仍须制定相关措施以百分百满足语言翻译需求。

美国特情局、联邦应急管理局、交通安全管理局、海岸警卫队等涉及国土安全的重要执法机构也根据国土安全部的语言服务政策指南制定了本部门的翻译服务政策，但基于其工作性质，这些部门主要是应对紧急情况，很难做到现场提供翻译服务，尤其是很多救援往往是在危险和紧急情况下进行的，

---

① U. S. Customs and Border Protection. Updated U. S. Customs and Border Protection Language Access Plan [Z/OL]. （2020-02-12）[2020-09-11]. https：//www. dhs. gov/sites/default/files/publications/cbp-updated-language-access-plan-2020. pdf.

② U. S. Immigration and Customs Enforcement. Final U. S. Immigration and Customs Enforcement Language Access Plan [Z/OL]. （2016-02-16）[2020-09-11]. https：//www. dhs. gov/sites/default/files/publications/final-ice-language-access-plan. pdf.

③ U. S. Immigration and Customs Enforcement. Updated U. S. Immigration and Customs Enforcement Language Access Plan [Z/OL]. （2020-08-17）[2020-09-11]. https：//www. dhs. gov/sites/default/files/publications/ice-updated-language-access-plan-2020. pdf.

无法事先或及时聘请翻译，因此，这些机构更多地强调了工作人员的外语能力，并借助现代化翻译工具提供的自动翻译服务。如特情局（Secret Service）为其雇员免费提供学习 31 种语言的机会，一旦雇员通过了一定级别的考试，就有相应的奖金，美国联邦行政法规第 4523 条也对此进行了规定。而根据特情局的统计记录，截至 2020 年 1 月，共有 203 名特情局的雇员通过外语技能测试，涉及阿拉伯语、越南语、老挝语等多达 21 种语言，其中排名前五的语言分别是西班牙语、意大利语、俄语、法语、葡萄牙语。① 联邦应急管理局的事务涉及全美各个语言社区，因此，为更好地满足翻译服务的需求，联邦应急管理局与三家联邦政府认可的语言服务承包商签订了全面采购协议，为管理局提供 300 多种语言的笔译和口译服务。此外，联邦应急管理局根据《卡特里娜飓风后应急管理改革法案》第 616 条及其服务过的英语能力有限群体，确立了需提供翻译服务的 20 种重点语言，即西班牙语、阿拉伯语、柬埔寨语、汉语、海地-克里奥尔语、法语、北印度语、意大利语、日语、朝鲜语、老挝语、俄语、他加禄语、乌尔都语、越南语、希腊语、波兰语、泰国语、葡萄牙语和美国手语。此外，联邦应急管理局聘用大量双语雇员，为有效评估和招募双语雇员，应急管理局与全国司法口译和笔译协会（National Association of Judicial Interpreters and Translators，NAJIT）进行研究合作，确定了培训和招募双语雇员的标准，提升双语雇员翻译和口译的质量。② 在国家交通管理方面，"9·11 恐怖袭击"后，美国加强了交通安全的管理，尤其是航空和机场的安全管理。隶属国土安全部的交通安全管理局（Transportation Security Administration）拥有 6 万名雇员，负责在全球范围内提供面向公众的安全、托管等服务，每天有超过 43000 名工作人员在近 440 个联邦机场检查超过 200 万名乘客，平均每月有 145000 人使用了相关求助服务。在安全检查方面，交通安全局根据应急管理局确定的主要使用的语言种类，把航班信息、信息图、禁止项目清单及相关信息等材料翻译成阿拉伯语、柬埔寨语、汉语

① U.S. Secret Service. Updated U.S. Secret Service Language Access Plan［Z/OL］.（2020-08-05）［2020-09-10］. https：//www.dhs.gov/sites/default/files/publications/usss-updated-language-access-plan-2020.pdf.

② Federal Emergency Management Agency. Final Federal Emergency Management Agency Language Access Plan［Z/OL］.（2016-12-09）［2020-09-10］. https：//www.dhs.gov/sites/default/files/publications/final-fema-language-access-plan.pdf.

（繁体、简体）、波斯语、法语、德语、希腊语、海地克里奥尔语、希伯来语、北印度语、意大利语、日语、韩语、老挝语、波兰语、葡萄牙语、旁遮普语、俄语、西班牙语、他加禄语、泰国语、土耳其语、乌尔都语和越南语等多种语言。根据来自海内外乘客使用的语言统计数据，交通安全管理局还开发使用最多的 10 种语言的交互式语音应答系统。美国交通安全管理局为加强与世界各国交通管理部门的合作以应对风险而设置了全球战略项目，为应对该项目的翻译需求，交通安全管理局利用美国驻外使领馆的本地雇员，为来自非英语国家的交通管理雇员和利益相关者提供翻译服务。交通安全管理局的全球战略项目还通过与美国联邦调查局下属的国家虚拟翻译中心签署服务合同，负责交通安全管理局与不同国家涉及交通安全等官方文件及信函的翻译业务。①

　　美国海岸警卫队（United States Coast Guard）也是美国国土安全的重要执法部门。海岸警卫队自 1790 年成立以来就一直负责保卫美国人民安全、国家安全、边境安全以促进美国的经济繁荣。美国海岸警卫队在战时属于美国军队。海岸警卫队不仅拯救遇到危险的个人，还保护来自世界各地的船只，并保护美国免受来自海上的威胁。据统计，海岸警卫队平均每天进行 42 起搜救，挽救 12 条生命，挽回超过 114000 美元的财产损失，缴获 1253 磅可卡因和 172 磅大麻，处理各类商船和海上污染事件等。② 海岸警卫队设置的全国应答中心是报告海上污染和有害物质的指定联络处，专门为英语能力不足者提供远程电话翻译服务。和其他部门一样，海岸警卫队的语言服务指南规定所有重要文件需提供不同语言的翻译版本，如海岸警卫队把区域应急计划、船只安全信息、环境保护知识等小册子翻译成西班牙语、法语和日语等语言，也把清洁水法和海洋污染等相关信息翻译成西班牙语、日语、葡萄牙语、克里奥尔语和意大利语提供给来往的船只。海岸警卫队的国家污染防治基金中心（National Pollution Fund Center，NPFC）将索赔指南和石油泄漏责任等索赔表格翻译成高棉语、越南语和西班牙语。海岸警卫队还设置了附属的口译军团（Auxiliary Interpreter Corps）和外语学习项目，并确定了口译军团专属的语言技

① Transportation Security Administration. Updated Transportation Security Administration Language Access Plan［Z/OL］.（2020-08-07）［2020-09-18］. https：//www. dhs. gov/sites/default/files/publications/tsa-updated-language-access-plan-2020. pdf.

② U. S. Coast Guard. Organizational Overview［EB/OL］.［2020-09-21］. https：//www. uscg. mil/About/.

能评估标准。口译军团设置了 A 和 B 两个级别的外语能力，A 级是除了英语外，还能流利地读、写、说和理解一门外语，61% 的辅助口译军团志愿口译员属于 A 级；B 级是除了英语外，能说和听懂一门外语，但不能流利地阅读或书写该语言，39% 的志愿口译员属于 B 级。此外，海岸警卫队的许多翻译服务需求主要由附属的口译军团的志愿口译员完成。口译军团目前拥有 360 多名口译志愿者，提供 48 种外语的口译服务。海岸警卫队还拥有外语服务项目，并根据已从事的业务需求对未来需求进行预测，为 103 艘快艇、巡逻艇以及 70 艘安检舰队配备了 610 个口译职位。① 这些职位除了承担海岸警卫队的主要责任外，还需提供口译服务作为其附属的职责。海岸警卫队也充分利用国土安全部的语言资源以满足其翻译服务的需求。

为保障各部门能有效提供翻译服务、减少重复购买翻译服务以节省公共开支，并促进服务标准的统一和质量的提升，国土安全部购买了统一的综合翻译服务，如国土安全部在 2016—2021 财年度与 11 家翻译服务公司签订了服务合约，其既包括"指南针语言服务公司"（Compass Language）这样的小型语言服务公司，也包括"莱博智全球语言服务公司"（Lionbridge Global Solutions II, Inc）等国际大公司。②

总之，美国联邦调查局、国土安全部及其下属的各部门为保障国家安全制定了较为系统的以翻译为主的语言服务政策，以确保国家安全不受损害。

第三节　美国公共卫生领域的翻译政策与实践

提供公共卫生服务是现代国家的重要职能，也是反映国家能力的重要指标。美国作为移民国家，如何为大量来自世界不同国家和地区的英语能力有限者提供良好的公共卫生及医疗服务，保障他们的权益不受损害，是美国联邦卫生服务部门不可推卸的职责。因此，负责公共卫生服务的"美国卫生和公共服务部"（the U. S. Department of Health and Human Services）为保障英语能力

---

① U. S. Coast Guard. Updated U. S. Coast Guard Language Access Plan［EB/OL］.（2020-08-07）［2020-09-10］. https：//www.dhs.gov/sites/default/files/publications/uscg-updated-language-access-plan-2020. pdf.

② U. S. Department of Homeland Security（DHS）Language Access Plan［Z/OL］.（2012-02-28）［2020-09-18］. www.dhs.gov/sites/default/files/publications/Language-Services. pdf.

有限者的医疗服务权利，制定了相应的语言翻译服务政策指南，并指导其下属各部门及各州卫生部门制定相应的翻译服务政策。

一、联邦政府公共卫生事务领域的翻译政策与实践

美国公共卫生事务领域制定的翻译政策主要是为了满足美国越来越多的移民需求。相比其他领域的翻译政策，医疗翻译政策对美国具有特别重要的价值，因为准确的医学翻译可以减少误诊，提升病人的满意度，从而减少因语言造成的失误而带来的诉讼。大量研究表明，无论是精神疾病的诊疗、急诊室还是常规的健康体检，医疗翻译服务不仅提升了患者的满意度，也减少了医疗机构的法律纠纷。① 如果不为英语能力不足的患者提供医疗翻译服务，医疗机构不仅会为此付出更多的费用，还会增加医疗风险。② 美国医疗界的正反两大翻译案例进一步说明了医疗及公共卫生系统翻译服务的重要性。反面案例就是 1980 年发生的因一个词的翻译错误而导致患者瘫痪的悲剧事件，医疗机构也为此赔偿了 7100 万美元。③ 另一正面案例是，一位医疗口译者根据所服务的患者病情的共性，帮助美国避免了一场公共卫生危机：2007 年，美国著名医疗机构——梅奥诊所（Mayo Clinic）聘请的医疗口译卡罗尔·伊达尔戈（Carol Hidalgo）在为患者提供口译服务时发现，她所服务的大多患者的发病症状相似，且都在肉品加工厂工作，于是把该情况报告给医生，请医生注意这一特别现象。果然，最终调查发现肉品加工中某道工序是造成病人患病的原因。肉品加工厂及时关闭了生产线并进行了改进，从而避免了一场更大范围的公共卫生危机。业界普遍认为是医疗口译服务让医生注意到了这样的细节，因为患者并非在同一个医院看病，因此医生很难注意到病例的关联性，而作为医疗口译的卡罗尔·伊达尔戈是为不同医院的同样病症的患者提供翻

---

① Marcos, L. R. Effects of interpreters on the evaluation of psychopathology in non-English-speaking patients. The American Journal of Psychiatry, 1979(2)：171-174.

② Ku, L. & Flore, G. Pay Now or Pay Later：Providing Interpreter Services in Health Care [J]. Health Affairs, 2005 (2)：435-444.

③ Gail Price-Wise. Language, Culture, and Medical Tragedy：The case of Willie Ramirez [EB/OL]. (2008-11-19) [2020-06-12]. https：//www. healthaffairs. org/do/10. 1377/forefront. 20081119. 000463/.

译,从而能注意到症状的相似性,避免了一场公共卫生危机。① 公共卫生领域——尤其是医疗机构——为病人提供翻译服务不仅仅保障了病人所享有的公共卫生权益,更有利于医疗机构尤其是公共卫生机构提升其服务质量。美国卫生和公共服务部(U. S. Department of Health and Human Services)在《13166号总统行政令》颁布之前就专门制定了保护英语能力有限者医疗权益的相关条例,对相关医疗翻译服务方式进行了规定,② 并于2002年、2013年根据司法部的相关建议和政策执行情况进行了修订。三个版本的政策内容主要包括美国卫生和公共服务部语言翻译政策适用的范围、政策目标及实施等。具体内容主要有:(1)强制规定各卫生医疗机构应提供翻译服务,要求所有接受联邦资助的机构或个体必须为在美国的英语能力有限的居民提供免费的语言翻译服务。(2)翻译服务方式的规定。政策指南要求获得联邦资金资助的机构必须通过雇用双语职员、专职口译或与专业翻译公司签署服务协议及与社区口译志愿者签署服务备忘录等多种方式满足对翻译的需求。(3)公共卫生口译及翻译质量保障的规定。规定要求所聘请的译员必须是经过资格认证的专业译员,签约的翻译服务公司必须是获得资格认证的公司。此外,鉴于翻译中涉及许多医疗术语,2000年的政策规定,家人和亲戚不得充当口译。③ 2003年的修改版提出了7条确保翻译质量的政策措施。④ 2013年版政策对口译和笔译分别提出了9条和5条行动计划。相比以前的版本,新版更主要关注语言服务政策的基本原则,如要求公共卫生的核心文件的翻译应参考2010年制定的《通俗语言写作法案》(*Plain Writing Act of* 2010, *Public Law* 111-274)以确保译

---

① Kelly, N. & Zetzsche, J. Found in Translation How language Shapes Our Lives and Transforms the World[M]. New York: Penguin Group (USA) Inc., 2012: 8.

② Department of Health and Human Service. Title VI of the Civil Rights Act of 1964; Policy Guidance on the Prohibition Against National Origin Discrimination as It Affects Persons with Limited English Proficiency[Z]. Federal Register 65, 2000 (169): 52762.

③ Department of Health and Human Service. Title VI of the Civil Rights Act of 1964; Policy Guidance on the Prohibition Against National Origin Discrimination as It Affects Persons with Limited English Proficiency[Z]. Federal Register 65, 2000 (169): 52762.

④ Department of Health and Human Services. Guidance to Federal Financial Assistance Recipients regarding Title VI Prohibition Against National Origin Discrimination Affecting Limited English Proficient Persons[Z]. Federal Register 68, 2003, (153): 47311-47323.

文清晰、简洁及有条理，必须做到通俗易懂等。① 为保证政策能更好地执行，卫生及公共服务部也通过其隶属机构对相关政策规定进行评估和反馈，以更好地指导各卫生机构满足政策要求，如隶属于卫生和公共服务部的医疗保健和医疗救助服务中心（Center of Medicare and Medicaid Services）于 2014 年发布了"英语能力有限群体获得语言服务规划"。该规划对如何实施翻译服务等进行了详细规定，几乎涉及语言服务的每一个方面，如口译、笔译的目标、执行策略、结果评估及实施的时间表。② 此外，少数族裔办公室也发布了《有关健康与医疗保健的文化及语言上适当服务（CLAS）的国家标准》，共 15 条。③

二、州政府公共卫生领域的翻译政策与实践

美国各州政府也制定了相关规定指导公共卫生机构所涉及的翻译问题，作为卫生和公共服务部（HHS）政策的重要补充。各州根据本州的人口特点及医疗机构特点对公共卫生领域的翻译作出规定，并通过州法律保障其执行。如加利福尼亚州法规第 22 款（Title 22）第 73501 条要求各公共卫生机构提供语言协助，具体规定为：a. 要求中等及以上的医疗机构使用口译或者其他方式保障病人和医生之间的有效沟通；b. 护理中心根据服务对象的语言和种族分布，聘用多语言和多种族的员工；c. 行政事务管理层必须聘用持证的口译。④此外，州政府的政策也针对具体的公共卫生机构作出了提供翻译服务的规定。新泽西州法规第 8 款（Title 8）第 42 章的 6.7 条（Code 42A-6.7.）要求所有戒毒和酒精的公共卫生机构为英语能力有限者提供翻译服务。⑤ 不过，联邦政府的

① Department of Health and Human Services. Department of Health and Human Services Language Access Plan［EB/OL］. https：//www. hhs. gov/sites/default/files/2013-hhs-language-access-plan. pdf.

② Center of Medicare and Medicaid Services. Strategic Language Access Plan［Z/OL］. （2014-02-14）［2020-05-21］. https：//www. cms. gov/About-CMS/Agency-Information/OEOCRInfo/Downloads/StrategicLanguage. AccessPlan. pdf 2014.

③ National Culturally and Linguistically Appropriate Services Standards［S/OL］. ［2020-05-2］. https：//thinkculturalhealth. hhs. gov/clas/standards? utm _ medium = email&utm _ source = govdelivery.

④ California Code of Regulation Tit. 22, § 73501-Licensee-General Duties ［Z/OL］. ［2020-05-18］. https：//www. law. cornell. edu/regulations/california/22-CCR-73501.

⑤ New Jersey Administrative Code Title 8 Subchapter 6 Patient Care Serivce ［Z/OL］. ［2020-05-20］. https：//www. law. cornell. edu/regulations/new-jersey/title-8/chapter-42/subchapter-6.

政策主要适用于获得联邦资助的医疗机构，一些较小的公共卫生机构为避免受该政策的约束，往往选择不申请联邦资助，最终不利于英语能力有限的群体享有高质量的公共卫生服务。鉴于此，许多州政府出台了相关政策指导本州一些公共卫生机构如何满足语言翻译需求。例如俄勒冈州政府公共卫生局专门设有公共卫生翻译资源、政策、法规及服务指南的网站，为公共卫生机构和本州居民提供翻译指导，并制作了涵盖 25 种语言的多语卫生医疗信息卡片。① 美国各州政府也通过一些实施细则保障翻译政策执行，并定期对相关政策的执行状况发布调查报告。如马萨诸塞州的公共卫生平等委员会工作组于2010 年发布了马萨诸塞州医疗口译的标准、认证及资助情况的报告，要求建立全州统一标准，并对公共卫生翻译服务提供资金支持以更好地执行相关政策。②

三、医疗翻译协会对翻译实践的政策规定

除了联邦和州政府制定的翻译政策，公共卫生领域的另一大政策规定来源是美国的医疗翻译协会，因为美国在一些专业领域逐步发展了一套由专业协会对本行业的执业规范、职业伦理等进行规定的管理体系。美国的医疗翻译协会从医疗翻译培训、行业认证、行业的伦理规范等对翻译进行规定，并且这些规定也得到了医疗机构和政府部门的认可。例如美国卫生保健翻译委员会（National Council on Interpreting in Healthcare）于 2005 年制定了 32 条医疗卫生翻译的行业标准，从准确度、保密、公平、尊重、跨文化意识、职责范围、专业性、职业发展、行业支持等方面进行规定。③ 该标准是综合各州的公共卫生翻译者协会的标准及行业状况而制定的。尽管翻译协会是民间组织，但其关于行业标准及职业伦理的规定是联邦政府及立法机构涉及公共卫生领

①　Health Care Interpreter Resources, Events, Policy, and Laws［Z/OL］.［2020-06-18］. https：//www. oregon. gov/oha/OEI/Pages/HCI-Resources-Events-Policy-Laws. aspx.

②　Medical Interpreter Services in the Commonwealth of Massachusetts. Standards, Certification, and Financing Findings and Recommendations of the Massachusetts Disparities Council Interpreter Services Working Group ［R/OL］.（2010）［2020-06-18］. https：// www. imiaweb. org/uploads/pages/463_10. pdf.

③　National Council on Interpreting in Healthcare. National Standard Practice for Interpreters in Health care ［S/OL］.［2020-06-19］. https：//www. ncihc. org/assets/documents/ publications/NCIHC%20National%20Standards%20of%20Practice. pdf.

域的重要参考标准，许多标准的制定也是在联邦或州政府的资助下完成的。公共卫生机构认可医疗翻译协会关于行业标准的规定，并依据其制定的标准聘用及评估翻译或双语员工。相比政府制定的指导原则，翻译协会的规定更具体、更有利于指导公共卫生翻译实践，更具有操作性。此外，专业协会对职业伦理的规范性更强，如美国的国际医疗卫生翻译协会和国家医疗口译协会都发布了译者伦理规范及行业标准①，要求译者在执业过程中遵守，以确保翻译服务的质量。

本章小结：美国国内事务领域的翻译政策与实践的影响及对中国的启示

正如以上所论述的，翻译参与到美国国内治理的各个领域，美国国内事务领域的翻译政策对美国的国家能力和翻译服务产业也产生了重大影响。

首先，翻译政策提升了美国的国家统领能力，尤其是公共服务能力。美国移民事务管理、国土安全及公共卫生领域的翻译政策和实践表明了翻译是提升国家能力必不可少的手段，通过翻译政策与实践，美国的统领能力也得到了提升，确保了国家安全和公共服务的供给。美国公共服务部门通过翻译把本部门的服务目标及措施等相关信息有效地传达给居民，帮助雇员更好地和英语能力有限者进行沟通，促使雇员能更好地服务当地居民。而在涉及移民手续、突发灾难管理、医疗服务及传染病防疫等领域，翻译政策促进了移民局、卫生部及联邦应急中心等各类公共服务部门更有效地服务英语能力有限的居民、避免公共危机的爆发，保护美国民众的生命安全。

其次，翻译政策在确保英语事实上的官方语言地位的同时，保障了公民的语言权，丰富了国家的语言资源。美国宪法并未将英语规定为官方语言，但其采取的是"促使人们在更大范围内使用英语"的隐性政策。② 这一隐性政策在一定程度上是依赖翻译运行的：美国在各类管理事务中要求用英语发布各类规章制度，再翻译成各移民社区的移民的母语，以确保以英语发布的相

---

① IMIA Code of Ethics［Z/OL］.［2020-6-19］. https：//www. imiaweb. org/code/default. asp.

② 查韦斯. 语言政策在美国：文化种族灭绝［C］//中国社会科学院民族研究所. 国外语言政策与语言规划进程. 北京：语文出版社，1999：23.

关政策规定能传达给所有美国居民，从而既确保了英语事实上的官方地位，又保障了移民的母语权利。美国通过要求联邦政府各部门必须为大量英语能力有限者提供翻译服务，在一定程度上尊重了美国公民使用自己母语的权利，丰富了美国的语言资源。最新的人口普查表明，在美国仍活跃使用的语言高达 390 多种，显示了美国语言资源的丰富性。①

再次，促进了美国翻译职业和产业的发展。翻译参与了美国国家治理的各个领域，带来了美国翻译产业和翻译职业的蓬勃发展。美国翻译者协会自 1959 年成立以来，已经有超过 1 万名会员。② 对翻译的需求也促使美国联邦政府在移民政策和工作签证申请方面出台措施，方便语言专家为美国提供翻译服务。例如，一些非美国公民的国外译者可以申请美国的 H1-B 特殊人才签证，有资格申请由雇主提交的 EB-3/PERM 的永久合法居住卡（即绿卡），也可申请国家利益豁免 EB-2 绿卡。③ 译者可以通过不同途径获得工作签证，这反映了美国对翻译的需求及翻译职业对美国利益的重要性。此外，美国拥有位列全球第二（英国第一）的语言服务产业。2018 年，其语言服务业的产值为 210.8 亿美元④；美国劳工部统计的数字也表明 2018 年翻译行业年收入的中位数达 49930 美元，平均时薪为 24 美元，并预测该行业 10 年增长率将高达 19%，高于美国行业增长的平均数。⑤ 调查也表明，39% 的语言服务公司总部设在美国，在全球排名前 100 的语言服务企业中，美国公司高达 30 家，医

---

① US Census Language Use Data：Detailed Languages Spoken at Home and Ability to Speak English for the Population 5 Years and Over：2009-2013［Z/OL］.［2020-05-19］. https：//www. census. gov/data/tables/2013/demo/2009-2013-lang-tables. html.

② 美国翻译者协会的会员来自世界 100 多个国家和地区。

③ U. S. Immigration Benefits for Professional Translators and Interpreters［EB/OL］.［2020-06-20］. https：//www. ata-chronicle. online/featured/u-s-immigration-benefits%E2%80%A8for-professional-translators%E2%80%A8and-interpreters/.

④ Mazareanu，E. Language Services Industry in the U. S.：Statistics & Facts［R/OL］.（2020-01-25）［2020-05-17］. https：//www. statista. com/topics/2152/language-services-industry-in-the-us/.

⑤ Interpreters and Translators：Occupational Outlook Handbook［Z/OL］.（2018-02-15）［2020-05-18］. https：//www. bls. gov/ooh/media-and-communication/interpreters-and-translators. htm.

疗、健康服务、药物治疗等与生命科学相关的翻译业务是其主要翻译服务领域。① 许多公司是美国政府部门的语言服务供应商，如 TransPerfect 公司既是美国国土安全部的翻译服务供应商，也是美国卫生和公共服务部的翻译服务供应商，更是一家致力于挽救生命的医疗、药物推广及治疗领域的翻译服务国际大企业。② 美国语言行业的情报咨询公司 Slator 的调查表明，2018 年美国仅在医疗卫生领域的口译产值就高达 11 亿美元。医疗卫生领域翻译产业的发展无疑是受到了美国公共卫生领域翻译政策的促进，因为政策要求涉及医疗及生命健康的各类机构必须为服务对象提供翻译服务。医疗机构、联邦政府资助的各类生命健康服务公司、制药公司、科研机构是医学翻译服务的主要购买者。③ 目前，为满足不断增长的翻译需求，联邦政府机构通过和语言服务商签订合同以满足翻译服务需求，进一步促进了美国翻译服务产业的发展。

美国国内治理领域的翻译政策对中国具有一定的启示意义。首先，我国是一个多民族的国家，各民族有自己的语言和传统文化。1982 年，中国通过了第四部宪法，第十九条明确规定，国家推广汉语普通话，同时也在第一百二十一条规定，各民族自治机关在执行职务时，使用当地通用的一种或几种文字。④ 因此，我国在国家管理事务领域和美国的立法精神是一致的，尊重少数民族的语言和文化权利；涉及全国性的管理规章的执行时，尤其在构建中华民族的核心价值理念中，需要通过翻译向少数民族地区传达党的治国理念和具体的方针政策，如《习近平谈治国理政》等党政文献的少数民族语言版本对国家治理和核心价值观的建构具有重大意义。在基层公共服务领域，防疫措施等公共卫生的最新政策和相关医学知识须通过翻译传达给民族地区。其次，通过翻译构建中华民族文化意识，向少数民族地区翻译中华民族经典，以及把民族文化经典翻译成汉语，以建构中华民族共同体。美国在通过翻译

① The 2019 NIMDZI 100：Language Services Industry Analysis［R/OL］.（2020-01-25）［2020-06-01］. https：//www. nimdzi. com/2019-nimdzi-100/.

② Global Content Solutions for Life Sciences［EB/OL］.［2020-06-18］. https：//www. transperfect. com/industries/life_sciences.

③ Slator. US Healthcare Interpreting Report［R/OL］.（2019-09-20）［2020-06-07］. https：//slator. com/data-research/slator-2019-us-healthcare-interpreting-report/ Accessed April10, 2020.

④ 中华人民共和国宪法. 参见：http：//www. gqb. gov. cn/node2/node3/node5/node9/userobject7ai1273. html。

保障不同语言社区的语言权利的同时，也不遗余力地向移民社区或多语言社区输出大量美国英语出版的文化和科技著作，从而在尊重不同种族语言文化的同时，传递美国主流文化价值理念，实现国家共同体的建构。更重要的是，我国有三十多个民族与境外同一民族相邻而居，民族语言的翻译有助于中国与周边国家建立友好互助关系。① 目前我国已有学者注意到民族语言翻译在国家治理中的重要意义。② 再次，正如美国语言服务产业在满足美国各机构的翻译服务需求后得到了蓬勃的发展，我国若在国家治理领域进一步加强翻译服务，必将促进中国语言服务产业的发展，为经济发展尤其是对外经贸发展作出积极贡献。

① 王正伟. 进一步发挥好民族语文翻译的重要阵地和桥梁纽带作用：在中国民族语文翻译局成立 60 周年座谈会上的讲话[J]. 民族翻译，2015(4)：5-8.
② 任东升. 民族翻译与国家治理[J]. 民族翻译，2020(2)：5-8.

第四章　美国国际事务领域的
翻译政策与实践

自 1648 年《威斯特伐利亚和约》(*Peace of Westphalia*)确立以主权平等为基础的现代国际关系以来，主权国家通过建立外交关系，彼此承认其独立主权国家及国际社会成员地位，因而，建立外交关系、处理国际事务的能力也是现代主权国家所具备的核心能力——国家统领能力的具体表现。主权国家与其他国家交往的能力是判断国家能力的一个重要标准。① 换句话说，主权国家之间的交往互动、竞争与合作也是一个国家检验自己国家能力的重要场域。然而，现代主权国家都具有各自独特的语言和文化身份，因此，国家之间的交往及国际事务的处理首先要克服语言文化障碍。翻译是克服这一障碍的必然选择，翻译能力是国家处理国际事务的必备能力。美国建国之父们充分意识到被国际社会承认对确立其主权国家身份的重要性，因而，管理外交事务的部门成为美国建国后成立的第一个内阁机构。1789 年 7 月美国成立了外交部(Department of Foreign Affairs)，同年 9 月更名为国务院(State of Department)。美国国务院为美国联邦政府最早成立的机构，也是联邦政府机构中最早聘用专业翻译的机构，并逐步发展了一整套管理翻译业务的规章制度。本章主要通过论述美国国务院的翻译政策和实践及其发展历程，分析翻译对提升美国处理国际事务的能力、维护国家主权及建构国家形象的影响。

第一节　美国国务院的翻译聘用与管理制度

美国国务院作为国际上代表美国的专门机构，在成立之初就设立了专门的翻译职位。根据美国国务院的历史记录，托马斯·杰斐逊出任第一任国务

---

① Failed state[Z/OL]. [2020-08-10]. https://en. wikipedia. org/wiki/Failed_state.

卿时，翻译就已被纳入美国国务院的基本职务之列。虽新成立的美利坚合众国的外交能力还比较弱，部门的工作人员少，但仍聘任了专职翻译以协助处理外交事务。"国务院第一任国务卿手下有 1 个主管、3 个职员、1 个翻译和 1 个勤务员，只在伦敦和巴黎设置了大使馆和 10 个领事处。"①然而，随着美国国际社会地位不断提升及广泛介入国际事务，美国的外交使团遍布了世界各国。目前美国在全球派出了 270 多个外交使团（diplomatic missions）。② 作为美国外交事务最高管理机构，美国国务院是外交和国际事务领域翻译政策的重要制定者和实施者。

一、美国国务院翻译聘用制度的发展

美国国务院是美国联邦机构中最早雇用专职翻译的机构，也是最早成立专门部门对翻译事务进行管理的机构。早在 1833 年，麦克莱恩国务卿就下令成立了"翻译及行政服务局"（Translation & Miscellaneous Bureau），负责管理翻译事务。翻译局规定的翻译职责是"翻译所有与国务院的业务和职责相关的各类信件、文件及档案，并要求任何机关收到每一封用外语书写的信件、情报及其他文件时，应立即翻译，并交回收到信件的原机关进行处理"。1855 年国务院根据政府部门重组法案，撤销了"翻译及行政服务局"，成立了专门的"翻译部"（Translation Division）。随着美国与世界越来越多的主权国家建立外交关系，翻译量也随之增长。1870 年汉密尔顿·菲什国务卿重新设立了"翻译局"（Translation Bureau）。③

19 世纪末 20 世纪初，美国效仿欧洲列强开始在海外争夺殖民地，美国国务院的职责进一步加强，翻译任务再次激增。1905 年，美国国务院重新界定了翻译局的职责，扩展翻译业务的范围。翻译局除了负责国务院的相关翻译之外，还负责翻译白宫收到的用外语撰写的信件和文件，承担联邦政府各行政部门及国会所需的翻译工作。

---

① Department History［Z/OL］.［2019-01-17］. https：//history. state. gov/departmenthistory.

② 美国国务院官方网站上使用的"diplomatic mission"一词就是指美国在世界各国家、地区及国际组织派出的外交使团和设置的诸如大使馆、领事馆、代表处等外交机构。

③ Obst，H. R. H. Cline. Summary of History of Language Services in the US. Department of State［C］//David Bowen，Margareta Bowen. *Interpreting：Yesterday，Today，and Tomorrow*. Amsterdam：John Benjamins Publishing Company，1990：8-9.

美西战争后，为应对非欧洲国家的外交事务增长而带来的翻译短缺，美国出台了针对外交口译人员的培养、聘用及报酬的规定——1909 年《关于管理中国、日本、土耳其三国的口译和口译学生的规章》（*Regulations Governing Interpreters and Student Interpreters in China，Japan，and Turkey*）。该规定对口译学生获得口译资格后聘用的性质、工资、聘用标准、工作职责、资格考试、晋升考试等进行了详细规定。口译资格考试分为 A 类和 B 类，A 类为口译学生必须参加的初级口译测试，通过 A 类初级口译测试就可以被聘用为正式的口译雇员。该规定对考试内容、考试方式及考试未通过后的处理都进行了说明，为未来译员选拔和聘用奠定了基础。值得注意的是，美国外交译员聘用测试一开始就不仅仅是语言的测试，还包含了对派驻国的历史、政治、地理、资源及工业发展情况的测试。如初级译员考试(A 类)包含的内容有：(a)汉语、日语或土耳其语(对话难度中等，主要翻译官方和商业信件，以及报纸和期刊)；(b)派驻国的政治历史和政治制度；(c)派驻国的商业地理知识；(d)派驻国的对外贸易状况；(e)该学生译员可能最终作为领事人员应该了解的派驻国法律的基本知识；(f)涉及美国公民权的基本法律知识及领事各类事务处理的实务知识；(g)法语(派驻土耳其的学生译员需要测试法语)。初级译员任职满两年并通过 B 类考试后可以晋升为高级译员。而高级译员除了对语言要求更高之外，也对掌握有关派驻国各个方面的知识要求更高，并要求熟悉国际法、商法、领事法等相关知识，其具体考试内容为：(a)高级汉语、日语、土耳其语(会话、写作、报刊翻译)；(b)派驻国的政治历史和政治制度；(c)派驻国的商业地理、资源和产业；(d)派驻国的对外贸易；(e)派驻国涉及外国人管理的法律基本知识；(f)国际法和商法；(g)领事法规和惯例；(h)法语写作(针对派驻土耳其的译员)等。① 此外，为提升美国处理与非欧洲国家外交关系的翻译能力，美国也通过一些政策促使哈佛、耶鲁等精英大学成为培养翻译及外交人才的重要基地。大多派往中国、俄罗斯、土耳其、日本的翻译和外交人员在哈佛大学接受了为期 3 年左右的学习。②

---

① U. S. Department of State. Regulations Governing Interpreters and Student Interpreters in China，Japan，and Turkey[Z]. The Register of the Department of State Washington，D. C.：Government Printing Office，1911：125-128.

② U. S. Department of State. American Consular Service [Z]. Washington，D. C.：Government Printing Office，1923：26.

美国在第一次世界大战后逐步走向世界舞台中央。为满足其对专业外交人员的需求，1924 年美国颁布了《外交事务法》(*The Foreign Service Act*)，再次对外交口译的培养、级别、工资等进行了规定。1928 年美国国务院根据其第455 号行政令重新成立了"翻译局"，增加了新的职责，包括国际会议的语言翻译服务以及检查核对美国作为签约方的双语或多语条约的翻译。该职责要求国务院的翻译人员必须尽可能使外语文本与英语文本相一致，以避免美国签署的条约因不同语言的阐释不同而处于不利地位。第二次世界大战期间，国务院翻译局的地位进一步加强，雇用的翻译职员达到了 75 人，"二战"后翻译服务部门又再次重组为"语言服务司"。

随着美国在"二战"后全面参与国际社会，其翻译业务也发生了变化，翻译类型从笔译更多地转向口译，这主要因为"二战"后国际组织及国际会议增多，导致口译的数量几乎与笔译持平，尤其是 20 世纪 60 至 70 年代，随着新独立的国家增多及美国国际地位的提升，翻译的工作量不断增加，所涉及的语种也不断增加。如 70 年代起，东方语言的重要性与日俱增，美国国务院首次雇用了 2 名汉语口译职员。自 1985 年起，美国国务院成为了专门的"语言服务司"，并设立了口译部 (Interpreter Division) 和笔译部 (Translation Division)，分别由首席口译官和首席笔译官领导。

根据美国国务院 2009 年至 2017 年的档案记录，国务院正式聘用了 20 名外交口译提供 12 种语言的口译服务，以及 12 名外交笔译提供 15 种语言的笔译服务；语言服务司还专门聘请了 8 名语言项目经理，管理国务院内部及其他联邦机构的翻译工作。除此之外，美国国务院语言服务司负责管理已经通过了国务院的翻译资格考试的 1000 多名注册口译和 500 多名注册笔译。这些注册译员通过国务院的身份背景核查之后才能被登记在语言服务司建立的注册译者库，一旦有国际或外交事务的翻译需求，这些译员通过签订合同的方式为国务院及联邦政府各部门提供服务。在联邦政府预算不断削减而国务院的外交事务不断增长的情况下，这些注册译员成为美国国务院翻译雇员的重要补充，承担了大量国务院及联邦政府各部门的翻译工作。

美国国务院译员的级别是美国联邦政府其他部门同类工作中最高的，也享有更高的威望。① 然而，由于国务院聘任的翻译雇员较少，很多口译和笔译

---

① 根据联邦雇员的职级规定，高级译审为 GS-14 级别，而高级外交翻译为 GS-15 级别，翻译职员的工资比同级的政府职员要高，显示了翻译的专业技能的重要性。

工作由语言服务办公室管理的注册合约译者(contract interpreter or translator)完成。鉴于美国国务院大量使用合约译员，语言服务司规定了合约译员(contact interpreter and translator)应具备的资格及聘用原则和管理规章。

语言服务司的口译部(Interpreting Division)制定合约口译的聘用、资格审查、测试、聘用及翻译业务范围等管理规章及原则。合约口译申请人通过电话测试的筛选后，再由语言服务司决定其是否有资格参加国务院的现场能力测试，然后决定是否将其登记在合约译者数据库(list of Contract Interpreter)。资格测试安排的主要根据是语言服务司的口译需求，一些关键性的语言测试往往会优先安排。测试主要涉及申请人的从业经验、教育背景面试及不同级别的语言能力测试。会议口译是在现场的同声传译间进行，口译内容涉及美国历史、文化、社会及处理口译现场相关问题。①

合约笔译的聘用由笔译部管理，具体要求是：(1)熟练掌握一种或两种源语阅读能力，不仅精通源语会话，更要熟练掌握源语国家的政治、社会、历史文化等方面的知识，因这些知识往往是和大学教育相匹配的，在实际操作中规定了申请人必须具有大学学历。(2)必须具备良好的目标语写作的能力，能用不同的风格进行写作。笔译测试主要检测将源语翻译成英语的能力。合约笔译也要求其具备相匹配的职业经历，并特别强调"仅仅是双语者，具有口译能力和流利口语的申请人不是胜任笔译的条件，要求申请者掌握美国及外国的政治、历史、经济和文化以及当今国际外交事务知识"②。(3)笔译者应具备高质量的文字输出能力，因为合约笔译者翻译内容涵盖广泛的语域、风格和主题，涉及科学技术、军事、经济和文化问题的条约和国际协定、培训手册、法庭文件、政治演讲和意见书，以及政府领导人之间的官方通信等。此外，笔译者还需为会议提供现场支持、撰写文件摘要、审查翻译以及确定用两种或两种以上的语言编写的文本是否具有一致性。(4)对合约译者的工作方式的规定：合约译者可以通过电子邮件、传真现场接收和返回翻译任务；所有的翻译任务必须由与语言司签订服务协议的译者本人完成，不得再次转包。

此外，美国国务院语言司对译者的身份、资格、选拔方式、翻译证书等

---

① Interpreting[Z/OL]. [2020-05-10]. https：//www. state. gov/interpreting-ols/.

② Translating[Z/OL]. [2020-05-10]. https：//www. state. gov/translating-ols/.

进行了规定。第一，关于身份的规定：口译、笔译的申请人可以不是美国公民，但必须具有合法在美国工作的身份，且国务院语言司不为合约译者申请者提供工作签证担保。第二，关于基本能力资格的规定：申请者一般需要 5年的相关领域的翻译经验。因为即使拥有法律、医疗及社区口译资格证书，但由于领域相差太大，往往也不能满足国务院外交会议口译的要求，只有具有会议口译证书，或属于国际会议口译协会会员的译者才是较为理想的候选人。第三，关于考核资格的规定。申请者需要提供三封证明自己能力的推荐信，笔译申请者需要提供自己翻译的样稿，口译申请者通过电话口译进行筛选；笔译申请者通过筛选后，再由语言服务司决定是否有现场测试的资格；所有申请者在通过测试后都需要通过外交安全局的背景审查，一般而言，正式进入美国注册合约译者名单大约需要 4—6 个月。

总之，美国国务院管理签约译员的基本原则是，所有签约译者必须通过语言服务司设立的专门测试及身份背景的审查。

二、美国国务院翻译活动管理制度

为确保各项涉外工作中的翻译任务能高效、高质量地完成，美国国务院在翻译中也形成了一套翻译活动管理制度。这些规章制度都记录在《外交事务手册》(*Foreign Affairs Manual and Handbook*)中。该手册是关于国务院组织结构、政策和相关程序的唯一权威规定，其中 FAM（Foreign Affairs Manual）是对外交事务政策（general policy）的规定，FAH（Foreign Affairs Handbooks）是对程序的规定，主要是让部门员工和服务供应商根据法律、行政部门及国务院的规定处理相关事务。为方便查询相关政策规定，美国国务院设置了专门各类外交事务处理的流程和所应遵守的规则的检索网站。① 根据网站的记录，涉及翻译的政策规定高达 130 项，具体操作程序规定高达 39 项②，可看出美国国务院对相关翻译事务的管理规定和操作程序进行了事无巨细的规定。例如，国务院规定了语言服务司是负责管理翻译事务的专门机构，其隶属于国务院行政部门。《外交事务手册》的第 1 部分的 213.3 项是对语言服务司的权利和

① Department of State Foreign Affairs Manual and Handbook [Z/OL]. [2020-05-09]. https：//fam. state. gov/.

② 通过输入关键词"translation"得出该数字。

责任的规定，其包含了下面三个方面：（a）语言服务司为国务院和白宫提供口译、笔译和其他语言服务，并基于规定为与外交事务有直接和实质性关系的联邦政府其他部门提供此类服务；（b）语言服务司要对美国加入的国际协定和条约的所有多语言文本进行比较，并确保和证明所有语言文本的意义是一致的；（c）语言服务司为口译和笔译等职位的候选人制定标准及测试程序，并根据美国人事管理办公室（OPM）的授权进行此类考试，负责制定和实施合约口译、合约笔译和其他语言支持（Language Support）人员的测试、招聘、培训和工作的政策、标准和程序。①

　　美国国务院对联邦政府其他部门的涉外活动所需的翻译服务也进行了规定。《外交事务手册》第 6 部分第 1510 项是关于语言服务司为联邦政府的其他部门提供翻译服务的规定："由语言服务司为白宫、国务院及其管辖的各类委员会和企业的对外事务提供口译和笔译服务。语言服务司根据相关协议为联邦政府的其他部门提供有偿服务。"而《外交事务手册》第 6 部分第 1521 项是关于联邦各机构申请口译服务的程序和要求的规定，要求口译服务的申请应提交给语言服务司的口译部，应在口译任务实施之前尽快提出申请，申请尽可能地包含所有相关事项，对于较大的会见或会议，可能需要提前一个月或更长时间做准备以保障获得优质服务，并要求以书面或电话向口译部提出要求；第 1522 项是对联邦政府各部门申请的笔译服务的规定，该规定要求需要笔译服务的部门应向语言服务司的笔译部提出笔译服务申请，申请表可以由授权人员签署，且必须与需要翻译或对比的文件一起提交。谈判中的协定、紧急外交照会等文件享有优先服务的权利。由于人力资源有限，各部门应及时提交翻译请求，并给与充足的准备时间，以便翻译人员按时高质量地完成工作。第 1523 项对接受合约译者服务的报酬及各部门的翻译费用预算做出了要求：每个机构应大致评估本部门可能需要的口笔译服务，作为每个财政年度财务规划的一部分，并在申请文件注明所拥有的经费，以确保语言事务办公室能报销翻译经费；初次使用口译服务且没有建立需求账号的部门，应首先向语言服务司进行成本估算并提交一份书面请求，附上所需要的设备、用品等清

---

① 1 FAM 213. 3 Office of Language Services （A/OPR/LS）［Z/OL］. ［2020-05-09］. https：//fam. state. gov/FAM/01FAM/01FAM0210. html#M213_3.

单，以便进行费用核算。①

三、美国国务院对翻译业务范围的规定

第二次世界大战后的美国全面参与国际事务，国务院机构部门也随之大幅增长。目前美国国务院的外交事务涉及全球 195 个国家和地区，并设置了东亚及太平洋事务局、非洲事务局等 7 个区域局专门负责本区域的外交事务。国务院国际事务管理中涉及的国际合作、国家安全、跨国犯罪、毒品和人口贩卖等都离不开翻译服务。美国处理国际事务所需的翻译主要包括以下几类：

一是国际谈判及不同语言的国际条约文本的意义表达一致性的确认。一个国家的对外事务或国际事务主要通过与世界各国签署涉及商贸、文化、教育交流等协定而展开。美国宣布独立后的第一个国际条约是与法国签署的《友好和贸易条约》(*Treaty of Amity and Commerce*)，条约的签署不仅承认了美国的独立，也促进了美国和法国贸易发展。美国进行国际谈判和签署国际条约都有译员的在场，尤其是在和非西方文明国家进行谈判和签署条约时，翻译起着不可缺乏的作用。签署条约、协议、备忘录及召开各种国际会议是美国参与全球事务管理的重要途径。一旦美国与其他国家签订协议或条约，译员和语言专家必须确保不同语言的协议或条约文本在语言表达意义上的一致性，确保相关条款不会因语言错误或歧义而损害美国利益。《外交事务手册》规定任何包含外语的协议或条约文本在呈送给国务卿(或经秘书授权的人)签署时，无论是在国务院还是在海外外交机构，都需要语言服务司确认英语和外语表达意义的一致性，也要对协议中的条款说明和注释进行确认，并签署谅解备忘录来证明其在文字表述上的一致性。此外，在与一些国家签署的罪犯引渡协议中，涉及罪犯引渡的一切文件都必须翻译成英语，这些翻译由当地领事馆向语言服务司咨询后实施。

二是航空及其他交通事故的翻译协助。国务院是美国联邦政府处理海外美国公民的航空及其他类交通事故的直接负责机构，一旦有涉及美国公民的交通事故在海外发生，美国驻海外的机构应联系美国国务院的运行中心；若需要口译和翻译服务，应直接向运行中心提出申请，运行中心把相关需求提

---

① 6 FAM 1520, Obtaining Lanuage Services[Z/OL]. [2020-05-10]. https：//fam. state. gov/FAM/06FAM/ 06FAM1520. html#M1523_1.

交给语言服务司或当地机构，为事故涉及的美国公民或其家人在事故处理等方面提供翻译服务，确保美国公民的权益不受损害。

三是美国政府与外国政府往来的信函及外交照会（démarche）的翻译。美国政府与外国政府或外国政府官员的官方通信，包括信件、外交照会、备忘录和请柬等，都必须用英语书写；出于对东道国语言主权的尊重，信函中也会附带东道国语言的翻译。语言服务司基于各政府部门的要求翻译涉外信函。因外交事务或冲突而发出的照会，驻外使馆起草后应先提交给语言服务司进行审核；翻译由华盛顿方撰写的外交照会的译文时，撰写者应该给予译员足够的时间及相关信息以确保翻译的准确性。

目前，美国国务院语言服务司的使命是"为国务院、白宫及其他联邦机构的对外事务、交流及联络提供口译和笔译服务，译者被认为是总统及第一夫人，国务卿、国家安全助理及其他内阁成员在对外事务处理中的'耳朵'，是声音及话语的传递者"①。

自 20 世纪 80 年代起，鉴于美国国际事务所涉及的语言种类越来越多，也为了提升处理国际事务的能力，并减轻纳税人的负担，语言服务司聘用合约译者从事涉外翻译工作；当涉及多国的事务时，分布在非洲、亚洲、欧洲和南北美洲等世界各地的多达 200 名译员可同时工作。美国国务院每年要翻译的语种高达 60 多种，字数达 300 多万字，其中涉及条约文字审核及相关引渡请求的翻译服务数量最多，反映了美国深度参与全球治理对翻译的需求。联邦政府机构每年申请翻译服务的金额也高达 800 万美元，白宫可免费获得口译、笔译及筛选和汇总 3 万多封外语邮件的服务。美国国务院建立了高级译员的职级制度，高级译审的级别为 GS-14，高级外交翻译的级别为 GS-15；提升了翻译雇员的整体工资水平，以更合理、高效地管理翻译业务，提升翻译质量。②

此外，美国国务院授权语言服务司开展的翻译培训项目及资格考试项目

---

①　The Department of State Our Mission［EB/OL］．［2020-05-10］．https：//www. state. gov/bureaus-offices/under-secretary-for-management/bureau-of-administration/office-of-language-services/.

②　Obst，H. R. H. Cline. Summary of History of Language Services in the US. Department of State［C］//David Bowen，Margareta Bowen. *Interpreting*：*Yesterday*，*Today*，*and Tomorrow*. Amsterdam：John Benjamins Publishing Company，1990：8-12.

在世界许多国家享有极高声望,① 一些国家如摩洛哥派自己的外交翻译到美国国务院语言服务司进行培训,这不仅是对美国外交翻译职员专业水平的认可,也说明了美国国务院具备较高水平的译员培训及管理制度。

第二节　美国国务院文化外交的翻译政策与实践②

正如历史所表明的,在主权国家组成的国际社会里,由于语言文化不同而带来的交流障碍,不仅会阻碍国家之间的合作,甚至会产生误会而导致战争。因此,文化和教育交流是现代国家之间和平交往的重要基础,是国家之间减少摩擦和冲突、实现和平相处的第一手段。③ 美国自建国以来就形成了不介入文化事务的传统,美国国务院作为美国处理国际事务的机构,最初并没有把文化外交纳入其职责范围。直到20世纪30年代,德国、英国等国家把文化当作实现国家利益的外交手段,美国才开始把文化交流和传播纳入外交事务中,通过文化和教育交流实现其外交目标。翻译既是进行文化和教育交流的必要措施,也是文化交流的内容之一。

一、美国国务院文化关系处的翻译政策与活动

"二战"前的欧洲各国在拉丁美洲进行了大规模的经济、政治、文化和意识形态宣传和传播,尤其是德国进行了咄咄逼人的文化渗透。面对欧洲各国对被称为美国后花园的拉丁美洲的文化渗透,美国联邦政府改变了曾经的"大

---

① "跨机构语言圆桌量表"(ILR professional level)是在美国国务院外事学院领导下开发的,是美国联邦机构认可的测试标准,并以此为标准测试和选拔语言人才。Interagency Language Roundtable [Z/OL]. [2020-08-19]. https://en-academic.com/dic.nsf/enwiki/10847255.

② 本节针对美国国务院文化外交的翻译和第六章第三节的"对外文化传播"分开论述,一方面是美国文化外交事务一直由国务院负责,1953年成立的新闻署虽是专门对外文化传播的机构,但许多工作仍由国务院协助,且新闻署于1999年解散,文化交流事务又并入国务院;另一方面,美国国务院文化机构一直强调其文化交流的双向性,而美国新闻署主要是单向的对外文化和意识形态的传播。

③ Arndt, R. T. The First Resort of Kings: American Cultural Diplomacy in the Twentieth Century[M]. Oxford: Potomac Books, Inc. 2006.

棒"外交政策，实施"睦邻友好"政策，力图通过官方之间的文化交流缓解拉丁美洲对美国的敌意。基于该目标，美国联邦政府于1938年在国务院成立了文化关系部（Division of Cultural Relations），专门实施对外文化交流活动。该机构的成立改变了过去政府不介入对外文化活动的政策，被认为是美国政府介入文化事务的开端。[1] 文化关系部的主要任务是负责"教育领域的学生、教师之间的交流以及音乐、艺术、文学及其他文化领域的相互交流和合作，其中一项重大活动就是在图书馆中增加美国的代表性作品及翻译作品。[2] 当时的文化关系部仍认为对外文化政策的制定和实践都应由私人机构和公民负责，国务院只是次要的角色，只需要在美国和外国政府打交道时提供帮助，协助组织和管理一些活动。[3] 在私立基金会的协助下，文化关系部组织翻译了大量美国的英语著作，出售或赠送给拉美国家，帮助拉美国家建立图书馆，组织专业人员排演西班牙语戏剧和文艺节目在拉美各国演出，并效仿法西斯德国，资助英语教材的出版，促进拉美国家把英语作为本国第一或第二种外国语。更为重要的是，为了强调对等的睦邻友好关系，除了通过翻译向拉丁美洲国家输出文化之外，美国也译入了大量拉丁美洲国家的文学，促使美国国民更好地理解拉丁美洲国家。文化关系处协助洛克菲勒基金会译入了拉丁美洲文学，并由著名的克诺夫出版社（Alfred A. Knopf, Inc.）出版。不过这些翻译的拉丁美洲书籍在美国的销量并不好，国务院终止资助后，克诺夫出版社没有继续翻译出版拉丁美洲文学。总体而言，美国国务院在20世纪30年代设置了专门的文化关系部，通过文学作品翻译及文化、艺术、教育交流活动，在一定程度上缓和了美国和拉丁美洲的敌对关系，促进了美国的国家意识形态和科学文化理念向拉美国家的传播，并在一定程度上抵制了德国法西斯主义思想在拉美地区的渗透，尤其是在思想意识上促使拉美国家和美国一起投入反法西斯轴

① Arndt, R. T. *The First Resort of Kings: American Cultural Diplomacy in the Twentieth Century*[M]. Oxford: Potomac Books, Inc., 2006: 40-43.

② McMurry, Ruth Emily & Lee, Muna. *The Cultural Approach: Another Way in International Relations*[M]. Chapel Hill: University of North Carolina Press, 1947: 208-209.

③ Cherrington, B. M. America's Future Cultural Relations[J]. *The American Academy of Political and Social Science*, 1944(1): 77-78.

心国的斗争，维护了美国的国家利益。①

由于受官方机构不介入文化事务传统的影响，再加上文化关系部的政策制定者认为"宣传"一词已经被苏联、意大利法西斯、德国纳粹和日本毒化了，所以普通美国民众认为"宣传就是政府的大谎言"；② 另外，美国文化界和知识界认为通过赤裸裸的文化宣传，把美国文化强加给外国反而会带来反效果、引起普遍的反美思潮，因此，美国国务院在早期对外文化交流中尽量避免意识形态的宣传，只强调文化交流的双方性，并以潜移默化的、渐进式的方式进行。国务卿科德尔·赫尔（Cordell Hull）称，"文化关系部不会进行竞争性的宣传，但会慢慢地、小心翼翼地、一丝不苟地努力为文化交流建立坚实的基础。我们很清楚一件事：我们不愿步极权国家的后尘。我们必须遵守我们美国民主制度中建立已久的程序和标准。这对我们的政府来说是一次全新的冒险。没有先例可以指导我们。"③美国政府最初介入文化事务时就显出其独特性，国务院文化关系部在实施对外文化交流时规定了三个铁的原则——避免任何宣传痕迹、远离情报收集，以及尽量减少对脆弱的外国文化的破坏。④ 总体而言，"二战"前的美国强调文化的双向性及对等性，强调在海外进行教育规划时要敏锐、灵活，以能适应听众需求的方式进行，从而隐藏其真实意图，为后来的文化传播奠定了基础。

美国国务院文化关系部在"二战"期间把文化交流扩展到欧洲、东亚和中东等地区，并通过在各国设置美国文化中心，专门配备负责文化事务的"文化专员"，翻译美国历史和文化的书籍，以促进美国的文化和知识在世界各国传

①　许多研究论述了洛克菲勒基金会在 20 世纪 30 年代实施的文化交流活动及克诺夫出版社翻译出版的拉丁美洲作品及其影响，如 Mark T Berger. *Under Northern Eyes*：*Latin Americn Studies and US Hegemony in the Americas 1898-1900*. Bloomington：Indiana University Press. 1995；Bradley A. *Shaw Latin American Literature in English Translation*：*An annotated Bibiligraphy*. New York：New York University Press，1976；Philip Swanon *Landmarks in Modern Latin American Fiction*. London：Routeledge，1990.

②　Arndt，R. T. The First Resort of Kings：American Cultural Diplomacy in the Twentieth Century[M]. Williamsport，MD：Potomac Books，Inc.，2006：28.

③　转引自 Espinosa，J. Manuel. *Inter-American Beginnings of US Cultural Diplomacy 1936-48*[M]. Washington，D. C.：Department of State，1976：113.

④　Arndt，R. T. *The First Resort of Kings*：*American Cultural Diplomacy in the Twentieth Century*[M]. Williamsport，MD：Potomac Books，Inc.，2006：xvi.

播。在战争动员宣传的需求下，文化关系部也在阿富汗、伊朗、埃及、印度等国家开展了大量文化交流工作。另外，美国"二战"期间成立了"战时新闻部"（Office of War Information），负责战争时期宣传，美国的文化及意识形态是其主要宣传目标，"二战"之前不介入意识形态宣传的原则被打破。文化关系部被划归到国务院的公共信息办公室，成为副国务卿领导的公共与文化关系处的一部分，而且所进行的文化交流活动只能由总统应急基金进行资助。除此之外，为了配合战时文化宣传，美国国务院又成立了专门的"国际新闻处"，致力于促进美国各类文化信息载体，如纪录片、电影、新闻片和一些专门制作的广播节目在世界各地的传播。美国国际新闻处负责协助在被德国占领的挪威各地分发美国发行的瑞典版《读者文摘》，美国国务院对该杂志的内容进行了一定程度的控制，使符合美国国家利益的信息得以传播。在具体操作中，为避免赤裸裸的对抗和宣传，美国国务院在德占区及之后书籍和期刊的发行中，反而删除了一篇批评苏联的故事。① 该事件虽在一定程度上说明美国国务院在文化交流中仍在力图避免赤裸裸的意识形态宣传，力图坚守文化双向交流的传统，与战时新闻部的意识形态和文化扩张有一定区别，但总体而言，美国国务院的核心使命是对外传播美国的价值观、为美国国家利益服务，而译介美国文化是其实现核心使命的重要措施。此外，"二战"后国务院在世界各国的使馆和领事馆设立了美国文化中心和图书馆，是当地民众阅读美国书籍，学习美国历史和文化的重要设施，为冷战时期美国在意识形态斗争上取得胜利起到了重要作用。

二、"二战"后国际信息与教育交流局的翻译政策

第二次世界大战结束后，战时新闻处所从事的对外文化和意识形态宣传失去了合法性基础，战时新闻处被撤销，对外文化交流活动又再次由美国国务院负责。国务院成立了国际信息文化事务办公室，1947 年又更名为国际信息和教育交流局，执行文化外交的功能。

"二战"后的美国为了将自己打造成一个负责任的、有道德的国际秩序的维护者，让世界各国明白"美国不仅仅是一个物质富裕的国家，也孕育了杰出

---

① 参见约翰·贝格（John M. Begg）回忆录 ADST's Oral History，Adamnson；HSTL Oral History Begg：11.

的科学家和工程师，哺育了大量具有创造力的艺术家，① 积极向外传播美国文化，1948 年国会通过了专门的对外文化和信息交流的法案——《史密斯-蒙德特法》(Smith-Mundt Act Public Law 80-402)，法律的第 201 条(Section 201)即，"授权国务卿通过翻译和分发书籍、期刊、政府出版物及一些教育资料以实现美国与世界其他各国的交流和相互理解"。法律为美国国务院的翻译政策和实践提供了法律基础及资金保障，法律也要求国务院实施各类项目时充分利用民间资源，并规定了国务院不能垄断海外文化传播，禁止针对海外的文化传播资料在美国国内传播，避免美国出现法西斯式的政府宣传模式。②

在法律的支持下，同时也为应对苏联在"二战"后的意识形态宣传，美国国务院通过新组建的"国际信息和教育交流局"继续在欧洲及世界各地协助美国书籍的翻译和出版。美国国际信息和教育交流局资助意大利、法国翻译出版了一系列美国文学和评论著作。例如在法国出版了"西风"(Vents d'Ouest/West Winds)系列美国文学，该系列翻译出版持续了 20 年，共翻译出版了 50 卷美国文学作品及评论；用法语出版的《美国文学全景》(Panorama de la littérature américaine)成为法国的畅销杂志，仍在持续出版。③ 法国翻译家莫里斯·埃德加·科恩德翻译了 60 多本美国小说，被认为创造了法国的福克纳，这些翻译小说也成为法国当时最赚钱的出版物。意大利的知识分子翻译美国的《联邦党人文集》，著名作家切萨雷·帕韦泽一直致力于美国小说的翻译。除了欧洲国家主动翻译出版美国的著作，国务院为了促进翻译作品的阅读以及英语的传播，和派往海外的英语教学团队联合起来，改编和简写了大量英语小说，促进了全球的英语教学和阅读。1953 年美国新闻局成立后，书籍的翻译出版开始由美国新闻局负责，国务院主要负责在和美国有外交关系的国家建立图书馆，储存和展示美国书籍及其当地语言的翻译版本，方便当地民众阅读美国作品。

---

① 这是美国助理国务卿威廉·本顿(William Benton)1946 年谈到国务院的文化外交的讲话，转引自 Cummings, M. C. Cultural Diplomacy and the United States Government: A Survey[M]. New York: Center for Arts and Culture Press, 2003: 5.

② 该项规定在 2014 年的《史密斯-蒙德特法案》修正案中被废除。目前对外宣传资料也可以在美国国内传播。

③ Arndt, R. T. The First Resort of Kings: American Cultural Diplomacy in the Twentieth Century[M]. Williamsport, MD: Potomac Books, Inc., 2006: 194-195.

三、富布莱特文化教育交流项目中的翻译政策与实践

富布莱特文化教育交流项目是美国国务管理中最重要的项目，"二战"后美国国会专门通过了两部法律予以支持。一部是 1946 年通过的由富布莱特参议员提出的《富布莱特法》(*Fulbright Act of* 1946 (*Public Law* 584))，另一部是 1961 年通过的《富布莱特-海斯法》(*Fulbright-Hays Act of* 1961，该法律也称作 Mutual Educational and Cultural Exchange Act of 1961 (Pub. L. 87-256，75 Stat. 527))。两部法律都对翻译作为文化交流的重要内容和方式进行了规定。1946 年的《富布莱特法》规定，"资助外国学者把美国的现当代文学作品作为交流国的语言"及"资助把还没有翻译成英语的国外学术著作翻译成英语"。[1] 1961 年的《富布莱特-海斯法》规定，"资助美国与其他国家关于艺术、科学、技术、学术书籍，文学书籍，期刊和政府出版物的交换和交流，以及这类著作的复制和翻译"。该法律通过后，国务院成立了专门的"教育与文化事务局"负责文化和教育交流项目。

富布莱特项目虽被认为是美国对外文化扩张的工具，但其翻译项目体现了文化交流中的双向性。以在中国运行的富布莱特项目为例。中国是该项目最早的签约国家，项目运行初期就资助了中国高达 12500 美元的翻译活动，包括翻译中国学者的文章在美国的期刊发表，翻译中国的学术、文学及艺术著作在美国出版。在项目的资助下，中国发给美国大使馆 61 篇学术论文稿件，[2] 其中共有 21 篇被翻译成英语的学术文章并被美国学术期刊《遗传心理学》《美国光学协会会刊》《哈佛亚洲研究学刊》《植物学期刊》等接受并刊登。[3] 在著作方面，富布莱特资助的学者德克·博德翻译了著名哲学家冯友兰的《中国哲学史》(第二卷)，罗伯特·雷德菲尔德翻译了费孝通的《中国士绅》。同时，有 20 本介绍美国文化、政治制度的书籍被翻译成中文在中国出版。[4] 从

---

[1]　Ward, I. A. The Fulbright Act, Far Eastern Survey [J]. *Institute of Pacific Relations*, 1947(17): 198.

[2]　Fairbank W. *American's Cultural Experiment of in China 1942-1949* [M]. Washington, D. C.: Government Printing Office, 1976: 52-52.

[3]　Fairbank W. *American's Cultural Experiment of in China 1942-1949* [M]. Washington, D. C.: Government Printing Office, 1976: 208-209.

[4]　Fairbank W. *American's Cultural Experiment of in China 1942-1949* [M]. Washington, D. C.: Government Printing Office, 1976: 184-185.

富布莱特资助的翻译实践可以看出，美国国务院在"二战"后仍坚持文化教育双向交流的原则，不仅是对外传播美国文化，也在译入中国文化和科学研究成果。除了中国之外，日本等世界其他国家的富布莱特项目也包含了各类翻译资助。

目前学界虽很少对富布莱特项目从翻译角度论述其成就，但无论是狭义领域的翻译还是广义的哲学意义的"翻译"①，富布莱特项目对翻译在文化教育交流的作用及政策资助是显而易见的，例如，日本在对富布莱特对本国的影响的论述中，就提到了富布莱特项目在翻译方面的成就，富布莱特项目的经历对日本的学者、政治家具有非常重要的意义，学者们通过文化教育交流，提高了教学、科研能力，翻译、出版了一批美国的书籍和出版物。② 总之，美国国务院的文化和教育交流项目以双边对等的方式，在资助学者交流和研究的同时，也为参与交流的双方提供研究对方国家的机会，促进双方在各类学术、文化书籍的翻译和交流。一方面，许多接受富布莱特项目资助的学者也从事了美国各类著作的翻译，间接地帮助美国对外文化传播。以富布莱特资助的文学类的访问学者为例，自 1980 年至 2020 年共有 129 位中国学者受资助③，这些学者成为美国文学在中国翻译出版的重要促进者，如受到富布莱特资助的杨仁敬、赵文书、刘军平、但汉松等学者不仅是美国文学的研究者，也是重要的译者，但汉松翻译了多部美国作家托马斯·品钦的小说。另一方面，受富布莱特资助来中国的美国学者，往往也在其研究著作中翻译了中国文献，把尚未在美国翻译出版的中文文献翻译成英语，促进了学术研究，且翻译文献也成为其学术著作重要的组成部分。

文化教育交流项目也促进了相关口译政策的发展。1952 年美国国务院为实现《史密斯－蒙德特法》倡导的交流项目，设置了国际访问领导者项目（International Visitor Program，2004 年更名为 International Visitor Leadership Program），该项目每年邀请大约 5000 名世界各国的专家、意见领袖来美国访问，项目的运行需要口译服务。为此，美国的语言服务处委派英语语言专家

---

① 本书在第一章"核心概念"一节中，对"翻译"的哲学意义进行了说明。

② Tokorozawa，Y. *The Effects of the Fulbright Graduate Study Program：Its Personal and Social Meanings in Post-War Japan*［D］. University of California，1996：86.

③ 该数据从富布莱特项目官网的学者数据库得出：Fulbright Scholar Directory［Z/OL］.［2020-06-17］. https：//fulbrightscholars.org/fulbright-scholar-directory.

和口译带领参观访问，亲身感受和了解美国社会和文化，希望来自世界各地的专家通过亲身经历了解美国社会、文化和政治制度。目前，该项目在国务院的支持下仍运行良好，2015 年发布的项目报告表明，已有 20 多万人参与了该项目，包括世界许多国家曾经的领袖或现任领袖，如日本包括菅直人在内的多任首相参加了该项目。①

四、美国国务院全球事务治理和文化宣传机构的翻译政策

随着主导美国对外宣传的新闻署（USIA）于 1999 年正式解散，该机构的一些公共外交职责转移至国务院，并由国务卿直接领导的公共外交和公共事务部办公室（Office of the Under Secretary for Public Diplomacy and Public Affairs）接管对外文化交流工作。为此，公共外交和公共事务部办公室成立了负责全球事务治理和信息宣传的专门机构——全球事务局（Bureau of Global Public Affairs）、全球合作中心（Global Engagement Center）及全球媒体中心（U. S. Agency for Global Media），根据全球事务治理和外交宣传的需求成立了国际信息项目部（Bureau of International Information Programs）等旨在提升美国全球话语权和对外文化宣传的机构，翻译是这些机构实现其目标的重要措施。为应对"真相消失"（truth decay）②时代给美国在全球事务治理和美国公共外交的成效带来的重大挑战，美国充分利用翻译的本地化原则，即提供外交官员相应的资源，向世界翻译美国，把美国的做法、价值理念翻译成本地语言进行传播，以消除当地民众对美国霸权的误解。③ 基于该理念，全球事务和公共外交部制定了相应的翻译政策。

一是建立包含世界各个区域的公共事务翻译中心。美国国务院自 21 世纪起，组建了国际媒体参与办公室（Office of International Media Engagement），其任务目标就是通过影响全球舆论以服务美国的外交政策，维护美国利益和美

---

① Ivlp Fact Sheet［Z/OL］.［2020-08-17］. http：//eca. state. gov/files/bureau/ivlp-fact-sheet. pdf.

② 美国公共外交 2020 年报中，外交大使用"truth decay"来描述美国在全球的信息传播时代的困境，这个词是牛津词典 2016 年收录的"后真相"（post-truth）一词的另一种说法。

③ Wharton, B. Public Diplomacy in an Era of Truth Decay. The 2018 Comprehensive Annual Report on Public Diplomacy and International Broadcasting［R/OL］.（2018-11-20）［2020-08-17］. https：//www. state. gov/wp-content/uploads/2019/05/2018-ACPD-Addendum. pdf.

国安全。国际媒体参与办公室在全球设立了6个区域中心，确保美国政府的相关信息在国际媒体上得到准确报道，并能让美国政府及时了解国外政府发布的公共信息。各区域媒体中心通过聘用专门的翻译和懂外语的外交人员，用当地语言和民众、政府及媒体交流，传达美国的外交政策及相关信息以影响全球舆论，维护美国的国家形象。根据2020年的年度报告，区域翻译中心翻译了4000场新闻发布会，分发给24000多家国际新闻媒体机构、记者和全球思想领袖；在2018年、2019年，为5000多场新闻发布会提供了翻译。①

二是设置语言资源办公室(Office of Language Resources)为信息传播提供翻译服务。为促进美国国务院与外国公众的交流，增进外国公众对美国外交政策的了解，国务院的国际信息项目署(Bureau of International Information Programs)设置的语言资源办公室负责把相关信息翻译为当地语言，宣传美国对外政策，提升美国媒体的访问量，促进美国国家利益和价值观在世界各国的传播。为能更有效地与当地公众进行交流，所有的英语内容都必须根据全球各大语言的分布和所讲语言的人口翻译或改编为不同语言。目前，美国国务院对外翻译和改编的语言主要集中在阿拉伯语、汉语、法语、葡萄牙语、俄语、西班牙语和乌尔都语。所有发布在社交媒体的翻译材料都标有"关键提示"(key quotes)。此外，语言资源办公室也为各类视频宣传材料提供字幕翻译，并把国务卿和美国总统的重要讲话翻译成多国语言，提供给社交媒体发布给世界多个国家和地区，帮助世界更好地了解和理解美国的对外政策及其在全球事务中的角色。2019年国际信息宣传署和公共事务部(Public Affairs)合并组成全球公共事务署(Bureau of Global Public Affairs)，合并后的全球公共事务署结合了国际信息署在分析、内容生产、平台及围绕美国价值观讲述故事的优势和公共事务部的战略传播、全球媒体资源，从而更有效地在全球传递美国价值观。语言资源办公室聘用的翻译人员与内容创建者及设计者紧密合作，翻译和改编全球公共事务署发布的内容，确保全球公共事务署所要宣传的内容被翻译成目标国的语言，最大程度实现美国与目标国民众交流和沟通的目标。

---

①　美国公共外交咨询委员会(United States Advisory Committee on Public Diplomacy)每年就国务院的公共外交执行情况向国务院、总统和国会发布报告。每年报告可以从官网 https：//www. state. gov/reports-u-s-advisory-commission-on-public-diplomacy/下载。

　　三是美国国务院全球事务职能机构的翻译实践。国务院除了根据区域①设置一些专门的管理机构，负责与世界各区域和国家的民众的交流活动之外，也设置了超过 30 个重要职能部门，处理诸如人权、反恐、区域冲突、环境保护等全球性问题。这些机构，如"反恐和打击暴力极端主义局"（Bureau of Counterterrorism and Countering Violent Extremism）、"资讯研究局"（Bureau of Intelligence and Research）、"人口、难民和移民局"（Bureau of Population, Refugees, and Migration）等，主要负责超越国家和区域边界的全球性事务，而这些机构在处理各项事务中都需要跨越不同语言和文化的障碍，因此，翻译几乎成为这些部门的日常工作。② 此外，为让美国各行政、立法部门了解世界各国人民如何看待美国，对美国处理全球问题的各项政策提出建议和作出公正评价，情报和公共意见研究局会负责收集相关意见并翻译成英语提交给美国立法机构。

　　总之，美国国务院的公共文化外交部门通过翻译向世界传递美国的价值观、意识形态，解释美国的政策方针并影响世界其他国家民众接受美国的价值观和政策，以达到美国主控全球事务、成为国际秩序领导者的目标。

第三节　美国国际事务领域的翻译政策与实践的影响

　　美国在国际事务管理领域有丰富的翻译政策与实践活动，对美国的国际事务处理能力及国家语言主权产生了重要影响。

一、奠定了处理国际事务的知识基础

　　外交事务往往关乎一个国家的海外形象。美国最初发展和欧洲各国外交关系时，一直是委派有名望并且懂派驻国语言的知识分子担当外交官或领事。

---

　　① 美国国务院设置了 6 个区域事务局管理和评估外交事务。这 6 个区域事务局分别是非洲事务局（Bureau of African Affairs）、东亚和太平洋事务局（Bureau of East Asian and Pacific Affairs）、欧洲和欧亚事务局（Bureau of European and Eurasian Affairs）、近东事务局（Bureau of Near Asian Affairs）、中亚和南亚事务局（Bureau of South and Central Asian Affairs）、西半球事务局（Bureau of Western Hemisphere Affairs）。

　　② 参见历届美国公共外交年报，下载网站 https：//www. state. gov/reports-u-s-advisory-commission-on-public-diplomacy/。

例如，美国文学之父华盛顿·欧文（Washington Irving）曾担任法国领馆的外交人员，并担任了驻西班牙公使；美国文学界著名的詹姆斯·费尼莫尔·库柏（James Fenimore Cooper）曾担任美国驻法国里昂的领事，纳撒尼尔·霍桑（Nathaniel Hawthorne）曾是驻英外交官。作家或文人担任外交官，一方面可以利用语言文化优势与当地精英阶层进行交流，更好地了解派驻国的政治、文化和社会历史；另一方面，他们能撰写关于派驻国的社会、文化、历史著作，有助于美国更好地理解这些国家的历史和传统，发展外交关系。如华盛顿·欧文撰写出版了三部关于西班牙历史、地理文化的书籍，库柏出版了关于欧洲历史文化的三部曲，许多外交人员也成为驻扎国的文学翻译家和批评家。如1877年至1880年，著名作家洛厄尔（James Russell Lowell）被总统委任派驻西班牙，驻西班牙期间，他把西班牙报刊的重要内容翻译成英语刊登在美国的报刊上。①

　　南北战争后，美国开始加强与亚洲各国的外交关系，充分利用传教士翻译家掌握的亚洲各国知识。来到中国的第一位美国传教士裨治文（Elijah Coleman Bridgman）积极学习中文并为美国政府机构提供翻译服务，中美政府签署《望厦条约》时，传教士伯驾（Peter Parker）和卫三畏（Samuel Wells Williams）充当了翻译。为方便美国培养翻译人才，美国在签署《望厦条约》时首先废除了清政府颁发的"禁止外国人学习中文"的规定，为美国人学习中文、储备翻译人才扫清了障碍。美国最初与亚洲开展外交关系时，不仅缺乏足够的中文翻译人才，更缺乏日语翻译。美国强迫日本签署第一个条约——《神奈川条约》时，不得不借助美国传教士卫三畏和荷兰出身的波特曼（Anton L. C. Portman）通过汉语、日语及荷兰语进行转译才达成协议，条约最终用汉语、荷兰语、日语和英语写成。

　　美国最初发展与亚洲关系时，不仅聘请传教士充当翻译，也充分利用了美国传教士曾经翻译和撰写的关于中国的文章和书籍获得外交所需要的知识。如裨治文创办的《中国丛报》刊登了大量中国典籍的翻译和关于中国社会文化的文章，而卫三畏撰写的《中国总论》被称作关于中国的百科全书，对美国民

---

① Klibbe, Lawrence H. James Russell Lowell's Residence in Spain[J]. *Hispania*, 1958(2): 190-194.

众了解中国，在中国开展各种商务、政治宣传、传教等活动起到了重要作用。① 传教士也翻译了有关中国政治、社会文化变革的书籍，美国传教士吴板桥（Samuel Isett Woodbridge）于1900年翻译了张之洞的《劝学篇》，并以书名 *China's Only Hope*（《中国的希望》）在美国出版。该书出版后在美国产生了极大的影响，让美国及时了解到中国的变革情况，也改善了中国在西方的形象。②

此外，美国在19世纪末通过翻译获取了关于拉丁美洲的知识，尤其是拉丁美洲各国法律③的译介，提升了美国在处理有关拉丁美洲事务领域的话语权，多次成为拉丁美洲国家之间矛盾的调停人及仲裁人。④ 由于西班牙语是拉丁美洲大多数国家的官方语言，介入拉丁美洲事务需要大量的西班牙语人才，为此美国联邦政府提供资助以吸引学生学习西班牙语，以满足对翻译和语言能力的需求，扩大美国在拉丁美洲的利益。⑤

第一次世界大战后的美国开始在世界舞台展现其国家实力，充分利用驻外机构，尤其是领馆、公使馆工作人员了解驻在国的情况，并撰写报告发回国内。美国驻外使馆尤其是驻在亚洲国家的领馆的翻译不仅要维持日常事务的运行，还要为国内各个部门发回各类报告。如给邮政部发回关于欺诈信件的报告，给海军部发回关于外国水文、港口设施等情况的报告，给劳工部关于驻在国的商品价格、工资、生活费用等信息，给农业部关于外国的农作物收成、农产品价格等的报告。美国驻中国领馆的译员曾统计中国和韩国的大豆品种，为美国的大豆生产起到了重要作用，其他很多驻外领馆也收集了相

---

① 该书被认为是美国19世纪汉学代表作，受到汉学家费正清的好评。参见：https：//baike. baidu. com/item/%E4% B8% AD% E5% 9B% BD% E6% 80% BB% E8% AE% BA/2551962？fr＝Aladdin。

② 谭玉婷. 吴板桥英译《劝学篇》研究[D]. 上海：上海师范大学，2021.

③ 美国比较法事务局发行的公报记载了美国翻译的世界各国法律情况. 参见Comparative Law Bureau of American Bar Association[J]. *Annual Bulletin 1908-1913*.

④ 我国学者针对美国对拉丁美洲和欧洲列强之间争端享有的话语权进行了研究，如洪国起，王晓德. 冲突与合作：美国与拉丁美洲关系的历史考察[M]. 太原：山西高校联合出版社，1994；余志森. 崛起和扩张的年代：1898—1929[M]. 北京：人民出版社，2001.

⑤ Leeman，J. The Value of Spanish：Shifting Ideologies in the United States Language Teaching[J]. *ADFL Bulletin*，2007（1）：232-239.

当多当地农业资源信息发回美国,为美国农业部制定相关政策提供参考。①

"二战"后,美国进一步加强对外国国家和区域知识的掌控,资助美国高校开设国别区域课程及学术研究,许多国别区域项目的首任教授往往是这些区域的语言专家或翻译家,增强了美国翻译世界知识的能力。更重要的是,这些项目在对世界各国的各类信息的翻译基础上,以美国的视角进行知识生产,影响世界其他国家关于这些国家知识的生产。区域国别研究的学者和学生撰写的学术分析报告,也被美国政府用在自己的外交政策中,为美国的涉外智库提供知识和人才。以康奈尔的东南亚研究中心为例。该中心的学者本尼迪克特·安德森在阅读、翻译、分析印尼的各类报道的基础上撰写了《关于印尼 1965 年 10 月 1 日政变的初步分析》,简称《康奈尔文件》②,对美国学界和政界产生了重大影响,并对美国理解和制定相应的政策提供了一种视角,影响了美国与该国之间的外交关系。

总之,美国国务院通过聘用翻译,对有关驻在国的社会、历史、政治制度等各类知识和信息进行了翻译,为美国的国际事务处理奠定了知识基础,为维护美国的海外利益作出了贡献。

二、提升了英语的国内和国际地位

英语不是美国宪法规定的官方语言,但在美国却是事实上的官方语言,美国历史发展中的诸多因素造成这一较独特的语言现象,其在处理国际事务中贯彻的翻译理念是其中的因素之一。美国在对外事务中一直坚持英语为美国的国家语言,坚持英语版本的文件是美国认可的版本。早在管理印第安人事务时,就坚持用英语与印地安人部落签署合约,并对印地安人地区的地名等采用英语命名,确保了英语在所有条约或合约签署中的主控地位。美国国务院在对外代表美国的各项活动中总是以英语作为其工作语言,并要求美国任何机构与外国签署的条约、备忘录等官方文件必须用英语书写,而驻外机

---

① Lenczowski, J. *Full Spectrum Diplomacy and Grand Strategy*: *Reforming the Structure and Culture of U. S. Foreign Policy*[M]. New York: Lexington Books, 2011: 200.

② 该论文的全称是"A Preliminary Analysis of the October 1, 1965, Coup in Indonesia",简称 Cornell Paper,由安德森和东南亚研究中心的学者 Ruth McVey 和 Frederick Bunnell 共同撰写。Cornell Paper [Z/OL]. [2020-08-19]. https://en. wikipedia. org/wiki/Cornell _ Paper.

构的职责之一就是把非英语的涉及美国利益的外国官方文件翻译成英语。外国政府、企业及公民用于申请美国政府协助的文件必须按照国务院的规定翻译成英语之后才能得到受理。

在美国走向世界与其他国家的交往中，翻译是对外塑造英语作为美国事实上的官方语言的重要手段。20 世纪初期，卡内基国际和平基金会代表美国在世界宣扬和平，促进世界各国对和平的研究，翻译大量国际法著作，并资助了美国的比较法协会翻译世界各国的涉外法律。① 这些翻译使得有关世界各国的法律知识都有了美国英语表达，国际法知识和国际和平理念也让美国在第一次世界大战的谈判中坚持使用英语，提升了英语的国际地位。② "二战"后，美国通过设置关键性语言学习和区域研究项目，培养关键性语言人才和区域文化能力，增强美国翻译非英语的语言和文化的能力。正如学者在对美国 1958 年《国防教育法》中关于加强关键性语言和世界各语言区域学习的分析中所表明的，通过提升美国的翻译能力，可以让讲外语的人处在他们所应在的位置，我们学习外语不是为了被同化，而是为了让我们更具有美国性，可以保护我们的生活方式，维持英语的优越性，让外国文化处在我们的掌控范围。③ 把世界其他国家的语言都翻译成英语，是维持美国英语通用语地位的重要方式，减少其他语言在美国和国际机构的使用。对美国来说，翻译的使命就是增加在国际场合和国内各机构使用英语交流的机会，确保英语作为美国事实上的国家语言，提升英语的国际地位；而英语在全球的使用，又进一步增强了美国在全球事务议程中的主导地位，提升了美国处理国际事务的能力。

三、提升了美国参与国际社会及全球治理的能力

翻译在美国处理国际事务中发挥的作用促进了美国以本国价值观建构世

---

① Carnegie Endowment for International Peace [M]//*CEIP Year Book 1913-1923*. Washington, D. C: Press of Byron S. Adams, 1924.

② 当时国际外交语言是法语，但美国总统威尔逊坚持把英语作为外交条约及会谈的语言，法语作为外交语言第一次受到挑战。参见：Office of History. Papers Relating to the foreign Relations of the United States, the Paris Peace Conference, 1919 Volume III [Z/OL]. (1919-01-15) [2020-06-18]. https://history. state. gov/historical documents/frus1919Parisv03/d29.

③ Rafael Vicente L. *Motherless Tongues*：*The Insurgency of Language amid Wars of Translation* [M]. Durham：Duke University Press，2016：102.

界秩序，提升全球治理能力。首先，美国自"一战"后就加大了外交领域的翻译专业人才的培养，尤其是通过各驻外使馆和大学的国别区域项目加强对世界各国的历史、文化的翻译和研究，从而帮助美国掌握世界各国的知识，进而促使美国政府能精准地针对世界其他国家进行外交斡旋和建立联盟关系。其次，通过翻译促进文化外交，进而提升美国价值观在全球的认可度。美国国务院的文化关系部是美国政府正式介入文化对外传播的开端，翻译在美国的文化外交方面起着不可缺乏的作用。美国通过文化与教育交流项目促使美国文学、学术著作的对外翻译，国务院也在世界各国的使馆、领事馆设立美国文化中心，摆放美国文学、政治、经济类著作，方便派驻国的民众阅读。此外，美国在世界各地的大使馆设立文化专员，其职责就是和当地的文化精英建立联系，鼓励高校设立的美国研究中心翻译美国的著作，通过翻译和研究提升美国在全球事务的话语权，进而增强其全球事务治理能力。

21 世纪以来，面对世界各国因美国利用其军事实力而实现其国家利益的霸权主义行径所引起的反美思潮，[①] 美国国务院又通过全球事务局、全球合作中心及全球媒体中心，设置语言资源中心和翻译中心，对美国传达的信息进行本地化翻译，实现与所在国的普通民众的交流，缓解世界各国的反美情绪，加强美国价值观的渗透。

四、促进了翻译的职业化和专业化

首先就翻译职业而言，美国国务院是最早聘用专职翻译的政府机构。1789 年国务院成立即聘用了一名专职翻译。随着美国外交事务的增长，国务院设置翻译局（Translation Bureau）负责并管理国务院所有的翻译业务。翻译人员和国务院的其他公务人员一样，具有不同的职业级别，这促进了翻译的职业化发展。第一次世界大战后，随着美国全面参与国际事务，联邦政府各部门都设有翻译岗位或者从事语言服务的专家。为提升联邦政府各部门的翻译服务质量，在国务院翻译局的领导下，美国于 1930 年成立了联邦翻译者协会

---

① 王晓德．文化的帝国：20 世纪全球"美国化"研究[M]．北京：中国社科文献出版社，2011.

（Society of Federal Translators），该协会是美国职业翻译者的第一个行业协会，[①] 由国务院的语言翻译专家担任会长。[②] 协会成立后定期就联邦事务涉及的翻译问题进行探讨，定期对所翻译的对象国地理、历史、法律案例中的术语等进行探讨，以提升联邦政府的职业译员的专业素养。例如，联邦翻译者协会与美国教育部、大学进行合作，对联邦政府的翻译需求进行调研，加强翻译职业培训，也编写了如《现代汉语表意文字词典》（*Modern Chinese Ideographic Dictionary*）的翻译指导书。[③] 联邦语言专家协会积极推进翻译的职业标准及认证，与翻译从业者及翻译公司共同推动了美国翻译者协会的建立，引领了美国翻译职业化和专业化的发展。在联邦语言专家协会的积极努力下，美国翻译者协会（American Translators Association）于 1959 年正式成立，并发展成为美国翻译从业者和翻译行业最重要的协会之一。协会不仅负责翻译职业认证测试、翻译职业标准和伦理规则的制定，还通过基金会为高质量的翻译作品及作出重要贡献的翻译人员颁奖，是促进美国翻译专业化和职业化发展的重要组织机构。[④]

本章小结：美国国际事务领域的翻译政策与实践对中国的启示

新时代的中国以"构建人类命运共同体、提升国家全球治理能力"为重要发展目标，美国在国际事务领域的翻译实践对中国具有重要的参考和借鉴意义。

---

① 由于美国联邦机构需要大量语言服务而非狭义的语言之间转换的翻译工作人员，如国会图书馆的语言专家更多是针对外国文献翻译与研究，并撰写英语摘要，联邦翻译者协会（Society of Federal Translators）于 1960 年根据其章程更名为联邦语言专家协会（Society of Federal Linguists）。参见 Nolting, L. E. SFL History：Translation from translators to Linguists（1955-1964）[J]. *Federal Linguist*, 1979（1）：82.

② 除了 1934 年、1936 年、1941 年、1943—1945 年、1951 年、1955—1956 年以外，联邦翻译者协会的会长都是由国务院的高级翻译人员担任。参见 Past Presidents of the Society of Federal Linguists[J]. *Federal Linguist*, 1979（1）：100.

③ Nolting, L. E. SFL History：Transition from Translators to Linguists（1955-1964）[J]. *Federal Linguist*, 1979（1）：87.

④ ATA. Who We Are[EB/OL].［2020-05-18］. https：//www. atanet. org/about-us/.

　　首先，借鉴美国通过翻译掌握世界各国文化和知识，逐步实现全球知识的中文表达，为中国与世界各国的交往奠定知识基础。① 美国在第一次世界大战后逐步走向世界中央，同时通过设立各项资助项目，促使美国对世界各国文化风俗的学习、翻译和研究。"二战"后，美国更是通过资助高校设立国别区域研究项目学习语言并翻译世界各国的文化，做到知己知彼，以更好地与世界各国交流，影响这些国家的主流价值观，更好地实现美国的国家利益。值得注意的是，美国在"二战"后实施的许多单向文化译出项目往往不够成功，② 反而是通过文化双向交流才促进了美国文化的对外传播，并缓解了世界各国对美国文化霸权的批判。我国可以吸取美国的经验教训，在向世界各国翻译中国文化的同时，也应加大译入世界各国的文化，尤其是亚、非、拉等在语言文化和经济发展处于弱势的国家的著作，在实现文化双向交流的同时提升中国文化在世界的影响力。

　　其次，促进中国对外翻译的专业性和本地化原则，加强中国的国际传播力。正如美国为应对新世纪全球社交媒体和信息传播的挑战，成立了专门的全球媒体中心，并设置了语言资源和翻译中心，实施本地化翻译。中国在新时期更应加大国际传播力度，需要"采用贴近不同区域、不同国家、不同受众群体的精准传播方式，推进中国故事和中国声音的全球化表达、区域化表达、分众化表达，增强国际传播的亲和力和实效性"③。因此，可以借鉴美国的全球媒体中心的本地化翻译的做法，利用中国文化的感召力，从而在提升中国文化传播力的同时，提升国际话语权和全球治理能力。

---

　　① 李宇明. 用中文表达世界知识[Z]. 中国社会科学报，2018：9.

　　② MacNiven, Ian S. *Literchoor is My Beat：A life of James Laughlin*，*Publisher of New Directions*[M]. New York：Farrar, Straus and Giroux，2014：285-289.

　　③ 人民网. 加强和改进国际传播工作 展示真实立体全面的中国[EB/OL]. （2021-06-02）[2021-07-08]. https：//baijiahao. baidu. com/s？id＝1701405663376542126&wfr＝spider & for＝pc.

第五章　美国文化发展领域的翻译
政策与实践

文化是一个国家界定自身形象和身份的核心要素。现代国家核心能力之一——濡化能力指的就是"国家通过培养和树立核心价值观和国家的主流意识形态以实现对民族和国家的认同的能力"①。国家的濡化能力是以强大的国家文化能力为支撑的。国家不仅仅存在于客观的制度、法律之中，也存在于社会风俗习惯、个人的自我意识之中，存在于一定的社会文化之中。正是这种理念促使了世界各国发展属于本国的独特文化。《美国宪法》②第1条第8款的第8项（Article 1 Section 8.8）规定了国会通过立法"通过保障作者和发明者对其著作和发明享有一定期限的专有权力来促进科学、艺术的发展"（To promote the Progress of Science and useful Arts, by securing for limited Times to Authors and Inventors the exclusive Right to their respective Writings and Discoveries）。尽管美国没有文化部这一专门官方管理文化的机构，制定文化发展政策，③ 但宪法条款为美国个人、社会组织、私立团体发展文化事业提供了支持和保障。

第一节　从英属殖民地到 19 世纪末译介欧洲文化

第一批主要来自英国的清教徒在北美大陆安定下来后，就首先建立了教堂和学校，开启了对新大陆的土著民族和定居者的教育濡化工作，并在出版、

---

① 王绍光. 国家治理和国家基础性能力[J]. 华中科技大学学报，2014(3)：8-9.

② 《美国宪法》(*Constitution of United States*)，全称为《美利坚合众国宪法》。参见：https：//constitutionus.com/。

③ 也有学者认为 1965 年美国国家艺术基金会和国家人文基金会是美国的文化部。参见：马特尔. 论美国的文化：在本土与全球之间双向运行的文化体制[M]. 周莽，译. 北京：商务印书馆，2013.

教育领域通过翻译欧洲的优秀文化促进北美大陆的文化发展。

一、通过重译古典文本建构美国主流文化

当英国殖民者来到仍处在荒原状态的北美大陆时，首先开始的是对印第安人实施基督教化，在宗主国教会的支持下向印第安人翻译《圣经》以达到殖民统治的目标。然而，作为逃离宗主国英国的清教徒，如何让清教徒信仰得以保存，在保持文明优势的同时又能形成符合美洲大陆的文化以独立于宗主国的文化，是定居在处于文化荒漠的北美大陆的清教徒们考虑的重要事项，因而译入欧洲文明的经典文本成为早期殖民者的必然选择。清教徒翻译的古典文本包含了两种类型，一类是宗教经典，一类是古希腊罗马时期的古典著作。以清教徒翻译出版《海湾圣诗》(The Bay Psalm Book)为例，早期马萨诸塞海湾殖民地的定居者到达美洲时，虽已携带了几个版本的圣诗，如《安斯沃思的诗篇》(The Ainsworth Psalter)，但他们并不满足，希望有更忠实的希伯来语的翻译版本，以符合他们的清教徒精神。为此，包括理查德·马瑟(Richard Mather)、托马斯·梅休(Thomas Mayhew)及约翰·艾略特(John Eliot)在内的30 位虔诚且学养丰富的牧师重新翻译了希伯来语圣诗，命名为《海湾圣诗》(Bay Psalm Book)，于 1640 年出版。《海湾圣诗》采用大众流行的民谣韵律进行翻译，拒绝宫廷流行的高雅诗歌的翻译风格，因为当时的译者认为民谣韵律的翻译更加忠实，更符合清教徒的精神和美学。而这本宗教经典的翻译在一定程度上预示了北美殖民者在文化和意识形态上与宗主国的分离，因为《海湾圣诗》被认为是反对英国国教的礼拜仪式和皇家宫廷文学，用朴实的语言拒绝宫廷贵族的文风。① 重新翻译出版《海湾圣诗》也被认为是北美大陆的清教徒们追求文化上独立自主，在美洲发展属于美国自己文化的隐秘企图。

除重译宗教经典之外，当时的殖民者在北美也开启了重译古希腊和古罗马的经典文本的运动。英国殖民者在北美定居后，首先想起的是他们在宗主国所熟悉的文化活动，渴望有阅读的书籍，此外，为了教化来到殖民地的定居者及其后代，他们也需要书籍。教育、文明教化、培育高雅文化都需要书籍，重新翻译古希腊古罗马经典成为殖民地时期文化精英的首要选择。而为

---

① Venuti, L. American Tradition[C]//Mona Baker. Routledge Encyclopedia of Translation Studies. London: Taylor & Francis Group, 1998: 305-316.

了实施翻译工程，必须要有合格的古典语言人才，新成立的哈佛学院（Harvard College）①要求学生必须学习并精通古典语言，要求各地设立专门文法学校教授学生古典语言及相关的经典文本，殖民地时期的学校课程强调古典语言学习，为美国培养了早期翻译古希腊和罗马经典的人才。如学者乔治·桑德林（George Sandley）翻译了古罗马经典——奥维德的《变形记》，并得到资助出版。② 虽当时殖民地的出版商大多是通过重印英国的书籍来获利，但为了发展本土文化，出版商仍鼓励并资助本土学者翻译古典文本。以出版商富兰克林为例，他深知处在宗主国和欧洲各国的强势文化中，出版美国作家和美国学者翻译的书籍几乎无法赚钱，但为了鼓励本国学者翻译古典经典，为本土学者带来文学声望，富兰克林仍以高于英国书籍的成本出版了约翰·洛根（James Logan）翻译的西塞罗的《论老年》（Cato Major）和《加图的道德对句》（Cato's Moral Distiches）。③

　　除了教育界和出版界对翻译古典经典的重视之外，殖民地时期以提升社会文明礼节为目标的民间社团也是古典经典翻译的重要促进者。殖民地时期的管理者及商人为促进文明教化而资助成立了各种民间社团，促进了古典文本的翻译和阅读，因为拥有古典知识是进入这些社团的前提条件，具有良好的古典知识被认为是对社会和个人最为重要的修养。由于学习古典知识首先要阅读翻译的古典书籍，因此，大量的古典文本的英译本在殖民地热销。殖民地书商一方面把英国古典大师蒲柏（Alexander Pope）、德莱顿（John Dryden）等翻译的荷马、奥维德、维吉尔的著作进口到北美殖民地，另一方面也资助出版本土翻译家翻译的古典作品，约翰·帕克（John Parker）翻译的《贺拉斯的抒情诗》（The Lyric Works of Horace）成为当时殖民地的经典翻译著作。在各类社会组织的促进下，翻译古典著作在殖民地时期的美国成为一项重要文化工程，许多文化精英加入了古典著作的翻译，巴尔的摩教区长托马斯·蔡斯

---

① 当时哈佛大学还没有成为研究型的现代大学，只是仿照英国建立的学院，且主要是培养传教士。

② Tebbel, John William. A History of Book Publishing in the United States：The Creation of an Industry, 1630-1865[M]. New York：R. R. Bowker Company, 1972：66.

③ Amory, Hugh. Printing and Bookselling in New England, 1638-1713. ［M］//Hugh Amory, David D. Hall. *A History of the Book in America：Volume* 1：*The Colonial Book in the Atlantic World*. Chapel Hill, NC：University of North Carolina Press, 2007：88.

(Thomas Chase)也参与翻译了古罗马西利乌斯的六步诗《普尼察》。①

美国建国后，各类学术团体开始建立，翻译朝向更职业化和学术化的方向发展。学术团体逐步取代民间社团成为资助翻译欧洲经典的重要组织。如美国艺术和科学院协会(American Academy of Arts and Sciences)、美国文物协会(American Antiquarian Society)、东方协会(American Oriental Society)等学术组织资助了古典著作及欧洲各国的经典作品，如法国的孟德斯鸠、卢梭，德国的康德、歌德等著名学者的著作在美国的翻译和出版。1869 年成立的美国语文学协会(American Philological Association)即现在的古典研究协会(Society for Classical Studies)倡导的古典语言教学为美国的古典文本翻译培养了大量的研究者和译者。据统计，希腊、古罗马文献在美国的翻译出版远超世界许多国家，古典语言的学习在美国一直有较高的声望。② 此外，美国在建国后实施了公共图书馆的建设，也开启了公共图书馆对翻译的资助，例如史密森爵士(James Smithson)捐赠成立的史密森学会(Smithsonian Institution)图书馆储存并翻译了大量欧洲书籍。南北战争后，美国成立了图书馆协会，并通过立法支持公共图书馆的建设。发展公共图书馆的政策也促进了翻译的发展，美国图书馆开始收集和储存国际文献并对其进行翻译。哈佛、耶鲁等大学为提升学术研究也注重图书馆建设，不仅储存的图书大量增长，也加强了对古希腊、古罗马、中世纪时期的文献及世界各国的图书的收集、翻译和研究。③

二、通过版权法促进欧洲书籍的翻译出版

殖民地时期的美国不受宗主国的版权法④的限制，因而在进口和出版书籍方面享有大量的便利和优惠。美国建国后，在宪法颁布的第二年，基于宪法第一条第 8 款第 8 项的授权，颁布了第一部版权法，即《1790 年版权法》

---

① Amory, Hugh. Printing and Bookselling in New England, 1638-1713. [M]//Hugh Amory, David D. Hall. *A History of the Book in America：Volume 1：The Colonial Book in the Atlantic World*. Chapel Hill, NC：University of North Carolina Press, 2007：90.

② About SCS[Z]. [2019-08-10]. https：//classicalstudies. org/about/about-scs.

③ Carpenter, Kenneth E. Libraries [C]//Casper, S. E., Groves, J. D., Nissenbaum, S. W. & Winship, M. *A History of the Book in America：Volume 3：The Industrial Book, 1840-1880* [C]. Chapel Hill, NC：University of North Carolina Press, 2007：317.

④ 英国于 1709 年颁布的《安娜女王法》，被认为是世界上第一部版权法。

（*Copyright Act of 1790*），以保护美国知识创造者的权利，促进文化艺术的发展。为了让仍处在文化弱势地位的美国能以合法且低成本的方式获得欧洲各国的优秀书籍，尤其是以较低的成本重印英国的书籍，1790 年的版权法不承认居住在美国以外作者的知识产权，只承认了美国公民对自己作品的权利。该规定能促进百废待兴、缺乏生产文学艺术及科学技术能力的美国以较低的成本向大众传播文化和知识，达到教化国民的目标。不承认外国著作者的版权也促进了欧洲的最新书籍在美国的翻译出版，大量来自欧洲各国的书籍被翻译、改编，并以较低廉的方式在美国出版。可以说，《1790 年版权法》帮助美国民众以较低廉的价格阅读了优秀作品，提升了美国民众的阅读品位，也为之后的知识创新奠定了基础。①

　　《1790 年版权法》反映了翻译和改编对于刚建国的美国发展文化的价值，为新成立的美国通过翻译优秀文化实现本国文化发展提供了法律保障。《1790年版权法》不承认外国作者版权而免除了出版商的版权费，以抵消出版商需要支付的翻译费用。虽一些精英知识分子担心翻译会带来一种二手的、不真实的、虚荣的文化，但翻译和改编在一定程度上实现了美国对外国书籍的种类、内容和风格的审核，从而确保了能促进美国文化发展的著作的翻译和出版。首先，在书籍选择方面，美国翻译出版的大多是实用性的科技类书籍，并根据美国的实际情况进行了改编和注释，如《家庭医学》（*Domestic Medicine*）在美国出版，附带了美国医生针对美国情况的改编和注释；其次，在翻译方法策略方面，美国选择了归化策略，并以改编为主，对来自欧洲的书籍进行了适合美国读者的改编，甚至对英国书籍也进行了一定程度的"翻译和改编"，且改编的不仅仅是某个篇章，甚至是整个系列，如当时的出版商艾萨克·莱利（Isaac Riley）在许多英国法律书上加上美国律师的注释后再出版，一些小说中出现的"热爱英国"的对话情节往往会被改编成"热爱美国"，并加上赞美美国的话语——"我们有世界上最伟大的政府，没有任何民族能像我们一样享受自由"②。美国对来自法国和德国的文学作品也进行了有利于培育美国独特文化

---

①　Jones，H. M. America and French Culture 1750-1848［M］. Chapel Hill，NC：The University of North Carolina Press，1927：71-72.

②　Sher，Richard B. *The Enlightenment and the Book：Scottish Authors and Their Publishers in Eighteenth-Century Britain，Ireland and America*［M］. Chicago and London：University of Chicago Press，2006：459-464.

的翻译和改编。据统计，美国从建国到南北战争前翻译出版了 2000 多本法国文献，但为了能对国民进行符合美国道德的说教，一些公认的法国文化大家，如莱辛（Jean Racine）、蒙田（Montaigne）、高乃依（Corneille）、莫里哀（Molière）及伏尔泰（Voltarie）的著作的翻译出版并不多，反而一些在法国被认为是二流的作家，如贝尔坎（Arnaud Berquin）、让利斯（Félicité de Genlis）、费内隆（François Fénelon）在美国得到了最广泛的翻译出版，美国对法国文学有选择的翻译反映了早期的美国强调文学的道德教化功能。① 南北战争后直到第一次世界大战前，美国又加大了对当时在学术研究和科学技术处于前列的德国的著作的引进和翻译。据统计，美国翻译出版的德国著作仅在 1914 年就高达 180 多部，占整个美国出版著作的 7%。② 美国对德国文学著作的翻译也进行了符合本国民众心理的选择。虽康德、歌德等德国的经典作品对爱默生这样的美国学者而言是案头书，但对大多数美国的普通民众来说，他们更多阅读的是德国的通俗小说。大量的德语通俗小说被翻译到美国，相比歌德的小说，通俗小说家路易丝·穆尔巴赫（Luise Mühlbach）的作品更容易获得，翻译到美国的德国通俗小说往往强调圆满的结局、强调社会和道德教化，起到了加强或扩展美国的家庭生活观念的作用，而这种婚姻家庭生活观念又嵌入在国家理念之中。③ 因此，美国民众通过阅读德国通俗小说被认为在一定程度上巩固了其作为主权国家公民的价值理念。德国通俗小说在美国被翻译出版并能够流行，反映了美国和德国在国家文化建构方面具有相似性，德国 19 世纪中后期力图建立统一的德意志帝国，而美国在南北战争后也开始重新思考，应如何把在内战中分裂的国家重新连接起来。因此，两个国家都需要在这个时期建构国家文学，从而赋予国家一种文化身份和荣耀。总之，翻译外国书籍并进行美国化的改编，正如移民获得美国公民权一样，让文本承载了美国的身份，正如大量来自欧洲的移民为美国的经济发展做出了贡献，翻译的欧洲著

---

① Bowe, Forrest. *French Literature in Early American Translation*: *A Bibliographical Survey of Books and Pamphlets Printed in the United States from 1668 Through 1820* [M]. New York: Garland Pub., 1977: xviii-xix.

② Morgan, Bayard Quincy. *A Bibliography of German Literature in English Translation* [M]. Madison: University of Wisconsin, 1922: 13, 16.

③ Tatlock, L. *German Writing*, *American Reading*: *Women and the Import of Fiction*, *1866-1917* [M]. Columbus: Ohio State University Press, 2012: 3-27.

作为美国的文化发展奠定了基础。

美国在翻译改编欧洲著作中逐步发展了属于美国本土的文化，逐步培育了美国本土的知识阶层。随着美国本土的知识阶层和文化精英在内战后崛起，美国文化的影响力受到欧洲和世界其他国家的重视，为了促进美国文化的"走出去"，保护美国作者在海外的翻译版权，美国于 1870 年修改了版权法，改变作者不拥有自己作品的翻译版权的规定，规定作者对自己作品的翻译享有版权，提升了美国作者的权利，促进了本土文化精英的发展。① 1891 年美国正式承认《国际版权法》，在相互平等的条件下承认了外国作者的版权。版权法的修改体现了美国已经开始向外翻译作品。总之，自美国建国到 19 世纪末期，美国通过版权法方便且低成本大量译入来自欧洲的书籍，在翻译的基础上发展并建构属于美国的国家文化，进而提升了美国作为主权国家的国家濡化能力。

三、通过报纸杂志翻译欧洲的信息及科学技术

美国在国家治理过程中形成了只有"充分获得信息的公众才能更理性地履行自己的公民义务"的治国理念。② 在这一理念的指导下，大量的社团、公共图书馆、邮局及公立学校等机构得以发展，对文化和信息的需求又进一步促进了报纸、杂志的出版，而翻译来自欧洲的信息是这些报纸杂志的主要任务。

首先，美国翻译来自欧洲各国的信息并刊登在报刊上，保障公民获得充足的信息。美国自殖民地时期就形成了多语社区，其发行的报纸从一开始就被认为具有国际主义精神，大多报纸是对外国事务进行全面报道③，美国对欧洲发生的事件的报道甚至比欧洲本国的报道还要及时和详细，以至于当时很多法国人是通过美国报纸而知道本国发生的事件。④ 美国在 1790 年就出版了

---

① Williams, Susan S. Authors and Literary Authorship[C]//Casper, S. E., Groves, J. D., Nissenbaum, S. W. & Winship, M. *A History of the Book in America：Volume* 3：*The Industrial Book, 1840-1880*. Chapel Hill：University of North Carolina Press, 2007：90-116.

② Brown, Richard D. *The Strength of a People：The Idea of an Informed Citizenry in America, 1650-1870*[M]. Chapel Hill：University of North Carolina Press, 1996：xiii.

③ Jones, H. M. American and French Culture 1750-1848[M]. Chapel Hill：The University of North Carolina Press, 1992：37-39.

④ Sherrill, Charles Hitchcock. *French Memories of Eighteenth America*[M]. New York：C. Scribner's Sons, 1915：251-252.

103 种报纸，而到了 1810 年多达 364 种报纸在美国出版，还包括 15 种外语报纸，当时没有任何国家能出版如此多的报纸。① 大量的欧洲新闻被翻译出版，民众也急切地阅读有关欧洲各国的信息，几乎每一个小镇都有报纸，迎合并满足民众想阅读外国信息的愿望。② 南北战争后，面对一波又一波的移民潮，不同的移民群体也出版了大量报刊，这些报刊把美国联邦政府、州政府的报告、法律规章，以及各类生活广告翻译成移民族群的母语刊登在报刊上，既能帮助推销美国商品，也能帮助移民适应美国的生活。移民社区发行的报刊也把移民母国的文化风俗及他们在美国的生活事迹翻译成英语进行报道，促进其他族群了解移民文化，促进文化理解和包容，减少美国人对新来移民的歧视。

其次，通过各类科学、学术杂志翻译刊登欧洲各国最新科技、学术研究成果。美国自建国以来就开始大量发行出版杂志，而杂志刊登的内容几乎都是翻译而来。正如历史学家麦克马斯特（McMaster）所描述的：美国发行的期刊中有法国的警句、墓志铭、歌曲，也有荷马的诗句、国内外新闻及各种年报，也会刊登一些关于欧洲小说的评论。今天的读者翻开这些泛黄的杂志时，会惊讶于它们刊登的几乎都是外国内容，如英国的报刊文章、法国的科学和政治著作及古典名著的选段。③

再次，报纸期刊是美国获取最新学术和科技知识的重要方式。美国建国后正值欧洲崇尚高深知识的时代，美国必须生产出和欧洲各国相媲美的文学艺术与科技成果，才能获得文化自豪感。然而，刚独立的美国并不具备培养高雅文学艺术和高深科学知识的人才和经济基础，因此，通过报纸期刊以及各类图书馆收集、翻译、改编、重印外国科技类论文及书籍是美国获取高深知识的重要手段。一些专业期刊，如 1817 年《美国自然科学学院杂志》（*Journal of the Academy of Natural Sciences*）、《美国科学与艺术学院期刊》（*American Journal of Science and the Arts*）翻译刊登了国际上最新的研究成果。

---

① Schouler, James. *History of the United States of America Under the Constitution VII*[M]. New York：Dodd, Mead & company 1882：263.

② Bercovitch, Sacvan. *Cambridge History of American Literature：Volume2：Prose Writing 1820-1865*[M]. Cambridge：Cambridge University Press，1995：185.

③ McMaster, John Bach. A History of the People of the United States from the Revolution to the Civil War[M]. New York：D. Appleton，1915：39.

鉴于学者个人获得国际期刊能力有限，图书馆购买了大量的国际期刊供美国学者阅读。例如，波士顿图书馆（Boston Athenaeum）引进了大量的国外学术期刊，供学者免费借阅；宾夕法尼亚设有专门的外国文学与科学图书馆（Pennsylvania Library of Foreign Literature and Science）。

为能更有效地通过翻译学习和吸收世界其他国家的优秀文化和科学技术，美国在翻译方法上采取了归化策略，"挪用"欧洲国家的先进文化知识是美国建国以来的翻译常态，通过翻译"挪用"他国优秀文化进而发展本国文化也是美国学界的共识。尽管美国学者在人文、科技等研究方面缺乏政府的支持，也不像欧洲有皇室和贵族的资助，但美国仍凭借其进取精神，通过翻译"挪用"欧洲知识，逐步发展能在专业研究领域和欧洲学者进行对话的能力。美国学者撰写的《新美国航海实用指南》（*The New American Practical Navigator*）、《海洋自然地理》（*Physical Geography of the Sea*）等也开始对欧洲产生影响，成为欧洲及世界许多国家的案头书。在翻译和学习其他国家的基础上，美国逐步成为知识生产的主体，在国际学术界宣示自己的存在。①

19世纪末，更多专业杂志的出版促进了美国的学术研究和知识产出。一些社会主义思潮的书籍也在美国得到翻译，并借助这些翻译逐步在全球广泛传播。美国进步主义期刊如《团结》（*Unity*）、《新场合》（*New occasions*）、《新时代》（*New Times*）、《国际社会主义评论》（*International Socialist Review*）等翻译了大量社会主义学说的文章，期刊所属的出版集团——科尔出版集团（Charles H. Kerr & Co.）翻译出版了大量马克思著作，成为英语世界马克思著作的翻译及出版商。

第二节　19世纪末至"二战"前构建帝国文化

南北战争进一步加强了美国的国家意识，美利坚合众国作为主权国家的权威（National Supremacy）得到了巩固。术语"国家的"或"全国性的"（national）取代了曾经的"联邦的"（federal），用来指称国家层面的事务。在外交方面，

---

① The United States from 1816 to 1850［EB/OL］.［2019-08-16］. https：//www. britannica. com/place/United-States/The-United-States-from-1816-to-1850#ref1015318.

最高级别的外交官也从部长(Minister)变成大使(Ambassador)。① 在国土方面,美国获得了阿拉斯加和夏威夷两块和本土不相连的州;更重要的是,自19世纪70年代起美国就作为世界强国调停欧洲国家在拉丁美洲因殖民问题而引起的争端,并公然声称美国有权根据"门罗主义"调停拉丁美洲的边界争端。② 美国也通过其对外政策逐步从一个内向型的共和国转向向外扩张的帝国,尤其是美西战争后,美国进入实质性的帝国构建阶段,而这时期的许多翻译实践都在为帝国的构建提供知识和文化,力图建构由美国文化为主导的文化帝国,而翻译成为其文化帝国构建的重要工具和策略。

一、为帝国的建构提供知识的翻译政策和实践

南北战争后的美国虽在政治、经济等各个领域取得巨大成就,但在科学、艺术发展方面仍在仰望欧洲。为实现与欧洲同行进行真正的对话,美国高等教育开始学习德国,以生产高深知识为主要使命,设置各种专业学科,并广泛组织各类学科的专业协会。这些专业协会成为翻译政策的主要制定者和实施者,许多协会的章程或者专题会议都有关于通过翻译知识文献促进本学科发展的重要规定。例如,1907年成立的美国比较法事务局(Comparative Law Bureau)——也就是后来的美国比较法协会——发布了该协会的7大目标,其中有3大目标关于翻译:"翻译出版外国基本法法典";"翻译出版外国专门法并进行评述";"翻译外国立法的执行情况,并提供给律师和学生参考"。③ 美国学术协会理事会(American Council of Learned Society)在1928年专门召开促进中国研究的会议,会议通过了"促进中国研究的发展"的决议。该决议把"加大翻译出版中国文献"列为促进中国研究的重要措施。④

翻译欧洲学术研究成果也成为各类专业协会创办的专业期刊的主要内容,

---

① Schlesinger, Arthur M. *The Rise of Modern America 1865-1951* [M]. New York: Macmillian, 1951: 89.

② 杨生茂, 冯承柏, 李元良. 美西战争资料选辑[M]. 上海: 上海人民出版社, 1981.

③ Comparative Law Bureau of American Bar Association. Comparative Law Bureau of American Bar Association Objects[Z]. *Annual Bulletin*, 1908(1): 2.

④ ACLS. The Promotion of Chinese Studies American Council Learned Societies [R]. American Council of Learned Society Bulletin, 1929 (10): 3-11, 30-72.

翻译德国期刊上的文章是许多专业协会的通常做法。美国成立最早的美国古文物学会(American Antiquarian Society)出版的刊物《普林斯顿评论》(*Princeton Review*)主要是以翻译和评价德国学者的论文及相关著作为内容；古典学协会(Society for Classical Studies)①出版的《美国语文学刊》(*American Journal of Philology*)的重要栏目之一就是对欧洲的研究成果的总结报告②。美国比较法协会在1908年出版发行了协会公报。公报自发行到1913年共出版6卷，主要刊登外国的《民法典》、世界版权法等，且这些翻译都带有注释。③ 1893年创办的《物理评论》最初仅仅是刊登欧洲物理学研究成果，直到20世纪30年代该期刊才超越德国的《物理年刊》，发表原创研究。美国建立各种专业协会组织翻译出版以欧洲国家为主的最新学术研究成果，为实现本国的知识创新奠定了知识及文献基础，提供了知识材料。

　　美国图书馆也成为翻译世界各国知识文献的重要主体。19世纪80—90年代，美国要成为世界大国的理念开始显露，而作为世界大国的美国，其不能只储存收集美国的历史和文献，还应该关注世界各国的文明成就。④ 1897年新建成的美国国会图书馆成为世界最大的图书馆，收集了世界各国的文本和研究资料。面对收集和储存的世界各国文献，美国国会图书馆聘用了译者或语言专家从事不同语种的书籍的编目及摘要的翻译和撰写工作。国会图书馆聘用的翻译和语言专家是美国美国联邦机构雇员的一部分，是联邦语言学家协会的重要成员。以斯拉夫和中欧文献部的翻译为例，1976年国会图书馆的斯拉夫文献部对收藏的斯拉夫文献的整体数量及已编目和翻译数量进行了大致估计，发现斯拉夫文献已高达1130000卷，已整理并进行摘要翻译的文本共有12500本，其中俄语文献高达5200多卷，波兰语2000多部，捷克和斯洛伐克1000余卷，塞尔维亚和克罗地亚1000余卷，乌克兰也有1000余卷。斯

---

① 该协会的前身是1869年成立的美国语文学协会(American Philological Association)。

② Hall, David D. *Erudition and Learned Culture*[M]//Casper, Scott E., Groves, Jeffrey D. Nissenbaum, Stephen W. & Winship, Michael. eds. A History of the Book *in America*: Volume 3: The Industrial Book, 1840-1880. Chapel Hill: University of North Carolina Press, 2007: 352-354.

③ Comparative Law Bureau of American Bar Association. Translations [Z]. *Annual Bulletin*, 1913(6): 9-120.

④ Harris, Neil Public Funding for Rarity: Some American Debates [J]. *Libraries & Culture*, 1996(1): 36-55.

拉夫文献部服务于美国各高校研究机构及联邦政府各部门，每年接受到的文献请求就高达 40000 多项。①

二、构建美国文学国际地位的翻译政策与实践

19 世纪末直至第二次世界大战是美国有意识地构建属于美国的独特文学类型的时代，文学家和文学评论家们都在思考如何建构符合美国国家形象和国民气质的文学，而翻译成为美国文学家建构其文学独特性的重要策略，尤其是作为美国文学代表的现代主义几乎就是翻译造就的。"从其开端一直到被公认的晚期时期，现代主义的时代就是翻译时代。"②翻译不仅是美国现代主义作家的日常实践，无论是当时移居欧洲的文化巨人，还是在美国崇尚本土现代主义的作家，在一定程度上都通过翻译"挪用"欧洲的现代艺术及中国、日本等国家的文学，并以美国的现实场景创造了独特的美国现代主义文学，从而开启了属于美国的文学时代。

在建构美国现代主义文学的运动中，美国作家首先侨居欧洲，通过朝圣欧洲或自我流放，与国际文坛拉进距离进而获得国际影响力。19 世纪末期，在美国出生并受到良好教育的亨利·詹姆斯（Henry James）游历欧洲，成为美国 20 世纪初侨居欧洲而在文学成就方面获得国际认可的代表。20 世纪初的美国现代主义先锋，如庞德（Ezra Pound）、艾略特（T. S. Eliot）、斯泰因（Gertrude Stein）、海明威（Earnest Hemingway）几乎都跟随詹姆斯的步伐，侨居欧洲，全身心地接受并翻译欧洲当时的先锋艺术思潮，借以表达美国的国家属性。正如评论家所认为的，19 世纪末把欧洲作为精神和文化宝库的詹姆斯，在游历欧洲中所创作的却是基于美国本土的国际题材小说，而其创造的小说，无论是 19 世纪末期的作品《美国人》《波士顿人》，还是 20 世纪初的《使节》《美国掠影》等都被认为是一种"翻译的产物"（labour of translation），是在对欧洲文化的吸收和翻译的基础上而产生的著作，而这些著作又成为反射

---

① Kraua, David H. The Slavic and Central European Division and the Slavic Collection of Library of Congress[J]. *Federal Linguist*, 1976(1-4)：7.

② Yao, Steven G. *Translation and the Languages of Modernism：Gender，Politics，Language*[M]. London：Sage Publications, 2004：5.

美国的一面镜子，是在向欧洲介绍和翻译属于美国的独特文化。① 而留在美国本土的现代主义作家们，也在各类翻译引进的艺术和文学著作中吸收营养，实现本土文学的创新。

其次，文学家和文学评论家通过创办国际性的文学杂志，一方面刊登译自欧洲的文学和艺术作品，另一方面也通过介绍美国现代主义文学进而促进美国文学在翻译中传播。新创办的文学杂志被当时的文学界称作小杂志(Little Magazine)，不仅为欧洲现代主义作品通过翻译在美国的传播提供了载体，更是向世界展示了美国新一代现代主义文学作品，例如著名的小杂志《日晷》(The DIAL)刊登了几乎所有当时美国文学现代主义作家的成名作。艾略特的奠基作《荒原》首次刊登在1922年的第五期《日晷》上，同期也刊登了庞德等著名现代主义作家的作品。其他在20世纪20年代发行的小杂志，如《接触》(Contact)、《小评论》(Little Review)、《扫帚》(Broom)、《爆炸》(Blast)也是当时欧洲现代文学在美国翻译传播的重要载体，刊登了如意大利、西班牙、法国、荷兰等欧洲国家的著作，成为欧洲与美国、文学与艺术之间的对话和交流的桥梁。②

美国现代主义文学发展的另一源泉是东方文学，现代主义先锋代表人物庞德是通过翻译东方古典文学进而创作了影响世界的现代主义诗歌。庞德通过翻译中国和日本诗歌，开创了印象主义，掀起了现代主义诗歌运动高潮，进而影响了现代主义文学的发展。尽管按照狭义的"translation"来界定庞德的翻译著作仍有争议，但庞德延续美国文学的"翻译"传统，通过翻译异域的文学而革新了西方诗歌及诗学，也提升了中国古典诗词在世界文学中的地位。庞德在其创作中融入了中国诗歌和儒家经典的翻译，在其1915年出版的《神州集》中就有中国古典诗歌最为经典的作品的翻译，如《诗经》、古乐府名篇，以及陶渊明、王维、李白等人的著名诗篇。《华夏集》作为一本翻译作品，却成为庞德著名的代表作之一，也被认为是"20世纪诗歌杰出的范本"。此外，"庞德翻译了《大学》《中庸》《论语》等中国典籍，而这些中国典籍也融入其创作的著名作品《诗章》，其在第五部的《比萨诗章》中引中国典籍《大学》2次、

①　Katz, Daniel. *American Modernism's Expatriate Scene. The Labor of Translation*[M]. Edinburgh: Edinburgh University Press, 2007.

②　Loeb, Jarold. Comment[J]. *Broom*, 1923(5): 55-58.

《中庸》4次、《论语》21次、《孟子》9次"①。庞德通过翻译完成其诗歌创作，而翻译本身也赋予了美国现代主义文学世界性的影响力，可以说庞德对中国文学的翻译在一定程度上促成了美国现代主义文学的发展和创新。总之，在翻译基础上发展起来的美国现代主义文学成为最能代表美国国家特性的文学类别，美国文学进而也进入世界文学的殿堂，进入世界各国高校的文学课堂，并与其曾经仰视的欧洲各国文学一起成为影响世界文学走向的重要国别文学。

三、建构新的国家意识形态的翻译政策与实践

19世纪末至第二次世界大战前也是美国建构新的国家主流意识形态以适应美国在新时期的对外扩张使命的重要时期。相比美国19世纪初期以"门罗主义"为主导的孤立主义，20世纪初的美国力图建构国际主义为美国介入国际事务及帝国扩张提供意识形态基础，而翻译在美国国际主义理念的形成中扮演了重要角色。

美国国际主义理念首先成为新成立的私立基金会和学术组织的重要发展理念。1910年成立的卡耐基国际和平基金（Carnegie Endowment for International Peace）、1913年成立的洛克菲勒基金会、1925年成立的古根海姆基金会及1936年成立的福特基金会以国际主义的合作精神为主导价值理念，力图对抗国内的孤立主义思潮。基金会除了直接参与国际活动、推动国际议程之外，也资助其他非盈利组织、学术性的国际组织的发展及开展国际合作项目。1919年成立的美国学术协会理事会（American Council of Learned Society）、国际教育协会，以及1925年成立的太平洋关系协会（Institute of Pacific Relations）都受到了卡耐基国际和平基金会、洛克菲勒基金会的资助。因翻译是组织和开展国际性活动必备的能力，基金会也资助大量的翻译项目。洛克菲勒基金会资助太平洋关系协会翻译大量有关中国的文献，其中包括对孙中山提出的《三民主义》的翻译；也资助了国际教育局对欧洲及拉丁美洲的儿童文学的翻译，涉及四十多种语言的欧洲和拉丁美洲儿童文学，力图通过翻译从最年轻的一代抓起，培养国家之间的相互理解。② 洛克菲勒基金会在20世纪30年代

---

① 王贵明.《比萨诗章》中的儒家思想[J]. 国外文学，2001（2）：87-95.

② The Rockefeller Foundation. The Rockefeller Foundation Annual Report 1938[R/OL].（1939-08-03）[2018-12-06]. https：//www. Rockefellerfoundation. org/wp-content/uploads/Annual-Report-1938-1. pdf.

设置资助东方语言学习和文献翻译出版项目。1935—1938 年洛克菲勒基金会为促进美国和中国相互理解和交流，资助了大量中国或东方文献的翻译，如资助美国国会图书馆的远东中心翻译了中国的农业、医学、历史等文献以及关于日本的历史、文学及当代政治的论文，资助哈佛大学翻译东方艺术著作，资助了中国的医学书籍翻译，并资助南京的国家编撰和翻译委员会实施了社科学科的术语翻译标准化项目。① 卡耐基国际和平基金会是世界上第一个致力于国际和平的组织，在国际上倡导以国际法作为解决各国冲突的手段。在该理念的指导下，卡耐基国际和平基金会资助翻译出版了 22 卷的《国际法》和150 卷的《世界大战经济和社会史》等书籍。尽管第一次世界大战打击了该组织的和平愿景，但卡耐基基金会仍坚持其促进国际和解事业，借助翻译促进世界不同语言和文化的国家和民族的相互理解和交流。②

总之，19 世纪末至第二次世界大战是美国建构帝国的重要时期。美国通过其广泛的翻译实践，对欧洲和世界各国的文化进行翻译和"挪用"，为帝国的建构提供了知识基础、文化引领及价值理念基础。随着美国和同盟国一起赢得第二次世界大战，美国作为文化帝国也得以确立和发展。

第三节　第二次世界大战后维持美国文化霸权

"二战"后美国文化在全球的主导地位逐步形成，尤其冷战结束后其在文化领域的霸权地位得到进一步确立。为维持该霸权地位，美国继续利用翻译汲取世界各国的知识和文化。

一、发展并维持美国科技实力的翻译政策和实践

美国的科技实力在帮助美国赢得第二次世界大战的同时，也促使美国以国家力量介入科技发展。为维持美国在科学技术方面的领先地位，美国在加大对科学研究和各类研发的投入的同时，也把世界各国的最新科学知识翻译成英语，为科学发展和科技创新提供知识和情报。美国专业图书馆协会于

---

① 资料来自洛克菲勒基金会 1935—1939 年的年报。查阅网站：https：//www.Rockefellerfoundation. org。

② Carnegie Endowment for International Peace. CEIP Year Book[R]. Washington，D. C：Press of Byron S. Adams，1923：70.

1953 年成立了国家翻译中心(National Translation Center)，致力于最新科学技术和发明的翻译。1971 年该国家翻译中心成为芝加哥大学约翰·克勒拉图书馆(John Crerar Library)的一部分。国家翻译中心的目标是"避免重复翻译，传播世界各国的被翻译成英语的科技文献信息，提供文献翻译服务"①。作为美国翻译文献的储存和信息资源中心，其呼吁美国及海外的专业协会、政府机构、专业图书馆等为中心捐献翻译成英语的各类科技文献。1985 年，为国家翻译中心合作提供科技翻译文献的国家涵盖了各大洲，有英国、比利时、以色列、印度、法国、新西兰、澳大利亚、加拿大、南非、荷兰、日本等国家，国家科技信息服务中心(National Technical Information Service)、美国化学协会、美国商务部(Department of Commerce)的专利局、兰德公司等专业协会组织、政府机构、智库组织、出版社、翻译公司都在中心登记储存了它们翻译的科技文献；国家翻译中心的文献涉及 99 个专业领域，每个专业领域都有多个细分方向，以"自然资源和地球科学"(Natural Resources and Earth Science)领域为例，该领域细分为矿产工业(Mineral Industries)、自然资源管理(Natural Resource Management)、自然资源调查(Natural Resource Survey)、林学(Forestry)、土壤科学(Soil Science)、地质学与地质物理学(Geology and Geophysicis)、水文地理学与湖沼生物学(Hydrology and Limnology)、冰雪及冻土(Snow, Ice and Permafrost)、制图学 (Cartography)及一般领域(General)，有的专业领域细分方向高达 20 个，可见美国力图翻译并掌握所有涉及科学技术或学术领域的文献。② 为更好地满足美国各个行业对科技信息的需求，该中心于 1969 年出版了《1953—1967 年综合翻译文献索》，自 1967 年起出版了《登记翻译文献索引》(Translations Register-index)月刊，方便文献需求者查找原文文献及其英语翻译。翻译中心为美国掌握世界各国的科技发展信息起到了重要作用。

　　除了国家翻译中心出版的关于科技翻译的信息之外，美国商务部的国家标准局(National Institute of Standards and Technology)、技术信息服务处、应用技术研究院也联合国家翻译中心出版了《科技翻译杂志》(Technical

①　Godfray, Lois. E. National Translation Center[R/OL]. (1973-01-01)[2019-01-12]. https：//www. osti. gov/servlets/purl/4430025.

②　参见美国国家翻译中心出版的 Translations Register-index，该索引 1986 年更名为 World Translations Index。

Translations)月刊，而美国国家翻译中心也和欧盟委员会及法国科学研究中心联合国际翻译中心出版了《世界翻译索引》(*World Transindex*)，出版所翻译的科技文献，实现科技领域知识共享。

　　1957 年苏联人造卫星(Sprunatic)的成功发射进一步促使美国加大对世界各国，尤其是苏联生产的科学技术知识的翻译。1958 年美国对第 480 号公法(Public Law)①进行了修正，在第 104 款增加了专门的规定："把售卖援助国外多余的农产品而获得的外国货币用来收集、核对、翻译、摘选科技文献信息在美国进行传播。"②自该法律颁布以来，售卖美国农产品而获取的上千万外国货币被用来资助翻译国外的科技著作，并把译本发送到美国储存或出版。美国各政府机构、专业协会、大学、出版社、图书馆等也相继加入翻译苏联出版的科学杂志和书的行列。专门翻译苏联科技的杂志也纷纷出版，仅在 1961 年就发行了《苏联工业发展翻译》(*Translations on Soviet Industrial Development*)、《苏联农业翻译》《苏联及东欧科学摘要翻译》以及其他关于苏联的生物医学、行为科学、工程、地理物理学、太空学、航空学等杂志。根据美国联合出版物研究服务中心(Joint Publication Research Service)的数据显示，美国出版并汇编了世界各个区域和国家的翻译文献，苏联和东欧地区是重点翻译对象，中国的工农业发展及矿产资源的文献也被大量翻译。③ 美国科学基金会(The National Science Foundation)在第 480 号公法支持下专门设立了外国科学信息翻译项目(Foreign Science Information Translation Program)，其目标就是通过资助科技文献的翻译以促进美国科学家和世界各国科学家之间的交流，帮助美国科学家获取最新的国际科学信息。美国科学基金会除了资助美国各机构和协会翻译科技文献之外，也通过与国外的翻译机构签署服务合同，资助科技文献的翻译并提供给美国的科技公司或学会组织使用。根据美国国家

---

　　①　该法案的全称为"农业贸易发展援助法案"(Agricultural Trade Development Assistance Act 1954)。参见 United State Statues at Large Vol. 68. Part I, 1954：454-459.

　　②　*United State Statues at Large* Vol. 72. Part I, 1958：275. 该法案在海外资助的翻译的费用要高于美国本土，不过其翻译的期刊材料往往要晚几个月，书籍则要花一到两年的时间，因此这些翻译的科技信息往往不是急需的。

　　③　联合出版物研究处的出版物已经全部数据化，官方网站可以查阅美国翻译的世界各国的文献，有学者还专门介绍了如何使用该文献。参见：Debra Hassig. U. S. Joint Publications Research Service translations：A User's Manual[J]. *Government Publications Review*, 1987(5)：559-572.

自然科学基金会 1972 年的年报显示，1972 年，美国国家自然科学基金设立了
11 个翻译项目，委托了 7 个国家的翻译组织或个人译者进行科技翻译，共翻
译了 70000 页的科技文献，总费用共 100 万美元。① 此外，美国国家科学基
金会也花费了 140800 美元资助美国水产业协会、美国地质学会、美国地质物理
学会及美国昆虫协会等机构翻译苏联等国家的科技文献和著作。② 一些重要的
出版社也专门翻译出版苏联科技文献，如 Scripta 出版公司自 1959 年开始翻译
出版苏联和日本的科学期刊，翻译出版了《苏联热传导》《液体力》《苏联地理
学》等科技期刊文献。美国对世界各区域特别是苏联的科技发展、自然资源等
文献的翻译资助一直持续到冷战结束。

二、鼓励文学艺术多元发展的翻译政策与实践

"二战"后的美国在经济、军事、科技领域的霸权地位也扩展到文化艺术
领域。美国"是世界上为数不多的，制定并实施以确立自身全球霸权地位为目
标的国际文化战略的国家之一"③，尤其在肯尼迪政府时期，美国文化精英认
为美国应该鼓励生产高雅文化，1965 年美国国家艺术基金会（National
Endowment for the Arts）的成立标志着美国把文化作为国家战略的重要组成部
分。"二战"后美国继续利用各类基金会、学会、文学组织、出版社等机构实
施文化战略，而翻译既是促进文化战略的重要工具，也是文化战略的重要内
容，翻译世界各国文学、发展多元文化是"二战"后美国文化发展的重要目标
和内容。

第一，各类基金会积极参与并支持译入世界各国文学。以福特基金会为
例，早在 1952 年就成立了跨文化出版公司（Intercultural Publication Inc.），资
助美国各机构译入世界各国的文学艺术作品，把世界各国的文学和艺术带给

---

① National Science Foundation. National Science Foundation Annual Report for Fiscal Year
1972[R]. Washington, D. C. : Government Publishing Office, 1972：52.

② National Science Foundation. Grants and Awards for Fiscal Year 1972 in National
Science Foundation Annual Reports [R]. Washington, D. C. : Government Publishing Office,
1972：175.

③ 马特尔. 论美国的文化：在本土与全球之间双向运行的文化体制[M]. 颜子悦，
译. 北京：商务印书馆，2013：3.

美国公众。① 据统计，1953—1958 年福特基金会资助"新方向出版社"（New Directions）翻译出版了印度、荷兰、比利时、日本、巴西、希腊、阿拉伯国家、缅甸、印度尼西亚、德国、意大利等国家的文学，"新方向出版社"也因此发展成著名的出版翻译世界各国文学的出版社。② 为进一步支持世界文学在美国的翻译出版，福特基金会又于 1965 年出资 75 万美金在得克萨斯大学奥斯丁分校设立国家翻译中心，促进世界各国文学在美国的翻译出版。③ 在基金会的资助下，该中心于 1968 年发行了翻译文学杂志《德洛斯》（*Delos*：*A Journal of Translation and World Literature*），专门致力于"译入"世界各国文学。另一重要基金会——洛克菲勒基金会主要资助译入拉丁美洲文学，"二战"前就积极地参与到针对拉丁美洲的文化战略，资助克诺夫出版社（Alfred A. Knopf，Inc.）译入大量拉丁美洲文学。"二战"后，洛克菲勒基金会的关注重点仍然是"译入"拉丁美洲文化，在 1960—1966 年期间为美国的大学出版社协会提供了 22.5 万元美金，资助拉丁美洲文学及人文社科领域的经典著作在美国的翻译出版。该项目共资助翻译出版了 83 部拉丁美洲国家的文学艺术作品，尽管这些译著在图书市场反应不佳，却在一定程度上建构了美国对拉丁美洲学术研究和文学的话语权，为之后的拉丁美洲"文学爆炸"奠定了基础。④ 该项目结束后，洛克菲勒基金会又于 1967 年资助成立了"美洲国家关系中心"（Center for Inter-American Relations），专门致力于拉丁美洲的文学、艺术等在美国的翻译传播。据统计，1967 年至 1983 年间，包括诺贝尔获奖作品《百年孤独》在内的 50 多本拉丁美洲的现当代文学在该中心的资助下翻译出版。⑤ 拉丁美洲的文学翻译为美国文学在 20 世纪 50—60 年代的创新枯竭期提供了活力，而美国资助翻译的拉丁美洲文学成为其他国家转译拉丁美洲文学的范本，

---

① MacNiven, Ian S. *Literchoor is My Beat*：*A Life of James Laughlin*，*Publisher of New Directions*［M］. New York：Farrar, Straus and Giroux, 2014：285-289.

② Schulte, R. Publishers of Translations：Forty Years of New Directions［J］. *Translation Review*，1978（1）：22-24.

③ Ford Foundation. Annual Report of Ford Foundation［R/OL］.（1965-12-31）［2018-10-18］. http：//www. fordfoundation. org/pdfs/library/1965-1annual-report. pdf.

④ Cohn, D. *The Latin American Literary Boom and U. S. Nationalism During the Cold War*［M］. Nashville：Vanderbilt University Press，2012：113-114.

⑤ De Rosa, E. Center for Inter-American Relations：A Decade of Translation Service［J］. *Translation Review*，1978（1）：37-40.

世界许多国家是通过美国的翻译而了解拉丁美洲文学，间接促使美国成为拉丁美洲文学在全球的代言人。《百年孤独》的作者加夫列尔·加西亚·马尔克斯就认为美国的翻译让《百年孤独》变得更好，认为翻译成就了这部小说，是其获得诺贝尔奖的原因之一。①

第二，协会或专业性组织资助世界各国文学的翻译。美国笔会是美国最富声望的文学组织，是译入世界各国文学的重要主体。美国笔会主要通过设立国际笔会翻译奖（PEN Translation Prize）②、邀请第三世界国家的作家来美国进行演讲来资助其他国家的文学在美国的翻译和出版。如美国笔会2003年设立的国际笔会/海姆翻译资助金（PEN/Heim Translation Fund），目标是"促进国际非英语文学在美国的翻译出版和接受"，至今已资助了43种语言的近200部作品的翻译。③ 2008年，著名的古根海姆学会设置了古根海姆翻译奖学金（Guggenheim Fellowship for Translation），中国当代文学的翻译家葛浩文（Howard Goldblatt）于2009年获得了该奖金资助。④ 此外，美国大学也设立翻译中心，创办翻译杂志以促进对世界各国文学的翻译。如哥伦比亚大学在1973年成立了文学翻译中心，并创办了《翻译》（Translation）杂志，专门资助翻译在美国较少翻译的国家或语言的文学。非洲、亚洲以及东欧等国家文学是其资助的重点。⑤ 1980年得克萨斯大学达拉斯分校创办了翻译研究中心，出版《翻译评论》及《翻译书目》（Annotated Books Received）作为补充，并继续出版1967年创刊的《艺术世界：国际文学及艺术杂志》（Mundus Artium：A Journal of International Literature and the Arts），用于刊登较少被译成英语的语言的文学作品。⑥

第三，美国官方基金会——美国艺术基金会（National Endowment for Arts）

① Hoeksema，T. The Translator's Voice：An Interview with Gregory Rabassa［J］. Translation Review，1978：5-18.

② Pen Translation Prize［EB/OL］.［2019-01-18］. https：//pen. org/pen-translation-prize/.

③ The PEN/Heim Translation［EB/OL］.［2019-01-18］. Fund https：//pen. org/pen-heim-grants/.

④ Howard Goldblatt，https：//www. gf. org/fellows/all-fellows/howard-goldblatt/.

⑤ 该杂志由哥伦比亚艺术学院和美国笔会共同出版，1973年出版第一卷，1994年停刊，共出版了29卷。

⑥ About US［EB/OL］.［2019-01-19］. https：//mundusartiumpress. us/about/.

也资助译入世界各国文学。自 1981 年起，美国艺术基金会开始设置文学翻译资助项目，以鼓励多元文化及和世界各国文学之间的交流对话。截至 2018 年，该项目共资助 455 项翻译，涉及了 69 种语言的 82 个国家的文学作品（NEA 2018）。其中，西班牙文学翻译获得的资助最多，其次是法语文学，汉语共有 26 部作品获得翻译资助，总数位列第 6。表 5-1 显示了获得翻译资助最多的前 23 名的语言或国家地区的文学作品数量。

表 5-1　美国国家艺术基金会 1981 年至 2018 年资助翻译的前 23 名不同语言文学及其数量①

语言	西班牙语	法语	德语	意大利语	俄语	汉语	日语	波兰语	阿拉伯语	希腊语	葡萄牙语	丹麦语	印地语	希伯来语	土耳其语	意第绪语	加泰罗尼亚语	瑞典语	匈牙利语	罗马尼亚语	挪威语	捷克语	韩语
数量	91	48	30	29	27	26	19	17	13	10	9	8	8	8	7	7	6	6	5	5	5	4	4

需特别指出的是，20 世纪 70—80 年代文学翻译出版在美国出现了另一种现象，许多国家为了促进本国文学在美国的传播，主动资助美国作家、学者翻译本国文学。德国和日本为向世界推介本国文学，分别通过歌德学院（Goethe-Institut）和日本国际交流基金会（Japan Foundation）资助本国文学在美国的翻译出版。目前在美国出版的德国和日本文学大多受到两个机构的支持，尤其是日本文学在美国一直享有重要地位并吸引了较大的读者群，这和日本的国际交流基金会的资助和支持密切相关。除此之外，一些国家也借助文学协会组织设置了文学翻译奖以鼓励和支持本国文学在美国的翻译，如意大利、葡萄牙等国借助美国笔会、美国文学翻译协会设置了意大利语翻译奖、葡萄牙语翻译奖，开罗美国大学出版社设置了纳吉布·马哈富兹文学奖，以奖励阿拉伯文学的英语翻译。世界各国借助美国的文学翻译体系传播本国文学，反映了美国文学翻译市场的开放政策，是美国译入世界各国文学各项措施的重要补充。

---

①　根据美国艺术基金会官方网站提供的数据统计得出。参见：https://www.arts.gov/literature-fellowships-list/last-name/keyword? litfellows_type＝2&title＝translation。

美国自"二战"以来译入世界各国文学作品的翻译政策实现了用美国的语言和风格表达世界各国文学的文化战略。美国文学市场目前也成为提升世界各国文学影响力的重要市场。世界各国文学在美国的翻译出版在一定程度上促进了美国世界文学市场的形成，目前美国文学市场的发展几乎实现了当年歌德提出的世界文学构想，即世界各国文学的平等地位，他希望通过把世界各国文学翻译成德语，形成以德语为基础的世界文学市场。① 今天的美国在一定程度上已经实现了以美国英语为基础的世界文学市场。

三、以维持知识生产霸权地位为目标的翻译政策与实践

正如美国建国初期就意识到知识和创新对国家发展的重要性，"二战"后走向霸权的美国力图在知识储存和生产方面维持其主导地位，而翻译也是其实现知识生产和创新的方式之一。

正如上一节所论述的，美国的国会图书馆在 19 世纪末建成为世界最大的图书馆在一定程度上就预示了美国在知识储存和生产方面的雄心，而这个雄心最初主要是由学界、大学及私立基金会主导，他们积极翻译世界各国知识为美国的知识生产和创新奠定基础。为了更好地了解俄罗斯，哈佛大学在 19 世纪末开设相关课程，20 世纪 30 年代设置了俄罗斯研究专门职位，并得到了卡耐基国际和平基金会的资助。中国研究也是在 20 世纪 20—30 年代受到美国学术界的支持。但"二战"后，美国官方机构在美国全球战略的驱动下，把翻译和生产有关世界各国的知识纳入维持国家霸权的战略之中。

首先是全面资助大学的外语学习和区域研究。美国在"二战"后通过立法资助美国大学设置了语言和区域研究中心，学习和研究对象国的语言、文化风俗、社会制度。在 1958 年《国防教育法》的资助下，国别与区域研究中心纷纷在美国大学成立，尤其是哈佛大学、耶鲁大学、芝加哥大学等大学成为世界各地区和国家研究的重要基地，语言学习及对这些国家的文献进行翻译是该领域学术研究的基础，甚至是研究的主要内容。以中国研究为例，许多博士论文中包含了对中国文化的翻译。例如，1985 年的明尼苏达大学的陶定仁（Tsao Dingren）的博士论文的题目是《鬼谷子的辩论术》，是对《鬼谷子》的翻译

---

① Goethe J. W. Conversations with Eckermann on Weltliteratur（1827）［J］. *World Literature in Theory*，2014：15-21.

及其产生的背景的探讨。1987 年的华盛顿大学的沃德利·亚历山大（Wadley Stephen Alexander）的博士论文是对元末明初的汉语教材《老乞大》的翻译及注解，并研究了其句式结构。1991 年密歇根大学的罗伯特·沙夫（Robert Sharf）的博士论文对《宝藏论》进行了带注释的翻译。1994 年堪萨斯大学的魏文妮（Ankeney Weitz）的博士论文附有周密的《云烟过眼录》的第 I 和 II 卷的完整翻译。① 许多学者在完成博士论文后也继续从事中国文化或文学的翻译，如曾小平（Madeleine Zelin）于 1979 年撰写了研究中国清朝财政改革的博士论文，于 1992 年翻译出版了茅盾的小说《虹》。许多研究中国的学者最终成为中国文化翻译的重要译者。总之，在国别区域研究的促进下，美国资助翻译世界各国文献，并逐步取代欧洲成为汉学、东方学等国别和区域研究的最重要的知识生产国，成为国别区域研究领域的领航者。

其次，美国大学出版社也积极翻译出版世界各国的文化文本，促进世界各国的知识的传播和生产。"二战"后随着美国商业出版社对利润的追求，翻译书籍的出版因其利润不足而得不到商业出版社的支持，大学出版社出版成为出版翻译书籍的重要力量。在大学和基金会的支持下，大学出版社出版了大量商业出版社不愿意出版的翻译作品，世界各地区的小说、诗歌、学术著作的翻译都能找到大学出版社出版，而正是大学出版社为商业利益不足的书籍找到了读者。很多著名大学出版社专门设置了翻译系列，资助和支持世界各国翻译作品在美国的出版。如普林斯顿大学出版社著名的"波林根"系列（*Bollingen Series*）翻译出版世界各国优秀著作，尤其是历史、哲学、文学、心理学等领域，荷马史诗、希腊神话、但丁的《神曲》、伊朗的神话故事、中国的古代经典、印度的瑜伽经典、日本的禅宗经典、荣格的心理学著作、尼采的哲学著作、诺贝尔奖获得者纳博科夫翻译的普希金的诗歌《叶甫盖尼·奥涅金》、罗马尼亚学者米尔恰·伊利亚德（Mircea Eliade）《永恒回归的迷思》、德国文艺批评大师埃里希·奥尔巴赫的著作等，都是"波林根"系列中的重要图书。② 除了这一系列以外，其"中国古典图书图库系列"（The Illustrated Library of Chinese Classics）出版了蔡志忠的中国经典插图版，而其著名的"洛克特翻

---

① 这些数据都通过输入关键词，在国际博士论文库 ProQuest 查得。

② 参见普林斯顿大学出版社波林根系列的官方网站：https：//press. princeton. edu/collections/bollingen-series。

译诗歌"（Lockert Library of Poetry in Translation）几乎翻译了涵盖世界各个国家和区域的诗歌。美国大学出版社是翻译出版世界各国文献的重要机构。以中国文献为例，几乎所有著名大学都出版过中国文献翻译系列丛书。早在 20 世纪 50 年代，哥伦比亚大学出版社就为解决东亚本科生课程英语资料的缺乏问题，由狄百瑞（Wm. Theodore de Bary）、华兹生（Burton Watson）和唐诺·金恩（Donald Keene）开启了翻译亚洲文献的浩大工程，即"亚洲经典翻译系列"。表 5-2 列出了美国 10 所大学出版社的中国文化翻译系列丛书。

表 5-2　　　　美国 10 所大学出版社的中国文化翻译系列丛书①

出版社	翻译代表作	系列丛书
哈佛大学	*Strange Eventful Histories Identity，Performance，and Xu Wei's Four Cries of a Gibbon* trans. by Shiamin Kwa	中国当代研究系列/燕京学社著作系列
耶鲁大学	*Last Lover* trans. by Annelise Finegan Wasmoen	亚洲研究系列
哥伦比亚大学	*The Complete Works of Chuang Tzu* trans. by Burton Watson	亚洲古经典翻译系列
康奈尔大学	*White Poppies and Other Stories* trans. by Karen Gernant &Chen Zeping	东亚研究系列
芝加哥大学	*The Journey to the West*：v. 1，v2，v3，v4，trans. by Anthony C. Yu	中国研究系列
加利福尼亚大学	*To Live as Long as Heaven and Earth*，A Translation and Study of Ge Hong's Traditions of Divine Transcendents	道教经典系列/亚洲文学
密歇根大学	*Chinese Theories of Theater and Performance from Confucius to the Present* trans. by Faye Chunfang Fei	中国研究著作系列
夏威夷大学	*The Past and the Punishments*：Eight Stories trans. by Andrew F. Jones（1996）	现代中国小说系列

---

① 表中数据全部来自各出版社的官方网站。

续表

出版社	翻译代表作	系列丛书
华盛顿大学	*Zuo Tradition / Zuozhuan：Commentary on Spring and Autumn Annals* trans. By Stephen Durrant, Wai-yee Li and David Schaberg	中国古典思想系列
威斯康辛大学	*Traditional Chinese Plays I, II, III* trans. By A. C. Scott	亚洲系列/戏剧与表演研究

再次，美国国家人文基金会设置项目专门资助翻译世界各国的人文经典，为美国的人文社科学术知识的生产和创新奠定基础。美国国家人文基金会1978年专门设立了"翻译项目"处，其目标和资助的原则是：支持翻译外国学术著作，以期有助于加深美国民众对世界其他国家的文化、历史与学术成就的了解，并以之作为进一步探讨和比较研究的工具。人文基金会翻译处也对评选条件进行了规定：任何语言的人文学科的相关选题均可，优先支持非西方文化的翻译。翻译工作由个人承担，也可以由一批学者共同承担。可翻译某一作品，亦可翻译相关的若干著作。提交之译文必须附有批评性的序言及解释性的注释，并说明原著在学术思想及历史上的价值。翻译处组成的特别委员会将依据三个标准对申请者的申请进行评审：1）原著在人文学科的一个或多个领域中的价值；2）译文的质量；3）注释的质量。① 该项目执行的第一年就资助了34个国家的44部著作的翻译，资助总额高达1035538美元，而资助的中国文献翻译包含了余国藩的《西游记》翻译、王伊同的《洛阳伽蓝记》翻译、华莱士·约翰逊（Wallace S. Johnson）的《唐律》翻译等7部中国古典文献著作，其中《唐律》翻译的资助金额高达29009美元。② 据统计，自1980年以来，美国人文基金会资助了1252项翻译相关项目，覆盖了142种不同的语言，涉及91个专业学科领域。美国资助的翻译几乎覆盖了人文社科的所有领域，人文基金会资助翻译的文本也跨越了时空的限制，有对古希腊、古罗马、中世纪甚至史前文明的古文字的翻译，亦有对世界其他文明地区的文化如印

---

① 巴特勒. 国外翻译界[M]. 赵辛而，李森，编译. 北京：中国对外翻译出版公司，1979：61.

② NEH. 13th Report of National Endowment for Humanities 1978[R]. Washington, D. C：National Endowment for Humanities, 1979：53.

度、中东的文本的翻译。① 2010 年美国联邦政府又通过了专门资助人文学术著作的翻译及编辑项目(Scholarly Editions and Translations)②，该项目主要为在美国缺乏或较难获得的文学、哲学、历史等人文学科著作的编辑和翻译提供资助。项目自实施以来，已资助了 390 部学术著作的编辑和翻译，其中 98 项是翻译资助，涵盖 60 多种古典及现代语言的文献的翻译，涉及 50 多个国家和地区，其中，有中文文献"东汉汉语词典"《说文解字》的翻译和编辑出版。③

任何翻译都会带有一定的价值倾向和视角。美国"二战"后资助世界各国文献翻译出版，并不是为了在美国传播世界各国文化，其主要目标是通过翻译掌握世界各国文献，进而以美国的研究方法和视角及价值理念去阐释世界各国的历史、文化。美国的阐释进一步提升了美国对这些国家知识生产的话语权，影响着其他国家本土学者知识生产的视角，使得许多学者潜意识中受到美国的学术研究影响。以美国的中国研究或汉学为例，美国学者的研究成果在全球得到广泛传播，影响了世界各国关于中国研究的选题和方法。值得注意的是，大量美国学者创作的关于中国的著作又被中国引进并翻译，进一步影响了中国本土学者的研究和美国学术著作在中国的影响力。中国许多出版社有专门引进的美国的"中国研究"系列丛书，1988 年苏州人民出版社推出了"海外中国研究丛书"，费正清、史华慈、宇文所安等著名汉学家的著作都在中国被翻译出版。

美国在"二战"后通过鼓励国别与区域研究几乎翻译了世界各国的经典文献，翻译可以说是美国在"二战"后维持其有关世界知识生产的重要措施。翻译在一定程度上实现了世界知识的美国表达，对世界知识的翻译本身在一定程度上就是对世界知识的掌控并重新确立其主权。翻译的文本正如美国的移民一样，通过入籍获得了新的身份。美国对世界各国文献的翻译及生产在一定程度上影响了世界各国学术界对知识的阐释，维持了美国在知识表达和生产领域的主控地位。如今世界各国无论反对还是赞成，都无法忽视美国的观

---

① 龚献静.1980 年以来美国国家人文基金会翻译类课题立项分析[J]. 外语教学与研究，2015(4)：119-129.

② Scholarly Editions and Translations[EB/OL]. (2020-07-30)[2019-01-17]. https://www.federalgrants.com/Scholarly-Editions-and-Translations-25634.html.

③ 受资助的项目信息可以通过项目数据库查询：https://www.neh.gov/grants。

点和视角。

本章小结：美国文化发展领域的翻译政策
与实践对中国的启示

美国是世界上为数不多的没有设置专门的文化管理机构对文化进行规划管理的国家。然而，历史发展表明，美国自殖民地时期就形成了独特的文化发展体系，从社会组织、出版社及版权法等多个领域促进对世界各国尤其是欧洲所生产的优秀文化的译入。一直到 19 世纪末，美国主要通过立法促进公民个人、私立组织及出版机构积极地译入欧洲生产的优秀文化，确立了以西方文明为主的主流文化及主流意识形态。随着美国 19 世纪末开启帝国主义扩张政策，其又积极译入世界其他区域和国家的文化，为帝国的构建奠定了知识和意识形态基础。"二战"后，为维持其在战争中取得的世界秩序的领导地位，赢得与苏联的霸权之争，美国资助了世界各国的科技文献、文学著作及世界各国的经典人文社科类文献的翻译和出版，最终为美国建构世界文学、知识霸权地位奠定了基础，以维持美国文化强势地位。

美国在文化发展中充分利用翻译译入世界各国优秀文化，这对中国当今的文化发展与创新具有重大意义。首先，中国可充分利用英语的主控地位及美国文化市场的开放体系，加大中国文化在美国的翻译出版，并利用美国出版营销体系取得成功。我国以《三体》为代表的科幻作品在全球所引发的热潮，在一定意义上与美国翻译出版市场的营销密切相关。[①]　其次，充分利用"一带一路"倡议的"五通"理念，加大中国对世界各国优秀文化的译入。自 20 世纪以来，西方各国在进行世界殖民的争霸中就开启了以文化作为国家实力的重要指标的时代，为通过国家文化的建构和发展提升教育濡化本国国民的能力，传递国家意识形态，并力图去同化世界其他国家国民，协助国家的对外扩张，许多国家设置了专门的翻译机构。美国在 20 世纪 30 年代也加入这一潮流，以国家力量介入对外文化关系的发展。中华人民共和国成立后，我国延续了中国官方机构主导文化发展的传统，成立了专门的机构进行翻译，但这一政

---

① 贺亚玲. 中国文学走出国门：以《三体》英文版为例[J]. 出版广角，2016（13）：58-59.

策在实施的早期阶段在一定程度上忽略了社会组织及公民个人在文化建构中的力量，主要以官方为主对外文化译出及对内译入亚非拉国家和地区的文献。20 世纪 80 年代，国家机构逐步退出，主要依靠市场，在一定程度上又导致非西方国家文化著作译入的缺失，造成了中国在翻译领域发展不平衡，而美国自 20 世纪 80 年代起借助国家力量译入大量亚非拉国家和地区的著作，以抵抗单纯依赖市场力量给文化发展带来的不平衡，激励了美国文化的世界性发展。因此，21 世纪的中国在"走出去"的同时，在积极对外译出的同时，也要通过译入世界各国文化，尤其是亚非拉国家和地区的文化，以提升中国文化的世界性，从而更有效地让中国文化走出去，提升中国在世界的国家形象，提升国家濡化能力。

第六章　美国对外文化传播领域的翻译政策与实践

自人类文明形成以来，文化不仅用来教化本民族或本国国民，文化传播也实现了不同文化之间民众的相互理解和交流。历史的发展表明，民族国家的强盛总伴随着文化的强盛，而强盛国家也力图通过各种方式对外传播本国文化以濡化外邦民族。无论是中华文明对周围的高丽民族、大和民族等的文明濡化还是古希腊文明及古罗马文明对欧洲各国的影响，都表明了文化传播是实现人类文明发展的重要方式。随着民族国家在 16 世纪后期逐步形成，实施文化传播成为许多国家对外进行文明濡化的重要方式。法国是欧洲最早以国家名义开始较系统地对外进行文化传播的国家。① 正如文化外交专家所认为的，"如果战争是一个民族国家在相对丛林化的世界舞台中生存所借助的最终手段，对外文化传播和交流则是一个民族国家获得国际社会承认并得到尊重的首要手段"②。美国在国家构建过程中强调公民个人和社会组织在文化事业中发展的作用，直到 20 世纪 30 年代才开启了正式的国家机构对外文化传播活动。本章主要以美国不同组织机构对外文化传播中的翻译活动为抓手，探求美国如何借助翻译对外进行文化传播，逐步实现其在文化领域的霸权地位。

---

① 一般在论述法国的对外文化传播时，往往会以法国最早的方济各修士在海外开办学校，路易十四时期的各个教派组织前往东方等地进行传教作为法国以国家力量对外进行文化传播的开始，这些传教组织往往会以开办学校、传递宗教教义的方式教授法语和法国文化。

② Arndt, Richard T. *The First Resort of Kings*: *American Cultural Diplomacy in the Twentieth Century*[M]. Williamsport: Potomac Books, Inc., 2006.

第一节　美国宗教机构的对外翻译政策与实践

基督教的扩张就是借助翻译而实现的。其对外扩张不仅借助了语言符号的转换的"翻译"，更借助了更广泛意义的翻译——转化人的思想意识。美国在建国后不久，国内的宗教团体就开启了全球范围内的基督教义的传播，体现了美国自建国以来就存在的帝国扩张意识。美国宗教机构充分利用翻译对外传播宗教教义的价值，翻译了大量关于宗教及美国社会、文化风俗的文献，并形成了独特的翻译理念、制度及实践经验。

一、《圣经》及相关宗教书籍的翻译政策和实践

美国建国后的 19 世纪初期迎来了历史上的第二次宗教大觉醒[①]。大觉醒运动不仅促使美国新教机构开始向全球传播基督教义，也开启了美国文化的海外传播。1812 年，在美国公理会、长老会和归正会的支持下，美国成立了第一个对外传教机构——公理宗的海外传道部（American Board of Commissioners for Foreign Missions，ABCFM，简称美部会）。相比当时的英国等欧洲老牌国家，尽管美国在海外传教的语言和知识储备等方面都显得不足，但在第二次宗教大觉醒的激励下，美国派遣的海外传教士很快成为新教传教的主力，在不到 30 年的时间里，就进入了南亚、东南亚、东亚、中东、非洲等地区。随着南北战争后美国第三次觉醒运动的兴起，源自美国的宗教团体又进入西班牙等欧洲国家，海外传教机构和传教士为 20 世纪美国在世界舞台的领导地位奠定了知识、文化和价值理念的基础，也为美国联邦政府在"二战"及冷战期间实施全球性的对外宣传和文化传播埋下伏笔。

美部会派往世界各地的传教士沿袭了清教徒对印第安人的传教模式——从学习当地语言开始，并把《圣经》翻译成当地语言。[②] 美部会派往中国的第

---

① 美国历史上有四次宗教大觉醒，第一次发生在殖民地时期的 18 世纪三四十年代，第二次是美国建国后的 18 世纪末直到 19 世纪中期，第三次是 19 世纪中期到 20 世纪初，第四次是 20 世纪 60 至 70 年代，目前有争议。第二次和第三次大觉醒的最大影响就是新成立的不同宗教教派将教士派往全球进行基督教义的传播。参见：https://en.wikipedia.org/wiki/ Great_Awakening.

② 鉴于篇幅，本小节主要论述在中国传教过程中的翻译活动。

一位传教士裨治文（Elijah Coleman Bridgman）就是在跟随伦敦传道会（London Missionary Society）的传教士马礼逊（Robert Morrison）学习汉语后，通过翻译《新约》和《旧约》而开启其在中国的传教活动。① 为更好地传播宗教教义，传教士们在翻译宗教书籍的同时，也翻译了大量的科学与文学著作，促进了西方科学与文化的海外传播。

首先，翻译出版了《圣经》及大量宗教书籍。成立于 1816 年的美国圣经公会（American Bible Society）在美部会派传教士前往世界其他国家之前就已资助《圣经》和宗教书籍的翻译、出版及发行，如资助了英国传教士马礼逊把《圣经》翻译成中文。1822 年，马礼逊把翻译中文版《新约》呈送给美国圣经公会并出版发行了 1000 册。美国圣经公会认为向中国翻译上帝的话语是对上帝最好的事工。因此，自 1823 年至 1863 年，该机构出版了 129464 卷中文版《圣经》，并在中国分发了 116500 部，共花费 101351 美元。② 出版的中文版本中有裨治文翻译和修订的《新约》与《旧约》，也有不同教区的方言版本的《旧约》与《新约》翻译，如资助了美国浸礼会（American Bapitist Missionary Union）的东部教区戈达德（Dr. J Goddard）牧师翻译的宁波话版本《新约》，以及其他教区的南方官话版本。随着《圣经》由分发变为售卖，美国圣经公会把售卖募集到的钱又全部投入到《圣经》的翻译和出版中。据统计，美国圣经公会共翻译出版了 23 个中文版本的《圣经》及相关文本，其中包含裨治文和卡伯特森（Culbertson）的经典译本，主教施约瑟（Samnel lsaac Joseph Schereschewsky）的官话《圣经参考书》（*Mandarin Reference Bible*）和《浅白文理圣经》（*Easy Wen-Li Bible*）。此外，还有不同教会的不同教区的方言版本，如广东话译本以及上海、苏州等方言的《圣经》都在美国圣经公会的资助下得到出版。除了早期中文版本的《圣经》是由英国海外传道会资助出版之外，之后几乎所有在中国传教的新教教会的《圣经》的翻译和出版都是美国圣经公会资助的。北部教区在

---

① 裨治文是第一位来中国学习汉语的传教士，他翻译的圣经被命名为《裨治文文理译本》。裨治文因精通汉语，曾担任过林则徐的翻译，也是美国公使顾胜（Caleb Cushing）的翻译，参与了《望厦条约》的签署。为了让外国人能更好地学习汉语，该条约的第十八条要求清政府不许阻扰外国人聘用中国人帮助他们学习汉语及教授中国人英语。参见 https：//baike. baidu. com/item/%E6%9C%9B%E5%8E%A6%E6%9D%A1%E7%BA%A6/ 1859110。

② 本部分的数据主要参考 Donald MacGillivray. *A Century of Protestant Missions in China* (*1807-1907*)［M］. Shanghai：The American Presbyterian Mission Press，1907.

白汉理的主持下翻译了 200 多首圣歌，并参与了北京官话版本《圣经》的翻译。① 进入 20 世纪，美国圣经公会出版的与《圣经》相关的目录中，中国地区有高达 400 种版本，方言版达 12 种。截至 1905 年，美国圣经公会在中国印刷了 10536813 本《圣经》及相关文本。②

其次，美部会也资助了医学和教育类书籍的翻译。福州教区翻译出版的 41 部著作中，除了福州话的《新约》和《旧约》，还包括《天文学问答集》、中级和初级《生理学》、《康迪特地理学》及《天文学手册》等；美国圣公会（American Church Mission）的施约瑟主教在上海传教期间创办了圣约翰大学，并翻译了伦理学、政治经济学、世界通史、地理学、医疗等领域的 30 多部文献，供教区开办的学校、医院使用。美国长老会③在中国各教区从事的翻译更多，翻译了近 200 部各类著作，包含了代数、心理学、自然哲学、几何、伦理学、热学、光学、声学、动物学、绘画等各类书籍，成为当时新式学堂普遍使用的教学材料。

需要指出的是，中国晚清政府因洋务运动对西方科学技术的需求，也主动委托传教机构的传教士翻译教材和科技文献。例如，著名传教士丁韪良（W. A. P. Martin）在晚晴政府的资助下翻译了美国人亨利·惠顿（Henry Wheaton）撰写的国际法——*Elements of International Law*，即著名的《万国公法》。美国监理会的传教士林乐知（Dr. Young J. Allen）受聘为当时江南制造局翻译馆翻译书籍，其翻译的书籍可分为 11 大门类，分别为：（1）"世界每日大事记（The World's Date Book）"；（2）"24 国历史（Histories of 24 Different Countires）"；（3）"世界地图册"；（4）"科学启蒙书（A Series of Science Primers）"；（5）肥皂和蜡烛的制造方法（Scientific Process of Making Soap and Candles）；（6）女王和海军部颁布的英国海军规章制度（Queen's Rules and Admiralty's Regulations of British Army）；（7）勒普顿将军的大国军队（General Lupton's Armies of Great Nation）；（8）"《万国公报》（编辑 The Official New

① Donald MacGillivray. *A Century of Protestant Missions In China*（*1807-1907*）［M］. Shanghai：The American Presbyterian Mission Press，1907：287-288.

② Donald MacGillivray. *A Century of Protestant Missions In China*（*1807-1907*）［M］. Shanghai：The American Presbyterian Mission Press，1907：580-581.

③ 美国长老会分南部和北部，分别为 Presbyterian Church in the U. S. A（North）和 Presbyterian Church in the U. S. A（South），两个长老会都在中国设立了传教机构。

Gazette）"；（9）"俄国和英国扩张比较（Expansion of Russian and Britain Compared）"；（10）"杂志文章（以小册子形式出版）（Magazine Articles，Issued in Pamphlet）"；（11）"政治家的年报（The Statement's Year）"。有学者专门对林乐知的翻译进行了统计研究，发现其翻译的书籍达 52 种，而其编译并由广学会（Christian Literature Society for China）出版的《中东战纪本末》《文学兴国策》《全地五大洲女俗通考》成为当时中国具有极大影响力翻译著作。①

除了林乐知、丁韪良等知名传教士根据当时晚清政府的需求进行翻译，1890 年各宗教机构在上海成立的中国教育会（Educational Association of China）——即"益智会"——也组织翻译了大量书籍，接管了当时的"学校和课本委员会"（School and Textbook Series Committee），并委任博医会的师图尔（G. A. Stuart）担任会长。益智会每三年召开一次会议，主要就翻译出版书籍及生产相关教学用品进行探讨。该协会共出版了代数、几何、植物学、天文学、地质学、生理学、物理、化学、伦理学、政治学、国际法、历史、教育学等近 200 多种教材及相关书籍。中文教材为中国学生用自己的母语学习现代学科科目提供了便利。该协会还促使教会学校和中国官办学校相互协调，统一参加入学考试。师图尔本人作为美国哈佛大学医学博士，为中国翻译了如《贫血病与组织学形态学及血液化学之特别关系》《解剖学名词表》《医科学生之习练法》等医学著作，并把《本草纲目》翻译成英文，为中西方的医学交流传播做出了突出贡献。②

二、美国宗教机构对外翻译的影响

美国宗教机构对外翻译的主要目标是传播基督教教义，在实际实施过程中，形成了一套翻译现代科学文献及有关欧美社会、文化等学术类著作的翻译制度及策略。

一是以宗教传播的名义翻译了大量著作。美部会等美国新教机构在传教过程中对外翻译了大量以医学为主的科学、政治、文化等著作，为科技发展落后国家和地区带来现代化科学知识。但不可否认的是，这些翻译在一定程

---

① 卢明玉. 林乐知与西学传播研究[J]. 国际汉学，2010：196-206.
② 南京大学高教研究所校史编写组. 金陵大学史料集[M]. 南京：南京大学出版社，1989：9.

度上也是美国用西方的知识体系和话语影响世界的最早尝试，传教士裨治文、卫三畏、伯驾翻译了相当多介绍美国文化风俗、社会、学术的书籍，如美国地理史(*Geographical History of the U. S.*)，也翻译了法国汉学家马若瑟的《汉语札记》(*Notitia Linguae Sinicae*)，为美国在 20 世纪中后期实施对外文化传播及国际话语权建构提供了可参考的翻译传播模式。

二是翻译的本地化原则。传教士在进行翻译之前，首先是学习所在教区的语言文字，并建立区域性的语言文字系统，之后再把《圣经》翻译成当地方言，方便当地民众学习和接受。例如 19 世纪圣经协会出版了 400 多种中文版《圣经》，其中方言版本就有 12 本，在众多版本中，北京官话版本成为最普遍流行的版本，也是针对普通民众的最早普通话版本，直到 1919 年《圣经》(和合本)出版。和合本的《圣经》和中国的白话文运动不谋而合、殊途同归，为确立白话文的合法性以及推动新文化运动作出了贡献。①

三是通过互译实现文化的双向交流。美国宗教机构除了对外翻译传播宗教教义及西方科技与文化，也通过开办出版社翻译出版关于驻扎国政治、经济、文化、地理地貌等书籍的英文版本，实现文化的双向交流。例如，美国长老会创办的美华书馆出版了 390 种中国文献的英语译本，其中语言类、文化类的英译高达 270 多种。新教传教士在向中国传播西学的同时也关注中学，如师图尔在向中国翻译西方医学知识的同时，也把《本草纲目》翻译成英文，为中西方的医学交流传播作出了突出的贡献。② 传教士吴板桥(S. I. Woodbridge)把湖广总督张之洞著名的《劝学篇》翻译为英语在美国出版，传教士们在"西学东渐"和"东学西渐"中都扮演了重要角色，促进了中西文化的交融。③ 20 世纪 30 年代，美国通过国会介入文化传播领域，在很大程度上效仿了宗教机构实施的文化互译政策理念。

总之，美国在建国后不久就开启的海外宗教传播在一定意义上是一场美国文化对外传播的隐性殖民运动。美国的海外宗教传播一开始就以亚洲等非西方文明地区为主要目的地，显示美国力图改造异域文明的殖民意图。美国

---

① 徐以骅. 纪念圣经(和合本)诞生 100 周年[J]. 基督教学术，2019(21)：1-4.

② 南京大学高教研究所校史编写组. 金陵大学史料集[M]. 南京：南京大学出版社，1989：9.

③ 孙轶旻. 上海美华书馆与中国文学的英文传播[J]. 上海师范大学学报(哲学社会科学版)，2012，41(03)：103-107.

宗教机构的翻译传播对整个亚洲的社会、语言文化产生重大影响，亚洲各国的现代化早期萌芽几乎都有美国新教传教士的参与，而充当殖民者和当地政府的翻译是他们参与亚洲各国政治的重要方式。如卫三畏充当了美国联邦政府的翻译，参与了美国与中国及日本的不平等条约的签订。卫三畏和裨治文（Elijah C. Bridgman）主编的《中国丛报》是第一份在中国出版的英文期刊，主要面向西方读者，在美国销量最高，为美国和西方提供有关中国的知识，进而为之后的殖民奠定了知识基础。① 美国宗教机构在向全球传播宗教教义的同时，也传播了美国的文化风俗、社会制度及科学知识，实际上是美国最早的对外文化传播机构，充当了美国对外扩张的先遣兵和鼓吹手。

第二节　私立基金会和学术机构对外文化传播的翻译政策及实践

正如托克维尔早在 19 世纪 30 年代对美国社会治理特点的总结："在法国，凡是创办新的事业，都有政府出面；在英国，则由当地的权贵带头；在美国，你会看到人们一定会组织社团。"②美国对外文化传播最初主要通过民间学术协会和私立基金会进行，政府并没有直接介入，且认为"通过国家出口文化既是无用的，也是荒唐的"③。然而，随着 19 世纪末美国开始介入世界事务，实施殖民扩张，美国学界和企业财团精英一致认为美国需要实施有组织、有系统的文化发展和对外文化传播政策，不能再让文化领域放任自流。1910 年卡耐基国际和平基金会的成立被认为是美国文化领域放任自流的时代的结束，是美国文化事务进入组织化发展的肇始。卡耐基国际和平基金会的主要业务是与世界各国开展在文化、教育领域的合作，以实现其在法律范围解决国与国之间的争端的使命。由私立基金会进行有组织、有系统的对外文化传播也切合了美国自建国以来在文化领域所形成的共识——文化属于私人和民间领域，应避免政府等权力机构的干涉。因此，美国自 20 世纪以来成立的私立基

① 顾军. 中国的第一份英文刊物[J]. 博览群书，2011(10).

② 托克维尔. 论美国的民主：上卷[M]. 董果良，译. 北京：商务印书馆，2004：653.

③ Ninkovich, F. A. *The Diplomacy of Ideas：U. S. Foreign Policy and Cultural Relations, 1938-1950*[M]. Cambridge：Cambridge University Press, 1981：13.

金会组织和学术机构所进行的对外文化教育活动是美国对外文化传播的重要组成部分。民间机构和学术组织也充分借助翻译实施了对外文化传播。以下主要论述私立基金会组织、学术组织和出版机构实施的翻译政策与实践。

一、私立基金会

20 世纪上半叶是美国私立基金会发展的黄金时期，美国最著名的三大基金会——卡耐基国际和平基金会、洛克菲勒基金会和福特基金会分别于 1910 年、1913 年及 1936 年成立，开启了美国在文化领域的有组织、有系统的发展。

卡耐基国际和平基金会的成立和运行代表了文化国际主义在 20 世纪的美国的发展，① 也是美国通过世俗组织实施其对外文化传播的肇始，其力图与自 19 世纪以来的宗教团体的对外文化传播区别开来："极其重要的是，我们不应该从事传教士那样的工作，我们不去指导别的国家处理他们的国事。"② 为更好地开展国际合作，宣传美国的和平理念，和平基金会设置了三个部门，分别为国际法部、社会和经济部以及国际交流和教育部，其中国际交流和教育部负责促进国与国之间理解、建立友好关系，培养国家之间的相互好感。为达到该目标，卡耐基国际和平基金会资助图书馆建设、国际法学院，以及相关促进国际和平的各类书籍、期刊文献的翻译出版。由于所有的工作都要涉及不同国家之间的交流，翻译几乎参与到了基金会的日常运行中，因此，卡耐基国际和平基金会在其成立的第一年就对如何组建一支有效运作的译者队伍进行了规划，并对翻译进行了如下规定：一是对译者的素养的规定，要求聘用能准确无误地翻译专业术语的翻译专家；二是对语种的要求，要求优先聘用小语种译者；三是翻译费用及需求要进行较好的匹配，要求卡耐基总部维持一支翻译队伍，保证满足翻译的需求并避免浪费；四是设立"翻译和出版局"专门负责相关书籍和期刊的翻译。因而，卡耐基国际和平基金会有关翻译的制度说明，无论是基金会的有效运作还是资助书籍的翻译出版都离不开翻译。第一次世界大战后，基金会重组所设立的第二个部门就是翻译部，与

---

① Carnegie Endowment for International Peace［R］//*CEIP Year Book 1911*. Washington, D. C.: Press of Byron S. Adams, 1911: 7.

② 这个宣言再次说明西方宗教机构是殖民的先遣兵。卡耐基国际基金会也是为美国实现国际霸权服务。

编辑部、律师部等并列作为战后处理和平问题的重要部门。①

在翻译实践领域，卡耐基国际和平基金会成立之时正是欧洲各国进行军备竞赛，战争乌云笼罩世界的时期，而美国处在孤立主义思潮中，倡导国家之间通过文化教育交流以实现和平只是学术精英的理想。在这种背景下，卡耐基国际和平基金会为了促进国家之间的理解，诉诸法律解决国家之间争端以实现世界和平，充分利用翻译克服国家之间交流的语言障碍。首先，翻译出版了大量欧洲学者的国际法著作，出版了国际法经典系列，以及国际法之父胡果·格劳秀斯（Hugo Grotius）的国际法著作，以此传播美国通过法律解决国家之间争端的理念，并提升国内民众的国际主义精神。为了宣传美国的和平理念，和平基金会也资助翻译出版了美国学者在国际法领域的研究成果，如对外翻译了《美国国际法期刊》（*American Journal of International Law*）。其次，为向世界表明美国的国际和平理念和所倡导的平等、独立、自主的国家关系，和平基金会对外翻译出版了关于美国"门罗主义"政策及其影响的相关著作，并对美国国务院"关于拉丁美洲各国独立的信件"（American correspondence regarding the independence of Latin-Americans）进行翻译和整理，供美国国际法领域的师生阅读。为促进英德两国之间的沟通和相互理解，卡耐基国际和平基金会于成立的第二年就组织翻译了英国外交部长豪丹勋爵（Viscount Haldane）在牛津大学发表的关于英国和德国两个民族特点的演讲——*England and Germany: A study of National Character*，并将文稿印刷了25万份分发给德国各级学校、研究机构及驻外使馆等机构。卡耐基国际和平基金会大量翻译欧洲学者的国际法著作，增加了美国知识阶层和民众关于国际法和解决国际争端的相关知识，在一定程度上提升了美国处理国际争端的话语权。②

在所有翻译资助中，真正显示出美国有组织性地对外的文化输出是卡耐基国际和平基金会针对拉丁美洲和亚洲的图书捐赠和翻译。卡耐基国际和平基金会为1911年成立的"阿根廷社会博物馆"（Museo Social Argentino）捐赠了1万本美国历史、政府管理、文学和科学方面的书籍，由哥伦比亚大

---

① Carnegie Endowment for International Peace[R]//CEIP Year Book 1915. Washington, D. C.: Press of Byron S. Adams, 1915.

② 第五章"译入政策"已经对该论点进行了论述。

学挑选书目。为克服语言障碍，专门出版了双语版的《美洲国家杂志》(*Journal of Inter-America*)，并出版了著名学者翻译的《美国国家书目》(*Biblioteca Interamericana*)、《拉丁美洲研究手册》(*Handbook on Latin American Studies*)。①美国对拉丁美洲的图书翻译输出政策也充分体现了美国私立基金会力图向外输出美国文化、价值观，展示美国国家文化及相关产业实力的意图。当时拉丁美洲部负责人史蒂芬·史密斯(Stephan Smith)在对国际交流与教育部尼古拉斯·默里·巴特勒(Nicholas Murray Butler)的指示中写道："捐献给图书馆的书籍不仅仅展示了我们美国的思想、情感及知识，也代表了美国在造纸、印刷、装订等方面的成就。"②卡耐基国际和平基金会的对外文化战略及其运行模式之后也被美国联邦政府效仿，美国于 1938 年在国务院设立的文化关系处实施的对外文化项目，就借鉴了和平基金会的许多做法，也为之后的洛克菲勒基金会和福特基金会进行人文社科领域的文化交流活动提供了参考。

洛克菲勒基金会也在对外传播美国文化中扮演了重要角色。成立于 1913 年的洛克菲勒基金会，其宗旨是促进人类安康。为实现该宗旨，洛克菲勒基金会最初主要致力于医学和自然科学的研究，在全球尤其是贫穷落后地区建立医院和学校。1915 年，洛克菲勒基金会给中国护士协会捐献了 600 美元，资助协会把加拿大多伦多大学的医学护理教材翻译成中文，作为培训中国护士的教学材料。洛克菲勒基金会之后一直支持这项医学教材翻译工作。自 20 世纪 30 年代起，洛克菲勒基金会开始资助人文社科领域的交流，以促进不同文明的相互理解，改善社会制度。在这一理念的指导下，洛克菲勒基金会资助了社科文献翻译项目，如资助在巴黎成立的国际公法研究所(International Institute of Public Law)的运行及专家的学术研讨活动，该组织主要是致力于公共法律及政治科学的研究，并翻译各国的关于公共事务的法律规定以便更好地交流。为从儿童时期培养不同国家之间的相互理解，1938 年基金会资助翻译出版涉及世界 40 多个国家的儿童文学，尤其是把欧洲和美国的优秀儿童文学翻译提供给拉丁美洲各国的图书馆和学校。基金会每年提供给拉丁美洲的

---

① Carnegie Endowment for International Peace [R]. *CEIP Year Book 1917* [R]. Washington, D. C.: Press of Byron S. Adams, 1917: 67-68.

② Stephan Smith to Butler 24 September 1915[Z]. CEIP MSS, DIE, 1915(92): 5.

社会科学院的翻译资助就高达 1 万美元。① "二战"后，洛克菲勒基金会进一步加强了人文社科领域的资助，尤其是资助美国高校发展国别与区域研究项目，基金会资助了美国各高校对世界各地的语言和区域的研究。以 1950 年为例，洛克菲勒基金会资助了密歇根大学的语言项目、哈佛大学的俄语项目、康奈尔大学的东南亚研究及纽约东正教学院的斯拉夫研究，这些语言区域研究项目为美国翻译世界各区域国家的文献储备了语言人才。

福特基金会虽成立于"二战"前，但其对文化交流的资助在战后才正式开始。② 为增进世界各民族的相互了解，尤其是促进对不同文化的相互欣赏和理解，福特基金会出资 50 多万美元成立了跨文化出版有限公司（Intercultural Publications, Inc.），出版了《透视美国》（*Perspective U. S. A.*）杂志。该期刊实际上就是一本推销美国价值观、学术和文化的翻译期刊，除了用英语出版外，也用法语、德语、意大利语出版，目的是让世界知识界了解美国当代文化成就，并尽量避免刻意宣传和一些争议话题。需指出的是，福特基金会在 20 世纪 50 年代早期也主要是以对外传播美国文化为主，但在实践中发现其效果不佳就转向增加美国对世界的了解，实施了译入世界各国文化的翻译政策与实践，如为促进对亚洲区域的学习和了解，资助美国学术协会理事会编撰英语和亚洲语言的双语词典、教材等语言书籍。针对来自东欧和苏联地区的移民和难民，特别是大量的知识分子、科学家，在美国和加拿大的大学成立了东欧和苏联的研究项目，成立了资助东欧难民基金、契诃夫出版社，重印俄语经典、流亡海外的俄罗斯知识分子的作品、翻译西方经典供来自东欧的移民或难民阅读。③ 福特基金会也大力援助了医疗、农业等促进人类健康福祉的项目。

---

① The Rockefeller Foundation. The Rockefeller Foundation Annual Report 1939 [R]. https：//www. RockefellerFoundation. org/wp-content/uploads/Annual-Report-1939-1. pdf. p. 430.

② 福特基金会于 1936 年成立，但其成立后并没有从事有影响力的大规模项目。1948 年，该基金会以增进人类福祉为目标，邀请了社会各界专业人士进行调研，并发布了 20 个调研报告，以促使基金会在最需要的领域服务，解决目前世界面临的最主要问题，并提出要支持有关致力于世界和平与秩序，民主、自由的社会秩序，经济发展、知识传播与教育以及科技发展等的活动。参见 Report of the Trustees of the Ford Foundation 1950[R/OL]. (1950-09-27) [2018-12-13]. https：//www. fordfoundation. org/about/library/annual-reports/1950-annual-report/.

③ 信息和数据来自福特基金会年报。

总之，卡耐基国际和平基金、洛克菲勒基金会及福特基金会自成立之初就是以对外文化和教育交流为目标，以促进不同文明之间的相互理解，增进人类福祉，而翻译是促进这些项目目标实现的重要保障。尤其是，在基金会的资助下，美国许多学者和学术协会积极参与及促进海外的美国研究项目的发展，通过帮助国外学者研究美国政治制度、外交政策、文学、视觉艺术、政治思想、法律思想和制度以及劳工关系，间接促进了海外学术机构对美国书籍的主动翻译，是隐性的对外翻译策略的典范。

二、学术协会和出版机构

美国 20 世纪以来成立的各类学术协会和出版机构也深受美国的国际主义思潮影响，力图通过教育和学术交流促进知识创新和学科发展。尤其"二战"后随着美国和苏联进入冷战，通过对外翻译出版以美国为主的西方书籍抵制苏联的意识形态和价值观的影响也成为学术协会的重要目标。

首先，美国专业协会组织积极参与对外传播美国文化的项目。1981 年美国国际图书项目的一项调查显示，众多美国专业协会组织参与了海外图书项目，如美国书商协会、美国化学协会、美国教育委员会、美国图书馆协会、美国国家科学院、美国笔会等 15 个学术机构。美国的出版商协会成立了专门的国际办公室，负责美国书籍的翻译版权在世界各国的交易。[①] 大多学术协会、图书馆协会及出版组织对外进行的图书分发、捐献及翻译工作受到各类基金会的资金支持。例如，亚洲基金会专门设立了亚洲图书项目，在成立之初就针对中国、日本、韩国等国家获得美国图书的现状及障碍进行调查，很快成为弥补美国新闻署文化处在亚洲区域的图书翻译、出版和分发不足的重要机构。仅仅在 1980 年，亚洲基金会就向亚洲一些国家的政府机构、教育机构、社区分发高达 500 万本的印刷品，是亚洲各国获得英语语言资料的重要来源。亚洲图书项目同时加大翻译力度，以亚洲当地语言出版并分发给亚洲各国。[②] 鉴于翻译的缺乏，许多书籍是英语版本，是亚洲国家进口英语语言资

---

① Cole, John Y. U. S. International Book Programs 1981[M]. Washington, D. C.: Library of Congress, 1982.

② Books for Asia [EB/OL]. [2018-10-23]. https://asiafoundation.org/what-we-do/books-for-asia/.

料的主要来源，该图书项目是在美国各个专业协会支持下进行的①，随着电子时代的到来，亚洲图书项目开发了"Let's Read"项目，把儿童书籍翻译成亚洲各国的语言，并用电子出版的方式提供给亚洲各国儿童使用。

　　美国的出版界也实施了大规模的对外翻译出版项目，最具代表性的是富兰克林图书项目（Franklin Book Program），该项目由1952年成立的非营利出版机构——富兰克林出版公司（Franklin Publications, Inc.）进行。富兰克林出版公司由当时美国的文化和出版界精英倡导，在出版商协会和美国图书馆协会国际委员会的支持下成立，最初主要针对中东地区，之后扩展到拉丁美洲、亚洲各国。富兰克林图书项目出版的书籍都要翻译成当地语言进行销售，其董事会最初由美国人组成，后来加入了来自巴西、埃及、英国、法国、加纳、印度、波斯、尼日利亚、巴基斯坦、新加坡和苏丹等国家的文化和出版人，目标是向世界各国翻译出版美国图书，传递有关美国的知识和信息，促进世界各国对美国历史、政治、文化和社会风俗的兴趣和学习。② 因富兰克林图书项目和美国新闻署的"向世界讲述美国的故事"高度一致，富兰克林出版公司在成立时即获得了美国国务院50万美金的资助。③ 随着学术界和文化界对官方文化输出项目的质疑，富兰克林图书项目之后拒绝了政府的资助，通过推出大型的图书翻译项目，并通过和海外出版社合作出版和销售，实现了费用自理。除德黑兰分部之外，富兰克林图书出版公司还在大不理士、巴格达、贝鲁特、布宜诺斯艾利斯、开罗、达卡、埃努古、雅加达、喀布尔、卡杜纳、吉隆坡、拉各斯、拉合尔和里约热内卢设立了分部，负责在当地翻译出版美国书籍，富兰克林图书项目的合作出版商使用的语言包括阿拉伯语、孟加拉语、印尼语、马来语、波斯语、葡萄牙语、乌尔都语、西班牙语和一些非洲语言，书籍全部翻译成当地语言进行销售。根据国会图书馆所藏书目的统计，自1952年到1978年项目结束，富兰克林图书项目翻译了近4000种美国书籍，表6-1显示了富兰克林出版公司翻译出版的语种及数量。

---

① Let's Read Initiative［EB/OL］.［2018-10-23］. https：//asiafoundation. org/what-wevdo/books-for-asia/lets-read/.

② Laugesen, A. *Taking Books to the World：American Publishers and the Cultural Cold War*［M］. Amherst：University of Massachusetts Press, 2017：31-38.

③ Franklin Book Program Records：Biography/History［EB/OL］.［2018-11-10］. http：//dla. library. upenn. edu/dla/pacscl/detail. html？ id=PACSCL_PRIN_MUDD_MC057USNjP.

表 6-1　　　　　　　　富兰克林图书项目翻译出版的语种和数量①

语种	阿拉伯语	波斯语	乌尔都语	孟加拉语	印度尼西亚语	西班牙语	马来语	葡萄牙语	汉语	土耳其语	普什图语
出版数量	2428	1479	891	636	430	175	94	88	39	26	20

　　富兰克林图书项目虽是以私立民间的力量对外翻译传播美国书籍，但其输出的是美国意识形态和价值观，是"二战"后美国对外文化战略的重要组成部分，其选择翻译出版的书籍大多带有美国的价值观和政治倾向，因而也被认为是美国冷战时期的武器②，也是美国公共外交的重要组成部分③。当然，作为美国主要翻译出版学术著作的项目，富兰克林图书项目也出版了科学类教材及青少年科学读物等不带意识形态偏见的书籍。这些知识类书籍有利于培养对美国友好且接受美国知识话语的知识精英阶层，被认为通过非政治化的出版得到了政治化的好处④，间接地传递了美国的价值观，促进了美国生产的知识在全球的传播。

　　美国各学术组织和出版机构对外翻译美国图书，在传播美国文化、学术知识的同时，也制定了相应的译者聘用、书籍选择和翻译语种的标准及相关翻译出版制度。这些翻译制度和实践不仅让美国书籍走向了世界，促进了美国学术知识的传播，影响了世界许多国家的知识阶层的思想和知识构成，也对美国的国家形象产生了重大影响。美国各学术组织及出版机构在对外翻译美国书籍时虽都声称其独立于政府机构，目标只是实现知识的传播和分享，但其作为美国的社会组织机构，仍是美国作为主权国家对外传递其文化和价

　　①　根据美国国会图书馆关于富兰克林图书项目列出的书目统计得出。参见 Franklin Book Program Collection ［EB/OL］.（2018-05-22）［2019-02-12］. https：//www. loc. gov/rr/rarebook/coll/franklinbookprogram. html.

　　②　Robbins, L. S. Publishing American Values：The Franklin Book Programs as Cold War Cultural Diplomacy［J］. *Library Trend*, 2007(3)：638-650.

　　③　吴赟. 图书外译传播的公共外交实践研究：美国富兰克林图书项目的解析与启示［J］. 外语教学与研究，2020(5)：594-606.

　　④　Grieve, V. *Little Cold Warriors：American Childhood in the 1950s*［M］. Oxford：Oxford University Press, 2018：153-165.

值观的重要组成部分。更重要的是，许多学术组织和出版社在很多方面受到政府的隐性资助或支持，例如翻译和出版了大量美国文学经典的亚洲出版公司和联合出版社都受到了亚洲基金会的支持和资助。而亚洲基金会又接受了美国中央情报局的资助。① 因而，学术协会和出版机构的对外翻译也是美国对外文化战略的重要组成部分。

第三节　美国联邦政府对外文化传播的翻译政策与实践

文化在美国一直被认为是一种智识活动（intellectual activities），并且认为"智识活动"是民众自主的活动，政府虽在组织形式上代表人民的意志，但不可能表达一个国家的灵魂，只有人民自愿、自发的活动在艺术、文学、科学、教育和宗教得到反映，才能充分表达一个国家的文化全貌。② 在该理念指导下，美国自由派知识分子不相信政府可以管理属于智识的事务，因而，美国在对外文化传播领域一直没有政府的直接参与。然而，民间的、无组织的、放任自流的对外文化活动随着美国加入第一次世界大战而发生变化。第一次世界大战的战争宣传为美国政府介入对外文化传播提供了合理性基础。

一、第一次世界大战期间公共信息委员会的翻译政策与实践

第一次世界大战对欧洲各主权国家的文化政策产生了重大影响。各主权国家意识到了战争不仅仅是经济、军事实力的竞争，也是人心的竞争，因此针对交战双方的民众的心理战成为各国为赢得战争而采取的重要策略。③为应对英、法、德对美国民众所进行的战争宣传，美国总统威尔逊签署行政令，成立了公共信息委员会（Committee on public Information）④。公共信息委员会的成立被认为是美国第一次通过官方力量让世界聆听美国。为避免使用"宣

---

① Turner, W. Asia Foundation Got CIA Funds [N]. *The New York Times* [1967-03-22]: 17.

② Ninkovich, F. A. *The Diplomacy of Ideas: U. S. Foreign Policy and Cultural Relations, 1938-1950* [M]. Cambridge: Cambridge University Press, 1981: 13.

③ Lasswell, H. D. *Propaganda Techniques in the World War* [M] New York: P. Smith, 1938: 220.

④ 委员会任命乔治·克里（George Creel）为主席，因此该委员会也被称为"克里委员会"。

传"（propaganda）这一带有负面意义的词汇，美国选择了"信息"（information）一词，并强调了委员会是以提供"教育和信息"为工作核心，而不是宣传。[①]其工作方式、内容和目标是："确保派驻在各国的媒体人员或当地的媒体工作人员能够收到丰富的信息，做出符合他们需要的选择，并用通俗的语言翻译出来；所有驻外的人员必须了解所在国家的新闻传播方式，并综合利用新闻报道、周刊和月刊、科技刊物、橱窗展示、照片、演讲和电影等手段进行传播。"[②]在该政策和目标的规定下，公共信息委员会几乎在全球实施了广泛的宣传美国的活动，如在墨西哥城设置图书馆阅览室，提供美国书籍和杂志供当地民众阅读；设置新闻处，免费为世界各个国家的新闻机构提供信息，并翻译成当地语言进行传播。据统计，公共信息委员会提供的各类信息送往了全球大约300个新闻报纸机构，并翻译成当地语言刊登。为更好地传递美国的价值理念，公共信息委员会把威尔逊总统发表的演讲翻译成多种语言，尤其是俄语、中文、日语等非西方语言，免费提供给这些国家的报社刊登，翻译文本也会粘贴在橱窗里进行展示。例如，俄罗斯发生革命后，公共信息委员会不仅把威尔逊总统的演讲提供给报社，还把翻译的俄文版本粘贴在墙上，并以传单的形式进行发放，给当时的俄罗斯民众造成了极大影响，并最终影响了俄罗斯舆论的转变。

公共信息委员会在对外推销美国时充分利用了翻译，并对翻译质量进行了监控。例如，在把美国的新闻信息扩展到日本时，新闻的翻译文稿要经过驻日大使核准后才能刊登在日本的各大报刊，这些新闻首先通过电缆从美国加利福尼亚传送到日本新闻社，先由译员进行翻译，再由日语和英语首席翻译进行校对，并由驻日大使签发"准予发表"的批复后才能进行刊登。[③] 公共信息委员会利用战争这一特殊时期，建立了一套新闻、图书、电影台词的审

① Rosenberg, Emily S. *Spreading the American Dream*, *American Economic and Cultural Expansion 1890-1945*[M]. New York: Hill and Wang, 1982: 79.

② Letter from the Director of Foreign Press Bureau, Committee on Public Information (Poole) to the Chairman of Committee on Public Information (Creel) (Document 40), in *FRUS*, *1917-1972*, *Public Diplomacy World War I*[Z]. Washington: United States Government Printing Office, 2014: 81.

③ Report prepared in the Division of Foreign Press, Committee on Public Information (Document 12) in *FRUS*, *1917-1972*: *Public Diplomacy*, *World War*[Z]. Washington: United States Government Printing Office, 2014: 26-27.

查机制，翻译本身成为审查的重要手段。例如，公共信息委员会通过翻译对美国新闻信息在海外的刊登和传播进行监控；对可能影响到美国形象，或者会造成协约国及中立国民众反感的新闻报道，公共信息委员会会要求美国的海外机构在翻译时进行审核。此外，美国会针对不同国家选择不同的电影进行翻译，并在翻译时对电影中可能会影响接受国国民情感的内容进行删改。例如，展现美国军事力量的电影《美国的回答》(America's Answer) 在日本放映时删除了"民主、自由"等字眼，以免引起日本观众的反感。针对中立国，美国选择能展示美国生活方式和先进生产方式的电影，例如，公共信息委员会在"一战"的中立国——西班牙播放电影《一粒小麦的故事》(The Story of a Grain of Wheat)，在西班牙民众心中留下了对美国的良好印象。①

公共信息委员会在第一次世界大战结束后被美国国会解散。尽管委员会只存在了短短 26 个多月，但其实施的文化传播策略的效果显著，影响深远。在其运作下，"一战"结束后，美国的书籍、电影及新闻稿件几乎和吉利剃须刀和亨氏番茄酱一样为世界各国人民熟悉。② 公共信息委员会运行的理念、方式等为后来美国政府资助的"文化外交"及"公共外交"提供了范例，也为美国联邦政府在第二次世界大战后全面参与对外文化翻译与传播，推销美国的价值观及构建以美国为主导的世界秩序奠定了基础。在"二战"及冷战期间，美国充分利用了公共信息委员开创的包括翻译在内的运行模式，实施对外文化传播。

二、第二次世界大战期间战争信息办公室的翻译政策与实践

"一战"后美国公共信息委员会的解散不仅让美国官方的对外文化传播陷入停滞，还让许多在 20 世纪 20 年代成立的国际性学术组织能获得的资助也在萎缩，尤其是 30 年代爆发的经济危机进一步减少了公众和私立基金会对国

---

① Letter from J. F. Abbott of the Military Intelligence Division, Department of War General Staff to the Director of the Division of Films, Committee on Public Information Beeman (Document 37), in *FRUS*, *1917-1972*: *Public Diplomacy*, *World War I* [Z]. Washington: United States Government Printing Office, 2014: 76-77.

② Letter from J. F. Abbott of the Military Intelligence Division, Department of War General Staff to the Director of the Division of Films, Committee on Public Information Beeman (Document 37), in *FRUS*, *1917-1972*: *Public Diplomacy*, *World War I* [Z]. Washington: United States Government Printing Office, 2014: 81.

际性学术组织的捐赠。然而，随着德国法西斯加强宣传，美国感受到了威胁，尤其是德国、日本等法西斯国家禁止美国在其新占领的殖民地传播文化产品，美国以私立组织为主的文化传播机制已无法抵御法西斯国家以国家力量进行的文化传播和宣传活动，美国政府逐步摆脱过去不插手文化事务的立场。1938 年，美国国务院成立了"文化关系处"（Division of Cultural Relations），官方机构正式介入文化事务，但因美国许多私立机构已经为文化传播奠定了较好的基础，美国国务院文化关系处仍主要借助私立机构实施文化交流活动。例如，为实现和拉丁美洲国家的睦邻友好，美国国务院成立了美洲国家办公室（Office of Inter-American Affairs），但实际却依靠洛克菲勒基金会运行，由纳尔逊·洛克菲勒负责对拉丁美洲的文化传播。在其领导下，大量美国电影、杂志及教科书等出口到拉丁美洲，并被翻译成西班牙语出版和播放，图书翻译成为当时文化交流项目的重要部分。①

随着 1941 年美国正式加入第二次世界大战，美国又成立了战争信息办公室（Office of War Information），开启了类似"一战"期间的"公共信息委员会"所实施的美国文化传播。战时新闻部（Office of War Information）、战略办公室（Office of Strategic Service）等战时设立的机构成为翻译政策的制定和执行部门。战争新闻部的翻译活动主要涵盖以下几个领域：

第一，成立"对外新闻中心"进行有关战争的新闻翻译和播报，传播美国战争理念。最初对外新闻中心借用英国广播公司（BBC）的无线电设备每天进行 15 分钟的新闻播报，并采用了德语、意大利语和法语进行播报。1942 年 2 月美国正式成立"美国之音"（VOA，Voice of America），用德语、意大利语、法语和英语进行播报，并把"新闻的真实性"作为其座右铭，宣称其播报新闻的理念是"无论是好的还是坏的，我们告知你真实的事件"。初创时期的"美国之音"节目主要针对欧洲，许多播报的信息经过了翻译和筛选，例如 1945 年 8 月对战争胜利的宣告，VOA 根据自己事先获得的材料，首先把总统杜鲁门的讲话翻译成法语和德语进行播报，之后又翻译成 20 多种语言进行了广播。除此之外，美国也通过电影和纪录片等新式媒体向外国民众传递信息，并由对外新闻中心对其内容进行审核和翻译。1945 年罗斯福总统逝世后，对外新闻

---

① Reich, C. *The Life of Nelson Rockefeller：Worlds to Conquer*，1909-1958［M］. New York：Doubleday，1996：208-209.

中心很快制作了新任总统杜鲁门的履历宣传片，并翻译成 17 种语言对全世界播报。①

第二，实施大规模的报纸、杂志、漫画、宣传册等的翻译及出版。美国在法国发行了《战争中的美国》及《胜利在望》（Victory）杂志，并以卡通漫画等形式讲述美国总统如富兰克林、罗斯福的生平故事。1945 年出版了俄语版的画报《美国》，发行了大量宣传美国人日常生活、美国小镇的宣传册等。为了使国外民众更好地了解美国人的生活，美国还实施了新闻记者交换项目，1944 年为配合诺曼底登陆，美国让著名杂志如《生活》《新闻周刊》的记者跟随他们一起进行诺曼底登陆，并投放了大量关于战况的小册子，呼吁敌对部队投降。1945 年联合部队进入德国之后，开启了去法西斯化的战争，美国接管了德国的出版业，按照美国的价值理念出版德语报纸杂志。

第三，实施属于"慢媒体"的图书翻译。除了通过翻译新闻、广播、电影、杂志及宣传册等"快媒体"传播美国的理念与文化，为在思想和意识形态领域实现深层次的"去法西斯化"，美国通过翻译传播属于"慢媒体"的书籍以达到其目标。美国学界、出版界一直认为图书是"思想武器"，是去除法西斯意识形态的影响，帮助美国赢得欧洲民众的思想，传递美国的和平、自由、民主的价值观的最好的武器。为此，美国 1942 年成立战时图书委员会（Council on Books in Wartime），战时图书委员会与战争新闻部、战略办公室合作，实施了美国历史上最大的针对欧洲的图书翻译项目，即著名的海外版本图书（Overseas Edition）和跨大西洋版本图书（Transatlantic Edition）的翻译出版项目。海外版本图书项目在帮助欧洲尤其是德国民众去除法西斯宣传的影响的同时，也被认为是美国图书通往世界书架的最佳机会——通过翻译出版美国的书籍填补被破坏的欧洲图书出版市场。② 此外，图书、艺术品及学术交流也被认为能传递美国拥有高雅文化文明的国家形象，是对抗欧洲所持有的美国只是一个物质主义的野蛮国家的刻板印象的重要途径。③ 为避免赤裸裸的宣传，美国成立了"海外版出版公司"（Overseas Edition. Inc.）负责欧洲的图书翻

---

① Klauber to Daniel［Z］. HSTL of 74, BOX, Klauber to Daniel, 20 April 1945.

② 亨奇. 作为武器的图书：二战时期以全球市场为目标的宣传、出版与较量［M］. 蓝胤淇，译. 北京：商务印书馆，2016：114-128.

③ Rosenberg, E. S. *Spreading the American Dream, American Economic and Cultural Expansion 1890-1945*［M］. New York：Hill and Wang, 1982：215.

译出版项目,并由战时新闻部监督执行。

战时新闻部首先确立了翻译书籍的选择标准。战时新闻部号召民众参与选书,并要求参与选书的机构或个人应以"所选的书籍是否有助于消除美国在欧洲及世界各国的负面形象"为标准。① 该标准实际上是根据美国各部门掌握的有关美国的海外形象报告而确定的,因为大多报告认为美国是一个没有文化品位的国家,美国人自负、鲁莽、肤浅且拥有帝国主义思想。报告的发布激发了美国的各个阶层参与海外图书的选择,以求改善美国在海外的形象。尽管当时参与选书的各个阶层普遍认为"盟军的宣传就是没有宣传",并倾向选择"美国文学作品",但最终筛选出的翻译书籍仍是偏向宣传类的非虚构类作品,主题内容主要是美国政治、社会制度及文化生活类书籍,如 J. C. 弗纳斯(J. C. Furnas)的《美国如何生活》(*How American Lives*)被翻译成荷兰语和法语两种版本,伯纳德·贾菲的《美国的科学人》(*Men of Science in America*)被翻译成德语和法语,沃尔特·李普曼(Walter Lippmann)的《美国的外交政策和美国的战争目标》被翻译成荷兰语和法语,大卫·利连索尔(David E. Lilienthal)的《田纳西河流管理局:在民主的征途上》(*TVA: Democracy on the March*)被翻译成德语和法语,艾伦·内文斯和亨利·斯蒂尔·康马杰(Allen Nevins & Henry S. Commager)的《袖珍美国史》(*The Pocket History of United States*)被翻译成德语和法语等。其中最为著名的斯蒂芬·文森特·贝尼特(Stephen Vincent Benet)的《美国》(*America*)一书,该书被翻译成海外版本系列的所有的三种语言——法语、德语、意大利语,并也被选为专门为战俘出版的"新世界书架系列"的书目。②"海外版本"也印刷了英语版本,以便让懂英语的欧洲知识分子更快阅读书籍。据统计,截至 1946 年,海外图书系列共出版了 41 种书籍的 72 个版本,其中英语版 22 种,法语版 22 种,德语版 23 种,意大利版 5 钟;"跨大西洋系列"的荷兰语版本和法语版本分别为 10 种,美国战争信息部共运送了 3636074 本到欧洲,整个费用高达约 41 万美元。书籍送往了法国、比利时、荷兰、挪威、丹麦、保加利亚、罗马尼亚,捷克斯洛伐克、波兰、南斯拉夫、匈牙利、意大利、北非、叙利亚、土耳其、奥地利、德国、菲律宾、

---

① Ballou, R. O. A History of the Council on Books in Wartime: 1942-1946 [M]. New York: Country Life Press, 1946: 12.

② 从出版书籍的书目得出。参见:亨奇. 作为武器的图书:二战时期以全球市场为目标的宣传、出版与较量[M]. 蓝胤淇,译. 北京:商务印书馆,2016.

中国、泰国、日本等 20 多个国家。① 战时新闻部也为太平洋战场准备了图书，但由于翻译和运送面临更大的困难，战时新闻部主要在中国投放了英语版的美国书籍，并资助当地出版社如商务印书馆和中华书局进行翻译。②

值得注意的是，为了避免对外翻译和出版的图书被认为是美国赤裸裸的意识形态宣传，图书的版权页没有战时新闻部和战时图书委员会的名字。此外，这些图书也不是免费赠送，而是通过零售商售卖。以售卖形式推广美国图书取得了良好的效果，不仅有助于减轻民众对该项目的质疑，也获得了一定的商业利润，美国政府最终发现他们竟然从一个原本为了去除法西斯思想的"好意"的项目中获利了。③ 图书售卖的形式也为美国图书开辟欧洲市场奠定了基础。另外，需要指出的是，从美国选择的目标语可以看出，美国更多选择翻译成法语、德语等在欧洲享有更多威望的语言，而深受法西斯影响的意大利语并不是图书翻译的主要目的语，且作为盟友语言的法语的译本最多最全，无论是海外版和大西洋版本都是以法语为主要语言，翻译成法语和德语的版本及出版数量远远超过了意大利语版，说明了美国力图利用具有文化优势的法语和德语翻译书籍，更有效地在曾经享有文化优势的欧洲国家传递美国文化，促使美国书籍成为经典，逐步取代欧洲文化的优势。④

除欧洲之外，战时新闻部和战时图书委员会一直计划将美国书籍翻译成日语和中文在东亚地区传播，但由于日本在 1945 年宣布投降，该计划未能及时实施。为了清除当时关押在美国的德国、意大利和日本战俘，尤其是数量巨大的德国战俘头脑中的纳粹主义、法西斯主义和军国主义思想，美国启动了"新世界书架图书系列"项目，也寄希望于书籍对战俘进行安抚和再教育。"新世界书架图书系列"出版了 22 个品种，除了翻译了 5 部美国作家和 1 部英国作家康拉德的作品以外，还有流亡海外的德国知识分子和作家在德国被禁

①　Ballou, R. O. A History of the Council on Books in Wartime：1942-1946［M］. New York：Country Life Press, 1946：92.

②　Ballou, R. O. A History of the Council on Books in Wartime：1942-1946［M］. New York：Country Life Press, 1946：93.

③　亨奇. 作为武器的图书："二战"时期以全球市场为目标的宣传、出版与较量［M］. 蓝胤淇, 译. 北京：商务印书馆, 2016.

④　Cottenet, Cécile. *Literary Agents in the Transatlantic Book Trade：American Fiction, French Rights, and the Hoffman Agency*［M］. New York：Taylor & Francis Group, 2017：61-62.

止出版的作品，如托马斯·曼、爱因斯坦及海涅的作品等。5 部被翻译成德语的美国书籍分别是：斯蒂芬·文森特·贝尼特（Stephen Vincent Benet）的《美国》（*America*）、海明威（Earnest Hemingway）的《丧钟为谁而鸣》（*To Whom the Bell Toll*）、约翰·斯科特（John Scott）的《乌拉尔山那边》（*Behind the Urals*）、温德尔·威尔基（Wendell Willkie）的《天下一家人》（*One World*）、威廉·萨罗杨（William Saroyan）的《人间喜剧》（*The Human Comedy*）。必须指出的是，美国关于战俘教育的图书也没有免费发放，而是以低廉的价格售卖，因为免费发放可能会被认为是在强迫战俘接受教育，进而违反《日内瓦公约》中的有关条款。①

总之，美国充分利用第二次世界大战这一特殊时机，通过战时新闻部和图书委员会实施了庞大的图书翻译出版项目，不仅促进了美国文化在欧洲传播，改善了民众对美国的刻板印象，更为"二战"后美国利用翻译实施全球范围的对外文化传播提供了经验。

三、"二战"后美国新闻署的翻译政策与实践

"二战"后的美国在一定程度上正式实施亨利·卢斯（Henry Lucy）所倡导的"不仅要通过军事力量介入世界事务，更要通过文化实力来引领世界"的宏愿。② 虽美国在"二战"一结束就解散了战时新闻部和战时图书委员会，只保留了"美国之音"作为对外传播的机构，但美国不仅没有放弃对外传播文化，反而加强了在全球的美国文化传播。首先，"二战"后的美国把战时新闻部的文化传播职能转移到了国务院，以实施常态化的对外文化传播。其次，通过立法使对外文化传播具有合法性基础。美国"二战"后连续通过了 3 部关于文化交流的法律：1946 年的《富布莱特法》③、1947 年的《国家安全法》、④ 1948

---

① 亨奇. 作为武器的图书：二战时期以全球市场为目标的宣传、出版与较量［M］.蓝胤淇，译. 北京：商务印书馆，2016：150-178.

② 亨利·卢斯是著名杂志《生活》的创始人，其在 1941 年发表题为《美国世纪》（American Century）的文章，倡导以美国文化为主导的美国世纪。

③ 《富布莱特法》授权的富布莱特项目一直以来由美国国务院管理，第四章已探讨其实施的翻译政策和实践，本节不再探讨。

④ 基于该法案诞生的中央情报局（CIA）取代了美国在"二战"期间设立的战略情报处（Office of Strategic Services）。中央情报局可以基于国家安全目标从事各种活动，暗中资助一些文化机构翻译出版美国作品对抗苏联的宣传也是中央情报局工作的一部分。

年的《史密斯-蒙德特法》都设有对外文化传播战略的条款，并对如何通过翻译进行对外文化传播进行了规定，为美国政府机构制定翻译政策以实施对外文化传播战略奠定了法律基础。如《富布莱特法》设立了"把美国文学翻译为交流对象国的语言"的条款。① 而《史密斯-蒙德特法》的第 201 条款"授权国务卿通过翻译和分发书籍、期刊、政府出版物及一些教育资料实现美国和世界各国的交流和相互理解"②。在法律的授权下，不仅美国政府各机构积极参与对外文化传播，甚至还成立了美国新闻署这一专门机构组织和管理对外文化传播，而翻译是其进行对外文化传播不可缺乏的手段。

基于《1947 年国家安全法》而成立的美国中央情报局（Central Intelligence Agency）是最早介入对外文化传播的政府机构，但鉴于其行动的隐蔽性，其主要为一些文化组织提供秘密资金，其中影响最大的是 1950 年资助成立"文化自由大会"（Congress for Cultural Freedom）③。在中央情报局的支持下，文化自由大会在全球翻译、出版及传播符合西方美学标准的文学和艺术作品，尤其是以美国为主导的现代主义作品。"文化自由大会"在 35 个国家设置了分支机构，出版了 20 多种期刊杂志，举办了多场高规格的国际性文化大会，而翻译是"文化自由大会"进行文学艺术交流的重要方式。"文化自由大会"发行的杂志几乎涵盖世界所有区域，如《邂逅》（Encounter）在伦敦、《证据》（Preuves）在巴黎、《笔记》（Cuadernos）在墨西哥城、《论坛》（Forum）在越南、《自由》（Jiyu）在东京、《月份》（Der Monat）在柏林、《团结》（Solidarity）在马尼拉、《对话》（Hiwar）在贝鲁特、《象限》（Quadrant）在悉尼、《当前时刻》（Tempo Presente）在罗马、《探求》（Quest）在孟买、《过渡》（Transition）在坎帕拉等世界不同的国家和城市发行。在全球不同地区出版的文学杂志将不同国籍和不同语言的作家放在一起，如德国作家托马斯·曼的散文和墨西哥作家胡安·鲁尔福（Juan Fulfo）的短篇小说会经过翻译以同一种语言在同一期刊发表，也用

---

① Isabel Avila Ward. The Fulbright Act, Far Eastern Survey［J］. *Institute of Pacific Relations*, 1947(17)：198.

② Section 201［Z］.［2018-08-20］. https：//2009-2017. state. gov/documents/organization/177574. pdf.

③ 文化自由大会（Congress for Cultural Freedom）于 1950 年在西柏林成立，是由美国主导的重要文化机构，其总体目标是加强西方民主资本主义意识形态及"自由世界"的话语，1967 年之后由文化自由国际协会（International Association of Cultural Freedom）替代。

几种语言在几种刊物上同时发表。①借助翻译及全球发行网络，"文化自由大会"促使大量符合西方审美和意识形态的文学及艺术评论的传播。以奥威尔的小说《动物庄园》和《1984》为例。这两本小说在美国和英国私立基金会的资助下被翻译成近 20 种语言，并在"文化自由大会"发行的期刊发表，如《月份》连载了《动物庄园》和《1984》的德语翻译版，而《播种》连载了俄语版的《动物庄园》。"文化自由大会"发行的杂志的内容几乎都涉及不同国家的作家作品的翻译。不过，为隐藏其为美国服务的政治意图，突显杂志所代表的自由主义文化立场，"文化自由大会"的负责人曾专门强调每一个杂志都应有自己的独特特点，而不是一个核心杂志的不同语言的翻译版本，而在现实中，杂志内容并未能做到多元性和独创性。②

翻译是促使文学作品神圣化及成为世界经典的重要方式。文化自由大会向全球翻译推广美国现代主义文学作品是美国现代主义文学成为经典的重要因素。文化自由大会通过翻译和出版的杂志促使一些作者的作品几乎同步在世界各地以不同的语言进行传播，促进了文学跨国翻译的实践，其跨国性和世界性的运作模式在一定程度上也是对通过翻译创建世界文学的最好尝试。"文化自由大会"与来自法国、阿根廷、英国、日本、德国、黎巴嫩、印度、澳大利亚、尼日利亚、肯尼亚及墨西哥等国家或地区的作家建立联系，促进了一种世界文学思想的形成。文化自由大会最显著的成就之一就是它以多种语言在其杂志上几乎同步地翻译和复制文章，《邂逅》《证据》《当前时刻》等杂志上的文章很快被翻译成多种不同的语言，并在其他杂志如韩国的《思想界》(Sasangge) 上出版。③"文化自由大会"在全球的翻译实践也表明了文化的自由传播只是美国所倡导的一种旗号，其实质是对抗苏联意识形态的传播和扩张。

总之，"文化自由大会"依据 1947 年《国家安全法》，在中央情报局暗中资

---

① 鲁宾. 帝国权威的档案：帝国、文化与冷战[M]. 言予馨，译. 北京：商务印书馆，2014：16.

② 这是文化自由大会十周年纪念日 John Hunt 和 Malvin Lasky(曾是《月份》杂志的编辑)通信中强调的内容。转引自 Scott-Smith, Giles & Lerg, Charlotte A. *Campaigning Culture and the Global Cold War: The Journals of Congress for Cultural Freedom*[M]. London: Macmillan Publisher, 2019: 9.

③ 鲁宾. 帝国权威的档案：帝国、文化与冷战[M]. 言予馨，译. 北京：商务印书馆，2014：88-90.

助下，通过翻译促使一些作品在世界范围内的传播，以保障国家意识形态领域的安全。虽"文化自由大会"因接受了美国中央情报局的资助在 1967 年被曝光而遭受了文化界的普遍批判，① 但其通过翻译促进世界各国文化的交流和传播，尤其是通过该组织监控和支配世界许多国家的文学资源和小说家，确保了美国的价值观和理念的影响力，促进了以翻译为基础的世界文学思想在美国兴起，而美国逐步取代法国成为世界各国文学作品经典化的重要催化剂。②

"二战"后另一个实施对外文化传播的官方机构就是 1953 年成立的美国新闻署（US Information Agency）。美国新闻署依据《史密斯–蒙德特法》在艾森豪威尔政府时期成立，是美国历史上成立的专门对外文化传播机构，其座右铭"向世界讲述美国的故事"彰显了其使命——向世界传播美国的文化、价值观，而翻译是新闻署向全球"讲述美国故事"的重要措施，并实施了大量的翻译活动。

第一，翻译大量美国总统的演讲及美国的历史文化，并借助"美国之音"在全球广播。为了让美国总统的有关世界和平的理念及美国对世界事务的态度传遍全球，1953 年艾森豪威尔在联合国发表的创建国际原子能机构的演讲首先通过"美国之音"进行了实况转播，接下来在半个小时内被翻译成 30 多种语言在全世界播放。新闻署为了使演讲达到最大效果，又组织翻译出版了整个演说的文字版。③ 在肯尼迪总统任职期间，无论是柏林危机还是古巴导弹危机，美国新闻署都通过"美国之音"向全世界广播了肯尼迪总统的演说，并把美国有关行动的声明翻译成多种语言向世界传播，解释美国所采取的行动的

---

① 《时代周刊》（*Times*）自 1966 年刊登了关于文化自由大会受 CIA 资助的文章，导致其最终改名为 International Association of Cultural Freedom，以应对该危机。但文化自由大会创办的许多杂志大多持续到 70 年代，最著名的杂志《邂逅》直到 1990 年才停刊，部分杂志仍然在出版，如在伦敦出版的《中国季刊》（*China Quaterly*）、在雅加达出版的印尼语《地平线》（*Horison*）、在悉尼出版的《象限》（*Quadrant*）、在芝加哥和伦敦出版《密涅瓦》（*Minerva*）、在坎帕拉和阿克拉出版的《过渡》（*Transition*）、在孟买出版的《自由第一》（*Freedom First*）。

② Damrosch D. *What Is World Literature*？［M］. Princeton, N. J.：Princeton University Press，2003.

③ Cull, N. J. *The Cold War and the United States Public Diplomacy 1945-1989*［M］. Cambridge：Cambridge University Press，2008：105-106.

合理性，寻求世界各国的理解。① 在越南战争期间，新闻署也通过翻译，并以文本和广播的形式向全球说明美国政府的立场和行动。例如，新闻署把美国总统关于越南战争的心理战和意识形态战争中的讲话进行实况转播，并首先用汉语、越南语进行转播，再翻译成 39 种语言由"美国之音"播出。为了修复美国在越南战争中受损的形象，新闻署把美国的态度、政策及相关行动信息翻译成多种语言，如新闻署把尼克松总统的演讲《沉默的大多数》翻译成不同语言在全球传播，不仅改善了美国的形象，也获得了国内外对美国的支持。② 进入 20 世纪 80 年代，新闻署规定美国总统的所有演讲和重要声明都要通过同声传译译成 41 种语言向全世界同声播出。里根政府还专门针对阿富汗设置了自由电台，用达理语和普什图语播放，以对抗前苏联在该地区的宣传。③

　　第二，美国新闻署借助翻译传递具有特别意义的庆典和交流活动，讲述美国文化和科技成就。美国于 1959 年在苏联的首都莫斯科举办了"美国科学技术及文化进步"的展览。为确保展览成功，新闻署对译员进行了严格的挑选，从 1000 名候选人中挑选了 27 名女性和 48 名男性为展览提供翻译服务。为让翻译及展览成功，招聘译者的年龄在 20 到 35 岁之间，受过良好教育，俄语流利，适应能力强，外貌形象佳。新闻署也对译者进行了严格的培训，培训涉及苏联民众可能问到的刁钻问题，如有关美国生活、经济，尤其有关种族等之类的问题。展览的成功举办在很大程度上是因新闻署招聘的翻译具有良好的素质，能很好地用俄语讲述美国故事。新闻署举办的另一个提升美国形象的重大庆典活动是 1976 年美国建国 200 周年，在大约 190 座图书馆布置了美国建国之父富兰克林、杰斐逊等的展览，所有展览信息都被翻译成所在国的语言，并针对不同的国家设置了不同的主题：如在莫斯科的展览，主题是《美国：国土、人民及理念》，并让参观者带回一袋礼物，里面装有美国的《独立宣言》及翻译版本。海外"美国研究"机构也借助美国纪念建国 200 周年开展了一系列学术活动，新闻署资助了世界各国的学界和大学开展了一系列有关美国的学术会议，从北欧的赫尔辛基到中东的德黑兰，各大学都开设

　　①　Cull, N. J. *The Cold War and the United States Public Diplomacy 1945-1989* [M]. Cambridge：Cambridge University Press，2008：215.

　　②　USIA historical branch[Z]. item 15，box 29，mopix file 2，1969.

　　③　Cull, N. J. *The Cold War and the United States Public Diplomacy 1945-1989* [M]. Cambridge：Cambridge University Press，2008：447.

了纪念美国建国 200 周年的专题讲座。美国建国 200 周年的庆典让西欧同盟进一步认识到美国曾拥有的光辉形象，在一定程度上改善了美国因"水门事件"而受损的形象，让西欧各国再次重新认识了美国，美国形象在同盟国中得到好转。①

第三，美国新闻署实施了书籍翻译出版项目，促使美国图书在国外的发行、阅读，传播了美国的学术知识及其价值理念。新闻署监督了海外图书翻译项目，资助了 40 多种语言的美国图书翻译，出版量高达 90 多万册。除了翻译书籍提供给图书馆，新闻署还通过移动书架，为当地民众带去了大量的书籍。此外，美国还资助外国出版商翻译出版美国书籍，如在中国香港实行的"图书翻译计划"，就由美国新闻署在中国香港的信息处购买版权，组织当地译者进行翻译。美国新闻署招募了包括张爱玲在内的从中国内地移居到中国香港的作家翻译美国当代文学②，并由中国香港本地的出版社出版③。

美国新闻署在其运行的 40 多年间，充分利用翻译及各种传播手段对外讲述美国故事，促使美国文化在全球的传播，也为美国最终赢得与苏联在意识形态领域的竞争做出了贡献。尽管如此，由于美国国内保守派不信任政府，拒绝让其介入文化事务，新闻署于 1999 年被解散，但其文化交流和传播的职能转移到了美国国务院，由国务院在新媒体环境下实施美国文化及话语的对外传播。

本章小结：美国对外文化传播领域的翻译政策与实践对中国文化外译的启示

美国对外文化传播能力是伴随美国国家能力的提升而逐步加强的。直到 20 世纪初，美国在文化艺术领域的事务只能由公民个人和民间组织进行。然而，正是在这样的理念下，美国发展了极为发达的非政府机构的对外文化传播网络，也为美国在 20 世纪以国家力量介入对外文化传播奠定了基础，提供

---

① Cull, N. J. *The Cold War and the United States Public Diplomacy 1945-1989* [M]. Cambridge：Cambridge University Press，2008：357-358.

② 王晓莺. 多元视界下的张爱玲的翻译[J]. 中国翻译，2008(5).

③ 郭永虎. 20 世纪五六十年代美国在香港的意识形态宣传和渗透[J]. 当代中国史研究，2016(2)：16-24.

了可资借鉴的模式。

第一，美国宗教机构充当了美国殖民扩张的先遣兵。其不仅向世界各国翻译传播宗教教义，也传递了美国政治制度、社会风俗及文化价值理念，为美国在全球的文化和价值理念传播奠定了基础，储备了翻译人才。第二，随着美国国家实力增强而逐步发展起来的私立基金、学术组织及出版机构积极开展了以知识传播和创新为基础的对外文化传播。卡耐基国际和平基金会资助大量国际法著作的翻译，普及国际法知识，力图在法律范围内解决世界各国的争端；洛克菲勒基金会资助医学教材的翻译，在全球推广现代医学知识；富兰克林出版公司推出富兰克林图书翻译计划，在以中东为主的区域翻译出版代表美国价值观的文学、历史和社会风俗等书籍的同时，也翻译出版了以教材为主的科学著作。第三，与苏联在意识形态领域竞争期间，"二战"后美国官方机构实施了大规模的对外文化翻译和传播。为赢得与苏联在生活方式、社会制度及意识形态领域的竞争，美国成立了新闻署实施对外文化传播和宣传，把各种快媒体内容及以书籍为主的"慢媒体"翻译成本地语以实现有效的传播。美国的对外文化传播不仅为美国赢得冷战，也奠定了美国在全球的文化领导地位，提升了美国的国际话语权，进而提升了其建构世界秩序、处理全球事务的能力。

美国对外文化的翻译和传播对中国新时代文化走出去和国际话语权的建构富有启示意义。第一，我国可充分利用输出国的本地资源，并根据目的语国家在思想、文化、社会发展等不同领域存在的差异和需求，有的放矢进行翻译传播。美国在早期对外翻译传播中就充分以满足本地需求为目标，为避免引起目的语国家的民族心理不适，避免使用当地民众不能接受的政治概念和术语，翻译也在一定意义上起着监督和监控传播内容和信息的功能。例如，第一次世界大战期间，美国在对日本进行文化和信息传播时，避免使用"民主""自由"以免引起日本对美国的反感。在第二次世界大战期间，在对瑞士等欧洲中立国的文化宣传中，也尽量避免翻译或刊登有损苏联形象的文稿，以免引起中立国民众对美苏关系的误解。第二，增加对外传播的知识性和学术性。美国传统上认为文化是一种智识活动，在此理念指导下，美国学术界和私立基金会对外翻译大量现代科学著作，尤其是现代学科科目的教材及医学著作，在与世界共享知识中传递了美国的价值观和意识形态。因此，中国在对外翻译中应注重中国文化的知识性和学术性，资助海外学者的中国研究，举办有关中国研究的学术研讨会，促使海外学者主动翻译中国经典著作和当代学术著作，彰显中国在学术、科学等领域取得的成就及为人类智识发展做出的贡献，提升中国在国际知识生产领域的话语权。目前我国虽已推出了"中华学术外译项目"，但少有国际学者主动翻译中国学术著作，因此，中国可以借鉴美国"二战"后在全球推广和资助美国研究的做法，也在全球资助和推广中国研究，促使学者主动翻译中国的学术著作。第三，充分利用不同媒体的特点和传播的时效性，制作不同形式的信息，并根据不同媒介的翻译原则进行翻译，通过不同的媒体进行传播，达到信息传递的最大化。如中国领导人在国际重大活动发表的演说，不仅要翻译成多种语言，也要制作成不同的媒体形式，如宣传册、短视频、动画片、纪录片等在世界各国传播和播放。第四，加强民间机构对翻译的资助，分区域、分层次进行翻译和传播。中国在对外翻译传播领域主要是由官方机构所主导，虽保证了传播内容的权威性和统一性，但面对越来越多元化和去中心化的国际受众，讲好中国故事就要考虑听故事对象的接受习惯和心理，不仅以官方和权威机构的话语方式讲故事，还应发挥民间机构甚至个人的主动性，以不同的风格和形式对外翻译，讲述中国故事。

第七章　美国军事领域的翻译政策与实践

国家能力另一重要的基本能力是强制力。在有关主权国家的论述中，无论是在早期马基雅维利的《君主论》、霍布斯的《利维坦》，还是马克思对国家机器的定义中，强制力都是一个国家成为国家的核心要素，而军事能力是国家强制力的核心和基础，美国宣布独立的第二年就通过了组建大陆军的决议，以正规武装力量对抗英国军队。建国后的美国在第一次国会就通过了设立战争部的决议，并于 1798 年设立了海军部。"二战"后，美国 1947 年通过《1947 国家安全法案》(*National Security Act of* 1947) 调整了美国军事和情报体系，并根据 1949 年的修正案成立了国防部 (Department of Defense)，统一管理美国海、陆、空部队及各军事机构。纵观美国军事发展的历程，翻译深度参与每一次的军事战斗中，[①] 尤其是"二战"后，美国几乎介入了世界各区域的军事冲突，对世界各国家和区域的语言文化能力需求激增。美国国防部一方面通过各项政策措施提升军事翻译能力，以满足各项军事行动对翻译能力的需求；另一方面，翻译能力也是美国军力的重要组成部分，为维护美国国家安全及其在全球的军事行动作出了重大贡献。

第一节　美国军事领域翻译政策的基础

美国军事领域的翻译政策和其他领域的政策一样，首先是应对军事活动的语言问题，其次是战争中所应遵守的法律和人道主义原则要求美国制定相

---

① 在国防部系统内，一般用"linguist"来界定具有较高的语言技能并从事语言类的军事工作的人，包括情报收集和分析、口译、笔译及语言文化教官。而"linguistic support"主要指翻译服务，但也包括情报收集分析、为驻外部队进行语言文化培训等任务。本章节主要选择"翻译"来表述，因为所有的语言支持都涉及不同语言的转换，即使情报人员只是从事信号和图片信息收集，其也要"翻译"成文字，是更广泛意义的"翻译"。

应的翻译制度。

一、美国军事活动中的语言问题

美国是通过一场独立战争而逐步发展成为一个强大的主权国家的。自独立战争以来，美国在其参与的所有战争中，都面临着语言问题，美国军队必须制定相应的语言翻译制度，以免因语言问题而影响军队的战斗力。

独立战争时期，乔治·华盛顿领导的军队是一个多语种部队，至少说着5种不同的语言，因此需要聘用专门的翻译以协助作战。亚历山大·汉密尔顿曾作为专职的军事翻译在军队任职。约克镇战役中，法语几乎是敌对双方交流的第二语言。美国为赢得独立而请求法国的支援，因此，需要会说法语和英语的军官及士兵以协同作战。在被称为战略反攻之役的"约克镇围城之战"中，华盛顿将军和法国海军完成了对约克镇的合围，迫使英军与美法联军进行谈判并投降。在这场重大胜利中，既会英语也会法语的双语军官成功地搭建语言之桥，使美国陆军和法国海军能够顺利交流，完成了美国独立大计。①独立战争可以说开创了美国最早以国家名义聘用翻译的先例。独立战争后，美国军队意识到语言也是军队战斗力的一部分，于是在军事学校设置语言学习项目，培养双语军官及军事翻译。例如，1802年建立的西点军校专门开设法语课，学习法国的军事著作，而当时美国哈佛大学等著名大学只教授古典语言，认为没必要学习现代欧洲主权国家的语言。1846年的美墨战争后，西点军校增设了西班牙语课程，直到今天西点军校仍设有四年制的外语专业，可以教授阿拉伯语、汉语、法语、德语、俄语、波斯语、西班牙语、葡萄牙语等课程。②

1898年的美西战争之后，美国开始在海外部署地面部队，为实施对菲律宾的控制和执行美国在亚洲倡导的门户开放政策(Open Door Policy)，美国海外驻军进一步对语言翻译能力提出了迫切的需求。美军1899年在马尼拉设置

---

① Binkley C. *The Defense Language Institute Foreign Language Center*：*A Pictorial History* [M]. Monterey，California：US Army，2011：9.

② 参见西点军校外国语学院的官方网站：https：//www. westpoint. edu/academics/academic-departments/foreign-languages/majors-and-minors.

的叛乱记录署（Bureau of Insurgent Records）需要整理翻译俘获的文件。① 为了满足海外军队对语言能力尤其是翻译的需求，美国在亚洲地区设置专门的语言学习项目培养军队所需的外语及翻译人才，1907 年制定了培养具有日语能力的军官的政策，该政策主要在驻日使馆实施，通过派陆军和海军军官在使馆担任武官助理 3~4 年，在使馆内聘请日语教师，开设正规的日语课程，培养他们的语言能力以应对以后的军事行动。1912 年至 1938 年，美国在中国驻扎部队，驻扎在天津的第 15 步兵团在 1912 年至 1938 年实施军队人员语言训练计划。乔治·马歇尔（George C. Marshall）和约瑟夫·史迪威（Joseph W. Stilwell）都曾作为驻扎在中国的青年军官学习汉语，这个时期的语言学习不仅帮助马歇尔更好地理解了国际主义精神，也为他后来作为国务卿在国际事务处理中贯彻国际主义理念奠定了基础。对史迪威将军而言，在中国的汉语学习经历也增进了他对中国文化的理解，对之后指挥中缅印战区起到了重大作用。更重要的是，美国军官在天津的汉语培训为之后中缅印战区的中美两国军官和士兵的交流起到重要作用。此外，1941 年 11 月日本袭击珍珠港前夕，美国为了情报收集及反情报工作，资助 20000 美元在加利福尼亚州成立了临时的第四军情报学校，首批毕业的学员作为军队口译员和笔译员在之后太平洋战场中充分利用了其语言翻译能力，在对日方喊话、审讯俘虏及军事会晤方面发挥了重要作用。珍珠港事件爆发后，美国在军事驻地斯内灵堡（Fort Snelling）成立了专门的军事情报语言学校，并增加了中文培训。在 1942 年至 1946 年的 5 年内，军事情报语言学校共培养了 6000 名学员，这些学员之后在战场中以战地护士、秘书及专职翻译的身份为美国的军事行动服务，大多数成为"盟军的秘密翻译部队"（Secret Allied Interpreter and Translator Section）成员，不仅翻译了大量俘获的军事资料，也为审讯及审判战俘提供翻译，并在日军投降、受降工作中充当了翻译、审讯员和谈判专家。战后，具有日语和英语双语能力的翻译进入了美军的翻译人才库，为美军收集情报资料和海外驻军提供服务。

"二战"后，美国以维护国家安全和保卫世界和平为由，在全球驻扎军队，对军队的语言能力提出更高的需求。1963 年美国整合了海、陆、空的语言培训机构，成立了国防语言学院（Defense Language Institute）。如今的国防语言学

① Bigelow, Michael E. A Short History of Army Intelligence［R/OL］.（2012）［2020-12-20］. https：//fas. org/irp/agency/army/short. pdf.

院主要由两个中心构成，一个是国防语言学院外语中心（Defense Language Institute Foreign Language Center），负责军队的外语教学与培训；另一个是国防语言学院英语中心（Defense Language Institute English Center），为美国在世界的军事合作伙伴提供英语培训和文化沉浸项目，促进美国军方和国际合作伙伴的沟通。

美国军事行动中涉及不同国家的语言文化是制定翻译政策的重要基础。美国自独立战争以来参与的大大小小的战斗，几乎都涉及不同的语言文化问题：独立战争中涉及法语，美墨战争中涉及西班牙语，美西战争后涉及西班牙语及关岛、菲律宾等土著语言，两次世界大战中涉及法语、德语为主的欧洲各国语言及汉语、日语等亚太地区各国的语言。"二战"后，随着冷战的爆发，美国为维护其在海外的利益，将军事基地遍布全球，要求美国军队能掌握和理解世界各国家和地区的语言和文化，语言问题成为美国在全球军事行动中要面对的问题之一，也是军事领域制定相应的翻译政策的重要基础。

二、翻译政策的战争法基础

战争往往会带来人道主义灾难。为减轻参战双方军事人员的痛苦及避免基本人权被侵犯，作战国之间往往会通过缔结国际条约以确立战争中应遵守的规则。而遵守保护伤员、战俘的相关规定对翻译服务提出了需求。因此，各参战国往往会制定相应的翻译政策以避免违反战争法的相关规定。

美国是最早倡导并实施战争规则和协议的国家之一。早在独立战争时期，大陆军的领导就和敌对方英国达成战争中应遵守的相关规则的协议，以惩罚违反各自指挥范围内规则的行为。美国在内战期间为避免不必要的伤亡而签署了政府军队在战场中应遵守的行为准则——"第100号总命令：美国政府军战场指示"（General Orders No. 100：Instructions for the Government of the Armies of the United States in the Field，简称为 Lieber Code），该命令被认为是第一部编撰成文的现代战争法。① 尽管美国内战没有关于翻译的规定，但该准则体现的人道主义理念为后来不同国家之间的军事冲突必须提供翻译服务以符合人

---

① Gesley, Jenny. The "Lieber Code"：The First Modern Codification of the Laws of War [EB/OL]. (2018-04-20) [2021-11-21]. https：//blogs. loc. gov/law/2018/04/the-lieber-code-the-first-modern-codification-of-the-laws-of-war/.

道主义理念奠定了法律基础。

　　美国在第一次大战期间正式在军队中设置口译军团（Corps of Interpreters），并将其派往法国战场总部，执行巡查、战俘审问及军事情报收集的工作。[1] 1941年珍珠港事件后，为确保战争法，尤其是1929年制定的《关于战俘待遇的日内瓦公约》得到遵守，美国征召和训练的军事口译人员参与了战俘审问。在太平洋战场中，美国主要征招和训练日裔二代充当军事翻译，欧洲战场上主要征召和训练从欧洲尤其是从德国逃到美国的犹太人当翻译，这些征召和训练的译员不仅精通敌对国的语言，也熟悉其文化和社会心理。因此，他们不用通过酷刑就能从战俘中获得较准确的情报，既帮助美国实现军事行动目标，又有助于美国遵守"不能对战俘实施酷刑"的《关于战俘待遇的日内瓦公约》的规定。

　　"二战"后，美国主导的战争委员会为遵循国际法和战争法，通过纽伦堡国际军事法庭和远东军事法庭对战犯进行审判。为保障审判顺利公正地进行，军事口译为整个审判提供了翻译。在纽伦堡审判中，德裔犹太口译和美国国防部资助开发的同声口译系统为纽伦堡审判发挥了重大作用；而在远东军事法庭进行的东京大审判，依据《远东国际军事法庭宪章》（*Charter of the International Military Tribunal*）中关于公平审判的条款，规定审判要以被指控的人能明白的语言进行，且相关证据文件必须提供翻译版本。[2] 该条款为远东国际军事法庭口译聘用政策的制定提供了法律基础。鉴于翻译工作量巨大，为确保审判顺利公正地进行，除了有军事口译协助审判的翻译工作，还雇用了懂汉语、日语的平民翻译，审判进程中也多次发布聘用口译的通告。[3] 历史发展也表明，美国领导的战争委员会通过纽伦堡及东京大审判在一定程度上消减了战胜国国家领导阶层和普通国民的复仇心理，通过自愿把敌国战俘交给法庭审判，不仅促使战胜国的权力受制于理性，更为"二战"后力图实现以法律而非

---

　　①　Bigelow, Michael E. Short History of Army Intelligence[R/OL]. (2012)[2020-12-20]. https：//fas. org/irp/agency/army/short. pdf.

　　②　Charter of the International Military Tribunal 1946[Z/OL].(1946-06-21)[2020-11-06]. https：//www. un. org/en/Genocideprevention/documents/atrocity-crimes/Doc. 3_1946%20Tokyo%20Charter. pdf.

　　③　Takeda, Kayoko. *Interpreting the Tokyo War Crimes Tribunal：A Sociopolitical Analysis*[M]. Ottawa：University of Ottawa Press，2010：16-51.

战争解决争端奠定了基础，而翻译为审判的顺利进行及基于事实证据的判决起到了至关重要的作用。在美国及其同盟在柏林和东京的军事占领中，军事翻译也帮助美国遵守了《日内瓦公约》关于占领区保障被羁押人权利的规定。①

为确保有关战争的国际条约在军事行动中得到遵守，美国国防部专门颁布《战争法手册》以确保美国在军事行动中遵守国际战争法，指导军事人员及军事行动中的服务承包商在法律规定的范围内行动。该手册含有许多涉及翻译的规定，说明了遵守战争法是美国军队规定翻译政策的重要基础。以美国国防部 2015 年发布的《战争法手册》为例，其中涉及 50 多处关于口译和翻译的规定。如，海外驻军需使用民用住房时，需通过口译进行相关事务安排；第九章关于战俘的规定中，要求必须把《关于战俘待遇的日内瓦公约》中关于如何对待战俘的规定翻译并张贴在各个军事行动在地办公室，以确保战争法的规定得以顺利执行。第十章关于占领区权力机关"记录被扣押者的相关信息"的规定，要求翻译《日内瓦公约》中的相关规定并告知对方；规定了对被扣押者的通讯权的保护，要求为相关通讯信息，如地址及机构名称等提供翻译，以保障被扣押者的通讯权益。②

正如美国《战争法手册》中所声称的，遵守战争法是美国军队的传统，战争法不是战斗及获胜的障碍，而是在战争中必须执行的规定，目的是确保军事行动的正义性。《战争法手册》对美军在全球军事行动中涉及翻译情境的具体规定，是美国军队制定翻译政策的法律基础。

第二节 美国国防部的翻译政策与实践

美国在两次世界大战中充分认识到翻译的重要性，翻译可以说是美国赢得两次世界大战的重要力量。"二战"后，美国国防部在军事行动中采取了多

---

① Bradsher, Greg. The Exploitation of Captured and Seized Japanese Records Relating to War Crimes, 1942-1945 [Z]. *Researching Japanese War Crimes Records*, *Nazi War Crimes and Japanese Imperial Government Records Interagency Working Group*. Washington, DC: The U.S. National Archives and Records Administration, 2006: 151-168.

② General Counsel of the Department of Defense. *Department of Defense Law of War Manual* [Z/OL]. (2016-12-13) [2020-12-22]. https://dod.defense.gov/Portals/1/Documents/pubs/DoD%20Law%20of%20War%20Manual%20-%20June%202015%20Updated%20Dec%202016.pdf?ver=2016-12-13-172036-190.

种措施以保障对翻译及语言人才的需求,如建立翻译军团、对军事翻译人员的职级进行规定、通过相关规定以确保军事译员的安全和军事翻译的质量等。

一、建立专门的翻译部队

美国最早设立的涉及翻译活动的军团是情报类军团。乔治·华盛顿在大陆军成立之后就组建了军事情报兵团,负责收集并翻译情报,而专门的翻译军团直到美国参加第一次世界大战才建立。1917 年美国战争部正式成立了军事情报部(Military Intelligence Division),并组建了口译军团(Corps of Interpreters),由现役军官和非现役军官组成,负责处理军队中的语言问题并招募有外语语言能力的反情报(counterintelligence)士官,由 17 名上尉,41 名中尉和 72 名中士组成,专门负责美国军队的情报收集和翻译工作。[①] 此外美国远征军也在法国实施了情报和翻译军官的培训,并征召具有法语能力的平民组成情报警察军团,从事情报收集、审讯战犯等工作。第一次世界大战后,60 多名情报官员和翻译陪同时任总统威尔逊参加 1919 年巴黎和会,协助安全情报的收集和翻译及巴黎和会期间的口译工作。[②] 第一次世界大战之后,美国因其国内经济状况恶化而缩减军事开支,翻译和情报人员也大幅缩减,从而导致"二战"期间美国必须大规模招募和训练移民作为军事翻译和情报人员。

美国在第二次世界大战的欧洲战场和太平洋战场分别组建了翻译军团,建立了专门的军事翻译训练和派遣制度,以应对战争对情报收集和翻译的需求。针对欧洲战场的纳粹德国,美国军队实施了一项特别训练计划,招募来自德国、澳大利亚等国家的犹太裔流亡者,利用他们拥有的德国语言和文化能力,将他们训练成为军事翻译和情报人员。其中最著名就是被称作"里奇男孩"(Ritchie Boys)的翻译军团。该军团就是以这些犹太青少年的训练基地——里奇基地(Fort Ritchie)命名。美国通过该战略计划训练了大约 15000 名熟练掌握英语、法语、德语、波兰语、意大利及其他欧洲语言的双语士兵。[③] 受过严

---

① Bigelow, Michael E. *A Short History of Army Intelligence* [R/OL]. (2012) [2020-12-20]. https://fas.org/irp/agency/army/short.pdf.

② Finnegan, John P. *Military Intelligence* [M]. Washington, D.C.: U.S. Government Publishing Office, 1998:42.

③ "里奇男孩"的故事于 2015 年拍成电影上映。参见维基百科:https://en.wikipedia.org/wiki/Ritchie_Boys.

格训练的"里奇男孩"加入了诺曼底登陆作战部队，为盟军尤其是美军在欧洲本土战场的胜利发挥了重要作用。大部分"里奇男孩"在美国军官的领导下组成5人审问小组对战俘和叛变者进行审问。由于他们接受了关于德国军队结构及如何从战俘及叛变者口中获取信息等技巧训练，再加上他们对语言和德国人心理和思维的熟悉，"里奇男孩"这支专门的军事翻译和情报部队能在不使用酷刑的情况下，巧妙地从战俘及叛变者甚至当地平民口中获得相关情报信息。据统计，在欧洲战场上，大约三分之二的情报来自这支军事翻译和情报部队。许多情报员收集翻译了大量关于纳粹德国在集中营所犯暴行的记录，这些记录最终成为纽伦堡审判中为纳粹定罪的重要证据。"里奇男孩"的语言文化能力不仅为打败法西斯德国作出了重大贡献，也帮助美军遵守了《日内瓦公约》中不得对战俘使用酷刑的规定，维持了美军在欧洲战场的良好形象。①

在纽伦堡国际军事法庭的审判中，部分"里奇男孩"也担任了纽伦堡审判的翻译，为审判公正顺利地进行贡献了力量。此外，战后占领区的行政管理又对翻译提出了要求，虽美国自1945年春季起就开始招聘口译和笔译为占领区服务，但3000多名申请者经过了面试和笔试，只有150名被聘为口译员，且只有6个人是在美国生活长大的美国人。② 由于缺乏合格的翻译，许多"里奇男孩"又承担起美军在德国占领区日常管理中的翻译任务，并通过办报、发行杂志来翻译并刊登美国作品，帮助美国文化在西欧的渗透，积极参与美国去纳粹化的再教育工程。"里奇男孩"帮助美国军队在占领区建立了良好的关系。虽"里奇男孩"也经历了身份困扰，有些甚至遭到美国人的歧视，但总体而言，他们没有受困于纳粹德国所宣传的狭隘民族主义身份，忠诚于美国军队，为美军及其同盟取得战争胜利和战后秩序的维持贡献了力量。

美国在太平洋战场组建了"联合笔译和口译服务军团"。日本突袭珍珠港之前，美国就开始征召并训练日裔二代作为军事翻译人员。太平洋战争爆发后，美国合并了总司令部的和西南太平洋区情报部队的翻译组，组建了"联合笔译和口译服务军团"(Allied Translator and Interpreter Section，简称"联合翻译

① Henderson, Bruce. *Sons and Soldiers: The Untold Story of the Jews Who Escaped the Nazis and Returned with the U. S. Army to Fight Hitler* [M]. New York：William Morrow and Company, 2017.

② Archie, W. C. The Interpreter in Peace and War Author(s) [J]. *The French Review*, 1949(3): 249-255.

军团"），以便集中管理西南太平洋战区的情报收集和翻译工作。美国在太平洋战场初期极度缺乏翻译，据统计，珍珠港突袭之前，美国的非日裔的日语翻译不足 100 人，而当时的美国情报部中只有 3 个美国人熟练掌握了日语。①联合翻译军团最初只有 25 个军官和 10 个现役军人。珍珠港袭击后，美国军队大量招收并培训日裔二代，翻译人才大幅增长，两年后的 1944 年就发展到700 多名译员，而 1945 年联合翻译军团已经雇用了高达 4000 多名翻译人员。"联合翻译军团集中了太平洋战区所有语言学家和翻译人员的力量，实现了不分国籍的情报共享。在联合翻译军团运行期间，美国雇用的日裔二代语言专家破译了大量截获的日本情报，共审问了 14000 多名战俘，翻译了约 200 万份文件，提供了约 2000 万页的报告，尤其是成功截获并翻译了日本的"Z 计划"（Z Plan）的资料，摧毁了日本的防御计划。② 许多联合翻译军团的译员也在前线和士兵一样作战，并负责在前线喊话劝降敌对士兵，造成多名译员牺牲在战场上。③ 联合翻译军团的情报收集和翻译被认为是西南太平洋地区战争中贡献最大的工作之一。④ 更重要的是，联合翻译军团的译员在战争初期也收集了有关战争罪的证据，为后来的东京审判提供了可信的依据⑤，为远东国际军事法庭的相对公正的审判作出了重要贡献。

联合翻译军团的语言专家们战后也组织和领导了东京战犯审判的翻译工作，主要是监控法庭翻译和文件翻译的准确性。此外，联合翻译军团也参与了 B 级和 C 级罪犯的审判，在横滨进行了 300 多项战犯审判工作，26 名日裔

① Wickware, Francis S. The Japanese Language[J]. *Life*, 1942(9): 58-65.

② Congress Record. The Nisei Intelligence War Against Japan[R/OL]. (2004-11-19)[2020-12-21]. https://www.gpo.gov/fdsys/pkg/CREC-2004-11-19/pdf/CREC-2004-11-19-bk2.pdf.

③ 战场上的军事翻译喊话是危险但非常有意义的工作，对战争的输赢起着重大影响，尤其是在太平洋战场上针对日军的喊话。可以参见由海军陆战军事翻译盖伊·路易斯·加巴尔顿（Guy Louis Gabaldon）的故事改编的影片《玉碎塞班岛》（*Hell to Eternity*）。参见 Sainz, A. Top Honor sought for Marine whoseweapons was words[N]. *San Diego Union-Tribune*, May 4, 2008.

④ Bradsher, Greg. "The 'Z Plan' Story." Prologue 37-3.[Z/OL]. (2005-10-06)[2020-12-30]. www.archives.gov/publications/prologue/2005/fall/z-plan-1.html.

⑤ McNaughton, James C. *Nisei Linguists: Japanese Americans in the Military Intelligence Service During World War II*[M]. Military Bookshop: Washington, D.C., 2006: 40.

二代担任调查人员，18 名担任了口译工作。① 在对日本实施占领期间，联合翻译军团又成为美军与日本各个机构及民众交流的桥梁，为军事占领部提供翻译服务。

联合翻译军团也被派往朝鲜战场服务。美国在朝鲜战争中设置了专门的翻译组——停战委员会语言组（Language Group of Military Armistice Commission），负责战斗中的语言协助、停战谈判、战俘交换等所有的翻译服务，并对士兵进行语言培训以解决译者缺乏的问题。② 由于缺乏专业译员，在韩国出生和受教育的情报员理查德·安德伍德（Richard Underwood）和出生于缅甸的陆军中校如肯尼斯·吴（Kenneth Wu）分别在战场中扮演了朝鲜语和中文翻译的重要角色，成为联合国指挥官和中国志愿军之间沟通的桥梁，而在正式的休战会谈中，一般配有更懂专业词汇、更有经验和知识的译员。③

"二战"后，美国一跃成为世界军事强国，并在全球 150 多个国家驻军。④ 美国在全球的驻军对语言能力尤其是军事翻译、情报收集能力等的需求也大幅上升。目前美国国防部拥有陆军部、海军部、空军部及太空部队管理部，并拥有 11 个联合作战司令部，拥有国防情报局等 17 个行政部门。国防部的各个作战部队、司令部及行政部组成了严密的国防安全体系，而在整个体系中，语言专家、军事翻译从没缺席也不能缺席。美国成立了专门的情报翻译部队，该部队除情报分析服务之外，更多的是满足美国军队在突发战争冲突及人道救援中的翻译需求。专门的情报和翻译部队隶属于美国国防部中央安全处（Central Security Service），中央安全处负责管理海、陆、空不同部队的情报收集和翻译事务，现役军官高达 25000 名。鉴于海军和空军的情报更多涉及信号及各类标志的收集和分析，而以语言翻译为主的部队主要是在陆军部，

---

①　McNaughton，James C. *Nisei Linguists：Japanese Americans in the Military Intelligence Service During World War II*［M］. Military Bookshop：Department of the Army Washington，D. C.，2006：44.

②　Ekvall，Robert B. *Faithful Echo*. New Haven，CT：College & University Press，1960.

③　Underwood，Richard. "An Interview with Mr. Richard Underwood，Interpreter，Armistice Talks，Korean War". U. S. Embassy Seoul：60th Anniversary of the Korean War［Z/OL］.（2010）［202012-20］. http：//einfo. usembassy. or. kr/ koreanwar/his2. html.

④　Defense Manpower Data Center. Total Military Personnel and End Strength by Service，Regional Area，and Country［Z/OL］.（2015-09-15）［2021-01-02］. https：//www. dmdc. osd. mil/appj/dwp/index. jsp.

陆军部设立了陆军情报和安全司令部(United States Army Intelligence and Security Command),负责第 1 资讯作战司令部、第 66 军事情报旅、第 116 军事情报旅等 14 个情报旅(Military Intelligence Brigade),其中第 66 军事情报旅和第 501 军事情报旅分别设在德国和韩国。各情报旅都有相当多的语言专家,不同情报旅负责的语种不同,如拥有约 1400 名现役军官的第 300 军事情报旅负责的工作区域涉及 19 种语言,主要语言是阿拉伯语、波斯语和韩语。每个情报旅下设有专门的情报翻译营(Military Intelligence Battalion),如附属第 300 军事情报旅的第 223 军事情报营是专门进行情报收集、反情报等活动的语言专家,其中 D 分队(Company D)主要提供笔译、口译及审讯服务。D 分队曾被派遣到科索沃、阿富汗执行"持久自由行动"(Enduring Freedom Operation)任务、伊拉克战争以及伊拉克的"新曙光行动"(Iraq New Dawn Operation)。① 而针对美国在阿富汗和伊拉克的反恐行动,国防部于 2008 年和 2009 年分别组建了第 51 翻译分队和第 52 翻译分队,由母语为阿拉伯语、波斯语、普什图语、库尔德语和达里语的士兵组成,是美国 09L 项目②训练的军事翻译人才。09L 项目培训的军事翻译人才的母语是冲突地区语言,对美国军队而言是具备异域文化和区域知识的宝贵人才,帮助美军避免了因文化障碍而带来的不必要的伤亡。③

为确保军事翻译在军队的地位及专业性,美国国防部把翻译人才纳入美国军事职业类别(Military Occupational Specialty),并设置了不同的级别以保障翻译质量和信息安全。海军部于 1959 年设置了编号为 MOS 8631 的审问-翻译组(MOS 8631 Interrogator-Translator Team),组建第二综合审问翻译组(2nd

---

① 223rd Military Intelligence Battalion (United States) [EB/OL]. (2019-11-09) [2020-12-23]. https://en. wikipedia. org/wiki/223rd_Military_Intelligence_Battalion_(United_States).

② 09L 项目是美国国防部 2003 年设置的专门的"笔译和口译招聘和培训项目",其全称为"09L Translator and Interpreter Program",主要训练 2001 年以来因反恐战争而急需的阿拉伯语、达里语、波斯语、普什图语等语言翻译人才。项目主要招收母语是阿拉伯语、达里语、波斯语、普什图语的美国公民或永久居民加入部队,进行培训后派遣到阿富汗和中东地区。Lopez, Todd. Language Company First in Army[Z/OL]. (2008-10-22) [2020-12-13]. http://www. army. mil/article/13503/language-company-first-in-army/.

③ Ross, Donald. The 51st TICO (Translator Interpreter Company) [OL]. (2009-05-27). https://www. army. mil /article/ 21712/the_51st_tico_translator_interpreter_company.

Composite ITT），隶属于大西洋区海军舰队。① 1961 年设置了第一综合审问翻译团，隶属于夏威夷的太平洋舰队。之后国防部对军事职业分类的编号进行了修改，审问翻译组、口译组合并编号为 MOS 0251。越南战争爆发后，海军部设置的口译团队和审问－翻译军团为越南战争提供重要的语言翻译支持，审问－翻译团（Interrogator-Translator Team）融入各个战斗分队提供翻译服务。越战之后，审问－翻译组成为海军探险分队的审问翻译军团（Interrogator-Translator Units Within the Marine Expeditionary Forces）。海军审问－翻译军团在冷战后经过几轮改组和人员裁减，2002 年军事职业类别 MOS 0251 正式取消。目前海军仍设置非固定的 MOS 2799 的海军专业职业类别，以应对突发紧急事件对语言翻译服务的需求。

　　"9·11 恐怖袭击"之后，为应对阿富汗和伊拉克反恐战争的需要，国防部设置了编号为 MOS 09L 的专门笔译和口译员职业类别（MOS 09L Translator and Interpreter）。MOS 09L 笔和口译员根据其语言能力划分了 5 个级别，从低到高分别为 MOS 09L1O、MOS 09L2O、MOS 09L3O、MOS 09L4O、MOS 09L5O，不同级别的译员承担不同的翻译任务，并对不同级别的翻译可以从事的翻译任务进行了规定，如最低级别的 MOS 09L1O 译员"主要进行中低水平的口译、视译或将外语材料翻译成英语，提供翻译情况的简报，帮助士兵熟悉语言并培养文化意识；核查初级翻译的准确性"。第三级别 MOS 09L3O 译员"执行前两个级别的各种翻译任务，为下级士兵提供指导，翻译和验证翻译文件的正确性，担任高级译员和翻译陪同，该级别的翻译需要有机密许可"②。从"MOS 09L 笔译和口译员"各级别的任务规定可以看出，除翻译之外，MOS 09L 翻译－口译类别的军事翻译人员还为指挥官提供外国区域知识，提升士兵和军官的文化意识，在阿富汗和伊拉克战争中也扮演着文化顾问的角色。③ MOS09L 译员可以通过解读肢体语言、细微差别和传统习俗分析所处的环境，突破语言障碍，跨越文化隔阂，帮助在战斗中减少伤亡，挽救生命，

----

① History of ITTs［R/OL］.（2020-08-27）［2020-12-20］. http：//mcitta. org/history. htm.

② Army Portal. Army Portal：MOS 09L-Interpreter / Translator［EB/OL］.（2011-03-15）［2020-12-23］. http：//www. army-portal. com/jobs/interpreter-translator. html.

③ Stratil, Jiří. *Development of Military Interpreting in the United States Army in the Afghanistan and Iraq Wars*［D］. Olomouc：Palacký University，2016：27.

并帮助美国军队与当地居民建立友好关系，减少叛乱的发生。MOS09L 笔译和口译员自设置以来受到了军方的认可，认为 MOS09L 译员提高了军队的语言和文化水平技能，增强了军队战斗力。① 该编制让美军各战区的指挥官无论在何地都会有口译员的随同。正如美国步兵团上校卡尔·里德(Karl Reed)所认为的："在过去五年里，我们为美国陆军建立了 09L 项目，并将其制度化，这个项目对在伊拉克和阿富汗的行动至关重要。如果没有语言翻译能力，目前的军事任务几乎无法完成，09L 项目培训的军事译员是美国不可或缺的重要军事力量。"②美国陆军在 2009 年发布的陆军态势报告中，把 MOS09L 项目从中央司令部(Central Command)扩展到太平洋司令部(Pacific Command)和非洲司令部(African Command)，③ 这反映了在当今冲突不断的世界里，美国在不断加强军事翻译能力建设。

除了设置专门翻译军事职业类别，美国军队另一个和翻译密切相关的是军事职业类别编号为 MOS35 的军事情报专家(之前的编号为 MOS97)④，该类别的情报专家在一定程度上是语言翻译专家的储备库。MOS35 军事情报专家根据情报工作性质分成了不同的小类别，即情报分析(编号为 MOS35F)、反情报(编号为 MOS35L)、人工情报收集(编号为 MOS35M)、信号情报专家(编号为 MOS35N)、密码逻辑语言学家(Cryptologic Linguist，编号为 MOS35P)等，其中情报分析、反情报、人工情报收集及密码逻辑语言学家对外语能力要求高，且一直要对获取的文本、口头交流及图片等信息进行翻译，以提取有用的情报，在突发和翻译人员不足情况下还会组建为翻译部队，被派往冲突区域。

---

① Army Posture Statement. Interpreter/Translator Program[N/OL]. (2009-05-7)[2020-12-12]. https：//www. army. mil/e2/downloads/rv7/aps/aps_2009. pdf.

② Sharonda Pearson. Interpreter Program Moves to Arizona[N/OL]. (2009-12-10)[2020-12-12]. https：//www. army. mil/article/31580/interpreter_program_moves_to_arizona.

③ Army Posture Statement. Interpreter/Translator Program. [R/OL]. (2009-05-07)[2020-12-12]. https：//www. army. mil/e2/downloads/rv7/aps/aps_2009. pdf.

④ MOS 97L(Translator/Interpreter)以前属于 MOS 97，该编制曾被建议合并到其他情报类编制如 MOS 97E，但陆军中尉 Peter A. Sbaver 撰文认为这将进一步削弱军队的翻译能力，因口译和笔译须接受专业的训练，MOS 97L 合并到其他情报分支会导致该技能的丧失。参见：Peter A. Sbaver. MOS 97L, Translator/Interpreter：The Current Situation[J]. *Military Intelligence Professional Bulletin*, 2002 (2)：55.

总之，美国自第一次世界大战成立专门的情报翻译军团以来，逐步建立了制度完备的海、陆、空军事情报及翻译军团，并在美国本土、欧洲、非洲、太平洋战区都设置了军事情报翻译部。"二战"后，美国根据全球驻军及应对全球冲突对语言翻译和情报翻译的需求，设置了军事专业职业，如 MOS35 和 MOS09L 和情报及翻译服务部队，以确保军事翻译的职业性和专业性。目前，美国在全球驻扎了将近 14000 名军事语言及翻译专家。在战争时期，情报翻译军团在战场负责协助战斗、喊话劝降、审讯战俘、医疗救助及停火谈判等任务的口译及相关文件的翻译工作。在和平时期，情报翻译军团的主要工作是收集并翻译涉及敌对国、友好国家、中立国的社会、经济、政治、军事等领域的重要信息；驻扎在各地的军事翻译也在后勤及军事外交中扮演相应的角色，为驻在国媒体新闻机构与外交部门的沟通交流提供翻译服务，如进行公共外交和宣传，接待来访的官员，负责收听当地电台、媒体节目以收集有用的情报信息，以及协助在当地购买物资等。

二、由民间承包商提供军事翻译服务的制度与实践

美国国防部迫切希望提升军队本身的语言翻译能力，但鉴于美国在全球驻军，几乎需要世界所有国家和地区的语言人才，因此美国通过将翻译服务外包给民间承包商，以满足突发军事行动对语言的需求，并节省国防开支。

美国军队有着求助民间承包商支持军事行动的传统。早在美国独立战争时期，华盛顿领导的大陆军就依靠民间承包商获得了交通便利、衣物甚至武器等。"二战"以来，不断演化的战争和技术升级促使美国国防部更多地依赖承包商提供军需和相关人员支持。语言翻译服务被列为依靠民间承包商提供服务的四大领域之一。[1] 美国国防部仅在 2007 年就给阿富汗一家翻译服务商支付了 7 亿美元的翻译费用，该服务商为美军提供了 4500 名翻译，每个译者大约要花费 15 万元。[2] 美国国会研究报告表明，2009 年共有 9128 名由承包商

---

[1]　Congressional Budget Office. Contractors' Support of U. S. Operations in Iraq［R/OL］. (2008-08-12)［2020-12-13］. https：//www. cbo. gov/sites/default/files/110th-congress-2007-2008/reports/08-12-iraqcontractors. pdf.

[2]　Wartenberg, Steve. "The language of war." 参见：http：//www. dispatch. com/live/content/business/stories/2009/11/08/Mission_Essential. ART _ ART _ 11-08-09 _ D1 _ FCFIUBU. html 及 http：//everything. explained. today/Mission_Essential/#Ref-48。

提供的译员为美军在伊拉克的各项军事行动提供翻译服务。[①] 由于美国在军事行动中越来越依赖承包商的翻译服务，为确保服务的质量和有效性，美国也制定了一套关于语言服务承包商的管理制度。

第一，以项目招标形式挑选语言服务承包商。美国国防部每个财年会针对军队能力不足及可能的需求设置项目，并通过公开招标形式选择承包商为军队服务。美国在全球驻军，语言服务项目不仅金额巨大且执行期较长，一般长达 5 年。例如，1999 年美国陆军情报和安全司令部（U. S. Army Intelligence and Security Command）对外发布了为期 5 年的价值高达 45 亿美元的"全球语言支持服务"（Worldwide Linguist Support Services）项目；2005 年，国防部为满足"伊拉克自由行动"（Operation Iraqi Freedom）的语言需求，对外发布了为期 5 年的高达 46.5 亿美元的"翻译和口译服务管理"（Translation and Interpretation Management Services）；2011 年，国防部设置了"国防语言口译和翻译事业规划项目"（Defense Language Interpretation and Translation Enterprise Program）以应对人道救援、维持和平、应急及冲突对外语能力的需求，该项目为期 5 年，项目金额高达 97 亿美元。2017 年 3 月美国国防部宣布了"国防语言口译和翻译事业规划 II 期项目"（DOD Language Interpretation and Translation Enterprise II），总金额高达 98.6 亿美元。[②]

国防部陆军情报和安全司令部负责挑选和管理语言服务承包商。一些重要的语言服务公司，如"L-3 通信公司"（L-3 Technologies）、"世界语言资源公司"（WorldWide Language Resources）、"全球语言解决方案公司"（Global Linguist Solutions，LLC）及"诺斯罗普·格鲁曼技术服务公司"（Northrop Grumman Technical Services）等，是与国防部长期合作的公司，几乎所有的项目都由这些公司参与投标并获得资助。如 2011 年"全球语言解决方案公司""诺斯罗普·格鲁曼技术服务公司"等 6 家公司成为国防部发布的近 10 亿美元的"国防语言口译和翻译事业规划项目 I"的承包商，其中有几家公司又成为 2017 年价值近 99 亿美元项目的语言服务

---

① 参见：Congressional Research Service. March. 2011. https：//fas. org/sgp/crs/natsec/R40764. pdf.

② 这些项目信息可在美国联邦政府外包项目网站 GovTribe 查询，且政府签署的项目合同信息也会在美国的政府合约新闻网站 GovCon Wire 公布。

公司承包商。① 除大型项目外，国防部不同行动部门也会根据其临时需求签订短期服务承包合同。如美国的特别行动司令部（US Special Operations Command）及空军基地经常基于特别行动项目与语言服务公司签订1~2年的服务合约。许多公司都因长期合作成为国防部可信赖的承包商，且往往会成为某一具体军事行动的语言服务的专属承包商，如"诺斯罗普·格鲁曼技术服务公司"为美军"沙漠盾牌风暴行动"（Operations Desert Shield and Storm）在索马里、海地、波斯尼亚和科索沃等地的行动提供了服务。

第二，国防部设置了管理和监管承包商语言翻译服务的制度。虽语言服务承包商可以高效灵活地满足国防部在世界各地区的军事行动中的语言需求，解决语言能力短缺问题，但为提升质量和避免不必要的浪费，美国也设置了一整套体系对承包商的服务进行管理和监管。监管制度主要包括三个方面，一是对成本的监管，国防部要求承包商监督和报告每天提供的服务及服务成本；二是安全监管，美国陆军情报与安全司令部为确保军事行动安全，按照3个安全等级对翻译人员进行分类，冲突区本土译员②属于初级（Category I），有保密许可的美国公民译员属于中级（Category II），有最高机密许可的美国公民译员属于最高级（Category III）。③ 国防部要求承包商根据安全要求把不同的翻译任务分配给具有相应安全级别的译员，例如在2004年"伊拉克永久自由行动"中，承包合约管理办公室针对该行动发布的"工作说明"（Work of Statement）中要求必须提供安全等级为中级（Category II）和高级（Category III）的译员。

第三，国防部针对外包项目成立独立委员会对承包商的服务进行调查评估，并发布报告以确保承包商服务的高效透明。例如国防部的"军队采购及远征作战项目管理委员会"（Commission on Army Acquisition and Program Management in Expeditionary Operations）于2007年10月发布了《急需改革：军

---

①　Army Picks 9 Firms for $10B Defense Language Interpretation, Translation Services Contract［EB/OL］.（2017-12-29）［2020-12-15］. https：//www.govconwire.com/2017/12/army-picks-9-firms-for-10b-defense-language-Interpretation-translation-services-contract/.

②　指聘用当地懂英语的居民当译员。

③　Lend Me Your Ears：US Military Turns to Contractor Linguists［EB/OL］.（2013-08-22）［2020-12-16］. http：//www.defenseindustrydaily.com/lend-me-your-ears-us-militaryturns-to-contractor-linguists-05934/.

队远征作战承包管理》(*Urgent Reform Required*:*Army Expeditionary Contracting*),对承包商服务提出了监管措施。① 此外,除了国防部的管理和监管措施之外,美国政府问责办公室(Government Accountability Office)及国会调查服务中心也会针对承包商的服务质量进行调查评估,接受相关投诉。例如,2007 年美国政府问责办公室收到了来自"L-3 通信公司"的投诉,认为国防部把"口译和笔译服务管理"项目整体外包给了"全球语言方案公司"。投诉最终导致国防部又增加"L-3 通信公司""诺斯罗普·格鲁曼技术服务公司"等公司作为承包商,共同执行该语言服务项目。② 此外,在承包商完成项目之后,国防部"承包商管理办公室"也对相关项目进行了审计,监管相关费用使用情况,如 2009 年在对"全球语言解决方案公司"的审计中发现,该承包商在项目执行中存在大量浪费,因此国防部在之后的合同中缩减了近 500 万美元的费用。③

三、军事冲突中译者安全与翻译质量的保障措施

除了制定满足军事翻译需求的政策措施,美国国防部也因军事翻译的职业特殊性采取措施以保障译员安全,并制定相关规定以确保翻译质量。因战争冲突中的翻译人员随时面临着人身危险,且战场中的翻译质量又是关乎译员和冲突双方士兵生死的重大问题,因此解决译员安全问题和提升翻译质量一直是美国国防部及美国社会关注的重要问题。

(一)军事冲突中译者安全

军事翻译工作具有特殊性,不仅关系到战争的胜利,更关系到冲突双方的士兵和译员的生命。为伊拉克战争提供翻译服务的全球语言解决方案公司

---

① Urgent Reform Required:Army Expeditionary Contracting [R/OL]. (2007-10-30) [2020-12-19]. https://web. pdx. edu/~pcooper/GanslerCommissionRpt. pdf.

② L-3 Communications Titan Corporation [Z/OL]. (2007-03-29) [2020-12-27]. https://www. gao. gov/products/b-299317,b-299317. 2,b-299317. 3.

③ Statement of John Isgrigg Deputy Director of Contracting United State Army Intelligence and Security Command Before the Commission on Wartime Contacting for Iraq and Afghanistan[R/OL]. (2009-08-12) [2020-12-20]. https://cybercemetery. unt. edu/archive/cwc/20110930032158/http://www. wartimecontracting. gov/images/download/documents/hearings/20090812/Mr_John_Isgrigg_INSCOM_Statement_08-12-09. pdf.

在第一年的伊拉克战争中就有 12 名译员牺牲，52 名译员受伤。① 面对军事译员的大量伤亡，同时为应对军事翻译能力的不足，美国国防部一直投入大量资金开发自动翻译技术，以期用机器翻译代替人工译员，减少派往冲突区的翻译人员数量。

美国军方资助开发翻译技术始于第二次世界大战，其资助 IBM 公司开发的同声传译技术首先在战后的纽伦堡审判中得到运用，② 为高效公平审判战争罪犯作出了贡献。"二战"结束后，美国国防部继续资助开发自动翻译技术，受国防部资助的乔治敦大学和 IBM 公司于 1954 年宣布开发的自动翻译机器能够将 60 个句子从俄语翻译成英语，并乐观地预测将在 5 年内完成近乎完美的翻译。③ 但 10 年后，自动语言处理咨询委员会（Automatic Language Processing Advisory Committee）宣布该项目失败，认为人工译员可以以一半的成本完成更快、更准确的翻译。④ 然而，面对军事行动对语言能力的需求，美国国防部并没有放弃相关研究资助。在国防部的持续资助下，美国取得了翻译技术的突破性进展，如美国已经开发了一种称作"词语宝"（Phraselator）的掌上语音翻译设备，并在许多军事行动中运用。掌上语音翻译设备由国防高级研究项目署资助开发，最早源自 1990 年沙漠风暴行动中的海军医生李莫论（Lee Moron）的想法，由韶音科技公司（Voxtech）于 2001 年获得美国国防部高级研究计划局的资助而开发成功。2004 年经过多方使用和测试后的 Phraselator P2 广泛在海陆空三军及执法部门使用，在伊拉克和阿富汗战场中，大约 7000 台 Phraselator 掌上翻译器投入使用。美国的急救员、警察也在广泛使用 Phraselator 掌上翻

---

① 参见 https：//cybercemetery. unt. edu/archive/cwc/20110930032235/http：//www. war-timecontracting. gov/images/download/documents/hearings/20090812/Mr＿John＿Houck＿GLS＿Statement_08-12-09. pdf.

② Gaiba, F. The Origins of Simultaneous Interpretation：The Nuremberg Trial［M］. Ottawa：University of Ottawa Press，1998.

③ 701 Translator IBM Press release［N/OL］.（1954-01-08）［2020-12-21］. https：//www. ibm. com/ibm/history/exhibits/701/701_translator. html.

④ Automatic Language Processing Advisory Committee. Language and Machines Computers in Translation and Linguistics［R］. National Academy of Sciences & National Research Council，1966.

译设备。① 尽管该翻译器无法替代人工译员且只能单向翻译，但因紧急行动中往往没有时间对士兵进行语言培训，并很难在短时间内派遣能胜任翻译工作的人员，所以该设备在大规模的突发军事或自然灾害救援活动中仍能发挥重要作用。②

"9·11 恐怖袭击"后，美国国防高级研究项目署（Defense Advanced Research Projects Agency）进一步加强了多项自动翻译技术的开发，2005 年设立了"全球自主语言开发系统（Global Automatic Language Exploitation，简称 GALE）和口语交流和翻译战术系统（Spoken Language Communication and Translation System for Tactical Use，简称 TransTac）"两大为期 5 年的自动翻译技术开发项目。GALE 项目的目标是实时翻译文本信息，主要是翻译现代阿拉伯语和汉语的纸质及网络新闻以发现有用的情报，力求在不需要人工翻译的情况下准确率达到 95%。TransTac 已经开发出名为"IraqComm"的翻译系统，并在 2006 年美军的伊拉克军事行动中使用。2011 年在美国国防部又开启了新一轮机器翻译资助并设置了三大项目，分别是：可以理解外语俚语的"无限量军事行动语言翻译"（BOLT，Boundless Operational Language Translation）"项目，能辨别语音及噪音的"强大语音自动翻译"（Robust Automatic Translation of Speech，RATS）项目及可翻译文档的多语言的移动阅读器（Multilingual Automatic Document Classification Analysis and Translation，MADCAT）项目。③ 美国为应对战争对语言能力的需求，继续强化翻译软件的开发，如美国空军发布"2020—2030 年战略发展计划"，强调"加大资助翻译软件的开发和利用以培养全球情势意识（global situation awareness）"④的目标。

---

① Weaver, Teri. Handy Device Helping U. S. Troops Overseas Overcome Language Barrier in Emergencies[EB/OL]. (2008-12-20)[2020-12-21]. https://www.stripes.com/news/handy-device-helping-u-s-troops-overseas-overcome-language-barrier-in-emergencies-1.75208.

② Harrison, Ann E. Machines Not Lost in Translation[EB/OL]. *Wired*. (2005-03-09)[2020-12-04]. https://www.wired.com/2005/03/ machines-not-lost-in-translation/ Retrieved 2020-12-04.

③ Ackerman, S. Pentagon Goes for a Universal Translator Again[EB/OL]. *Wired*(2011-02-11)[2020-12-05]. https:// www.wired.com/2011/02/pentagon-goes-for-a-universal-translator-again/.

④ Shaud, John A. *Air Force strategy study 2020-2030*[M]. Maxwell AFB, AL: Air University Press, 2011: 30-37.

美国国防部对机器翻译的资助也取得了较大进展。2016 年国防部宣布将在军队全面部署"机器外语翻译系统"（Machine Foreign Language Translation System，MFLTS），虽然该系统不能取代人工翻译，但能辅助和增强人工翻译。① 随着社会各界对冲突地区本土译员的安全的关注，再加上译员尤其是非美国籍的译员在战争中面临的身份危机，美国国防部将继续加大资助，提升机器翻译技术；自动翻译机器技术的不断提升又必将会对美国设置的专门军事翻译兵种制度产生影响，取消专门军事翻译兵种制度将是美国国防部翻译政策未来发展的方向。

（二）制定保障翻译质量的翻译实践规范

除了通过开发机器翻译技术以保障人工译员的安全，美国国防部也制定了军事冲突区的翻译操作规范，以保证翻译质量，避免因翻译误差而引发的伤亡。美国国防部 2006 年发布了《美国陆军/海军陆战队反叛乱战地手册》（*The U. S. Army/Marine Corps Counterinsurgency Field Manual*），该手册的"语言支持"（linguist support）部分对在冲突区的翻译操作规范进行了详细的规定。规定共有 45 项，其中第 1~6 项是一般性规定。第 1 项是对译员选用的规定：反叛乱行动中的译员必须由军队内部的口译员或语言专家担任，在军队能力不足情况下才能聘用承包商提供的译员。第 2~4 项是对承包商聘用的译员的分类、工作领域及数量的规定：根据允许获得机密信息的级别，译员被划分为三个类别，并规定不同的翻译任务和人员数量。初级译员（Category I）主要从事基础性活动的翻译，如巡逻、军事基地进出管理、开源性的情报收集、军民活动。步兵营应配备 30~40 名初级译员，旅级部队总部应维持 15 名左右，以应对突发行动。营级部队指挥官或战术情报小组翻译配备中级译员（Category II），旅级司令部应配备 10~15 名中级译员。高级译员（Category III）应配备到更高级的部门。第 5 项是对私人承包商的工作说明以及不同类型的译员的安全装备规定，规定要求承包商为中级译员和高级译员配足军事装备，每一个军事组应委派一名管理人员评估翻译服务需求及管理翻译任务等。第 6

---

① US Military Equips Soldiers in the Field With Machine Translation Marion Marking［EB/OL］.（2016-12-09）［2020-12-07］. https：//slator. com/technology/us-military-equips-soldiers-field-machine-translation/.

项是雇用本地口译员指南，要求各部队从 6 个方面指导本地口译员工作，即译者挑选、建立和睦关系、口译工作介绍、准备会议陈述、会议陈述翻译、军官讲话技巧。第 7 项要求陆军和海军对本地口译员身份进行审核，并根据"是否讲本国语言、性别、宗教信仰、社会地位、英语流利程度、智力、其他技术能力、可靠性、忠诚度及与目标听众和部队士兵的融合度等"标准聘用和匹配译员，要求译员必须在性别、宗教信仰等方面与目标听众相匹配。第 8 ~ 17 项是对译员各项标准的具体说明。第 18 ~ 20 项是对聘用译员的工作性质、应受到的保护及特殊情况下对译员的具体规定。第 21 ~ 25 项是关于军队如何利用翻译人员与当地居民建立友好关系。第 26 项是对译者进行业务培训的指南，对培训事项进行了详细的说明。第 27 ~ 31 项是对译者如何准备军事任务陈述(presentation) 的规定，对地点的安排、军官及口译员所应注意的文化差异、身体语言对受众的影响以及口译员如何忠实地执行口译任务等进行了详细的说明，如第 28 项条规定了在与外国公民进行会谈、指导或交谈之前，演讲者应该了解其独特的文化习俗，如演讲者和口译员应知道什么时候该站，什么时候该坐，什么时候交叉腿。口译员应提醒士兵及演讲者在身体语言及姿势方面符合当地文化和宗教习俗的要求，避免因坐姿或手势不当引起误解。第 30 项规定口译员应尽可能模仿演讲者的语气和个性，不能加上自己的问题或情感。第 31 项是关于给口译员提供情况介绍、术语表等以帮助译者更好地完成翻译任务的规定。第 32 ~ 37 项为译员在任务陈述时应注意的事项，如译员如何听从演讲者的引导，必须准确忠实地传达信息，避免使用同声传译，要与听众建立友好关系，译员与演讲者之间的位置关系等。第 38 ~ 45 项是对演讲者本人措辞的规定，以免引起译员误解而造成翻译失误，例如规定演讲者不能开玩笑，不能使用俚语、缩略语，避免提到美国特有的文化用语等。①

　　《美国陆军/海军陆战队反叛乱战地手册》通过列举的形式列出演讲者的"好的做法和糟糕的做法"(good and bad practices for speakers) ，以避免文化差异导致的翻译困难和误译。例如，发言者不能通过口译员以第三人称称呼目标听众，避免说"告诉他们，我很高兴做他们的老师"。译者应直接向目标听众说"我很高兴成为你们的老师"，演讲者和译者应"持续地与目标听众进行眼

---

① Department of the Army. *The U. S. Army/Marine Corps Counterinsurgency Field Manual* (*FM 3-24*) [M] . Chicago：University of Chicago Press，2007：340-346.

神交流，看着听众而不是看着演讲者"。①《美国陆军/海军陆战队反叛乱战地手册》对战场中译员和演讲者的行为，尤其对许多特定语言的使用进行了详细的规定。然而面对战争及翻译本身的复杂性，有学者认为交际中存在"许多不可译性"，过分详细的规定反而可能导致"因为语言的压抑而引起抵制"。②

国防部除了制定军事冲突现场的口译活动所应遵守的规范以外，也对日常涉及军务活动的翻译程序进行了规定。如美国驻欧洲军队制定了专门的翻译活动管理规范，驻欧洲军队的第25~38条(Regulation 25-38)是专门的"文件翻译服务的管理"条款(管理条例也会根据每年的新情况进行更新)，该管理条例对译者责任、申请翻译服务的程序、优先处理、与外国通信应使用的语言及口译支持等翻译活动所应遵循的程序和规章进行了说明，并对翻译职责的履行、翻译官方文件的要求、翻译服务的类型等进行了具体的规定，如要求申请人标注翻译紧急程度；要求驻军人员必须用英语进行通信，即使收到的信件是用外语书写，回信也必须用英语书写；申请口译支持的单位必须提前申请，如果翻译涉及具体专业事务，申请方需要提前告知相关主题，以便译者做好准备。③

总之，军事翻译不仅关乎国家安全，更关乎军事人员和译员本人的人身安全，美国国防部为应对军事翻译的安全问题，加快了自动翻译技术的开发和利用，也对战争冲突中的翻译实践制定了具体操作规范，以确保翻译质量，减少因翻译问题而导致的伤亡。

第三节　美国军事领域翻译政策的影响

美国国防部建立的翻译制度不仅为美国军队的全球军事行动提供了情报和翻译服务，也对美国军事译员的身份地位及美国语言服务业产生了重要影响。

---

① Department of the Army. *The U. S. Army/Marine Corps Counterinsurgency Field Manual* (*FM 3-24*)[M]. Chicago：University of Chicago Press, 2007：340-346.

② Rafael, Vicente. *Motherless Tongues：The Insurgency of Language Amid Wars of Translation*[M]. Durham, N C：Duke University Press, 2016：141.

③ Army in Europe and African Publications Regulations 25-38：Translations [Z/OL]. (2019-12-05)[2020-12-12]. https：//intranet. eur. army. mil/aepubs/CatalogActive/AER25-38. pdf.

一、对军事译员的身份地位带来的影响

美国是一个移民国家，面对战争冲突中对语言翻译的需求，美国充分利用移民的语言资源，招募和培训移民或移民二代成为军事翻译。尽管移民或移民二代译员为美国战争胜利做出了重要贡献，但正如意大利语中"译者"（translator）即"背叛者"（traitor），在将"忠诚"作为第一品质要求的军队中，作为军事翻译人员的移民或者移民二代在现实中面临身份的困境和危机，美国通过承包商招聘来自冲突地的译员也让美国国防部面临着伦理危机。

首先是译者身份的困境。征召移民或移民二代作为军队翻译在第二次世界大战中并不罕见，欧洲战场上的"里奇男孩"翻译军团、太平洋战场的日裔二代译员（Nisei Linguists）都为美国最终取得胜利起到了重要作用，尤其是日裔二代译员中的大多数是从当时美国设置的隔离集中营招募的，在他们为美国军队服务期间，父母仍生活在集中营。① 在这样屈辱的、富有敌意的环境下，日裔二代的情报人员和译员在战场上仍发挥了重大作用，如果不是日裔二代的爱国忠诚和极高的语言能力，美国和盟军无法获取高质量的军事情报，太平洋战争将会更持久也更残酷。有学者认为，美国人永远无法回报日裔二代译员及其家人的奉献和牺牲。② 然而，尽管日裔二代译员为美国及盟军取得胜利作出了卓越的贡献，但他们在现实生活环境中仍遭受歧视，忍受美国社会甚至军方持有的"他们缺乏忠诚且在情感上更认同日本"的偏见，尤其那些曾被送往集中营的日裔二代，在情报语言学校受训时还带着父母在集中营的身份识别证。日裔二代译员在为美军服务过程中所忍受的偏见给了他们极大的心理压力，甚至有人因无法忍受而选择了自杀。③ 其次是译员自身的文化身

---

① 珍珠港事件后，1942 年美国罗斯福总统颁布第 9066 号总统令，把所有居住在太平洋沿岸的日本人送往专门为他们建造的集中营，对他们的人身自由加以限制。

② Hosokawa，Bill. *Nisei：The Quiet Americans Boulder*［M］．Colorado：University of Colorado Press，1969/2002：399.

③ 在自杀的译员中，David Akira Itami 的故事最令人痛惜。他是出生在美国的日裔后代，在日本和美国两国接受教育，太平洋战争爆发后志愿加入美军，因出色的语言翻译能力获得荣誉勋章，负责了东京审判的翻译工作，但却因受到歧视和身份认同的困扰而自杀，其生平也被改编成小说和电视剧。Tomoko，Otake. Between Two Worlds：Tried to the Limit and Beyond［R/OL］．（2005-08-14）［2020-12-06］．https：//www.japantimes.co.jp/life/2005/08/14/to-be-sorted/tried-to-the-limit-and-beyond/ 2005.

份认同。军事历史学家认为，"无论是翻译俘获的日记、电报，还是审问战俘，他们（日裔二代译员）都面临着美国士兵难以想象的身份认同困境和所携带的母国传统心理的影响。虽然对他们中的大多数人来说，从父母养育中所吸收的有关日本的知识和对日本文化和社会的欣赏，让他们能更全面和富有同理心地看待所面临的敌人，把对手视为人而不是动物，但这种认同又在一定程度上和他们的美国身份相抵触，因而造成了许多日裔二代译员的情感和身份认同危机"①。

目前的美国军队中，移民或移民二代仍是美国军事情报翻译人员的重要组成部分。自 20 世纪 90 年代以来，尤其是美国在"9·11 恐怖袭击"之后发动的战争中，另一种身份的译员参与到美国的军事行动中——冲突区本土译员。大量冲突区本土译员通过私人承包商为美国军队提供翻译服务，不仅带来了冲突区本土译员的身份和伦理危机，也对美国雇用冲突区本土译员的翻译政策带来伦理风险。

聘用冲突当地居民当译员不仅带来了信任问题，也使译员面临生存困境。其一，获得军方信任的问题。尽管美国军方会对雇用来自冲突当地的口译员和笔译员进行严格的安全审查，但他们仍承受着来自军方的不信任，尤其是大多数译员是由承包商提供的，他们并不是武装人员，不受"统一军事审判法规"（Uniform Code of Military Justice）的约束，因此美国军方人员在心理上并不能完全认同他们。② 美国民众和政客往往认为从军事冲突当地招聘的笔译和口译人员不够可靠，因为他们在种族上属于"敌人"群体。③ 美国驻扎阿富汗的部队认为"翻译是必要的恶，甚至那些阿富汗裔美国人也经常受到蔑视或虐待，因为他们在各个方面都和美军太不同了"④。这种不信任也随着部分本土译员暗中协助恐怖极端活动给美军带来重大伤亡而愈演愈烈。其二，译员面

---

① McNaughton, J., C. *Nisei Linguists and New Perspectives on the Pacific War*: *Intelligence, Race, and Continuity*[Z/OL]. (1994)[2020-12-20]. https://history.army.mil/html/topics/apam/Nisei.htm.

② Lopez, T. Language Company First in Army[N/OL]. (2008-10-22)[2020-12-11]. http://www.army.mil/article/13503/language-company-first-in-army/.

③ Baker, M. Interpreters and Translators in the War Zone: Narrated and Narrators[J]. *The Translator*, 2010(2): 197-222.

④ Foust, J. Maladies of Interpreters[Z/OL]. The New York Times. (2009-09-22)[2020-12-26]. http://www.nytimes.com/2009/09/22/opinion/22foust.html?_r=1&ref=global-home.

临双重职业风险。不仅这些译员冒着生命危险执行翻译任务，他们的家人的生命也受到威胁，因为许多伊拉克极端分子认为为美军担任翻译就是在与敌人勾结。① 其三，翻译质量不过关也往往带来不必要的伤亡。由于大量冲突或通知是突发的，许多译员并没有接受过严格的翻译训练，再加上译员需求量大，大量不合格的译员被聘用，未能严格执行国防部的安全审查，给当地平民和美军都带来了安全风险。此外，因有些冲突区存在方言、文化差异及民族之间的敌意，一些译员往往不会把他们听到的信息向当地居民传达，导致许多平民会被误认为是塔利班成员而被捕。还有一些来自美国的专业译员对阿富汗文化不太熟悉，不了解阿富汗部落的独特价值体系，也不关心当地的价值观，他们粗鲁的行为造成当地民众和联军之间的误解，破坏了相互信任。更有些译员无职业道德，仅为了个人和部落利益而工作，严重损害了当地居民和美军之间的友好联系。②

军事译员的身份危机和所遭受的偏见让美国国防部和政府承担了道德伦理风险，尤其是关于如何安置和回报阿富汗和伊拉克译员引起了巨大争议。美国军官认为"译员可信与否对美军来说关乎生死存亡"③。美国国会为防止冲突区本土译员成为恐怖极端分子刺杀的目标，通过了《国防授权法》给这些译员发放了特殊移民签证（special immigrant status for persons serving as translators with United States Armed Forces），④ 且签证的名额逐年增加，2006 年有 50 个名额，2007 年《国防授权法》通过后名额增加到 500 个，2008 年通过《伊拉克难民危机法》（Refugee Crisis in Iraq Act），申请名额增加到 5000 个。美国也通过一些制度保障译员们在美国及阿富汗当地的安全和生活，但仍有大量报道声称美国利用完伊拉克和阿富汗译员后就弃之不顾。2007 年 3 月 27

---

① Scott, M. Iraqi Interpreter's Story Sheds Light on Plight of Those Left Behind [N/OL]. (2011-09-16)［2020-12-21］. http: // www. newsworks. org/index. php/healthscience/item/26662-iraqi-interpreters-story-sheds-light-on-plight-of-those-left-behind.

② Synovitz, R. Mistakes by Afghan Translators Endanger Lives, Hamper Antiterrorism Effort [N/OL]. (2008-09-02)［2020-12-21］. https：//www. rferl. org/a/Mistakes_By_Translators_Hamper_Afghan_Antiterrorism_Campaign/1195783. html.

③ Breen, M. The Debt We Owe Iraqi Interpreters [N/OL]. (2008-12-09)［2020-12-20］. http: // www. csmonitor. com/Commentary/Opinion/2008/1209/ p09s02-coop. html.

④ National Defense Authorization Act for Fiscal Year 2006 [S/OL]. (2006-01-06)［2020-12-20］. https：// www. govinfo. gov/content/pkg/PLAW-109publ163/pdf/PLAW-109publ163. pdf.

日，《纽约客》刊登了《遭到背叛：最相信美国的伊拉克人》一文，详细描述了为美军服务的伊拉克译员面临的风险、歧视等；大量报道把这些译员描述成受害者，把美国军方描述成邪恶制度的制定者，① 使美军的翻译聘用制度蒙上了道德阴影。而在现实中，尽管有法律和政策的保障，但严格的签证申请程序和安全审查导致许多为美国作出贡献的阿富汗和伊拉克当地译员并未能及时获得身份，据统计，直到 2011 年，只有 3415 名伊拉克口译员获得了特殊移民签证。② 2016 年特朗普当选以来，获得签证的人数更少，2019 年只有 2 名为美军服务的译员获得签证。③该现象也引起了学界的关注，有学者针对战争中翻译人员的相关叙述进行了研究，④ 力图通过更学术、更客观的角度呈现战争中翻译人员的现状。然而，大量的新闻报道和纪录片已经给美国在海外军事行动中的当地译员聘用制度带来新的道德伦理问题，也对翻译职业本身带来了新的伦理问题，⑤ 这些危机必将促使美国优化涉及军事译员的各种政策。

二、政策对语言服务业产生的影响

美国军事翻译制度对"二战"后的翻译技术发展、翻译产业及译员安全保护产生了重大影响。

首先，在翻译技术方面，美国战争部在"二战"期间就开始资助 IBM 公司开发的同声传译技术，并在审判中成功应用。美国国防部从未停止对翻译技术的开发和应用，尤其当今美国面临的是非对称战争，不仅要依靠先进武器等硬实力，更需要具备熟悉他国语言、文化、民族心理等能力的软实力。面

①　Betrayed: The Iraqis Who Trusted America the Most[N/OL]. (2007-03-26)[2020-12-21]. https://www.newyorker.com/magazine/2007/03/26/betrayed-2.

②　Spak, K. US Hangs Iraqi Translators Out to Dry[N/OL]. (2011-12-27)[2020-12-20]. http://www.newser.com/story/136234/us-hangs-iraqi-translators-out-todry.html.

③　De Luce, D. Only 2 Iraqi Translators Who Worked with U. S. Troops Got U. S. Visas Last Year[N/OL]. (2019-08-23)[2020-12-24]. https://www.nbcnews.com/news/world/only-2-iraqi-translators-who-worked-u-s-troops-got-n1035661.

④　Mona, B. *Translation and Conflict: A Narrative Account*[M]. Abingdon: Routledge, 2006.

⑤　Inghilleri, M. The Ethical Task of the Translator in the Geo-political Arena: From Iraq to Guantánamo Bay[J]. *Translation Studies*, 2008(2): 212-23.

对人工译员的短缺及军事翻译本身的风险,美国加大翻译技术的开发和应用,2005 年美国国防部资助 GALE、TransTac 等翻译技术系统的开发,2016 年美国军方宣布在军队系统部署资助开发机器外语翻译系统(Machine Foreign Language Translation System,即 MFLTS)。该系统共有两个应用,一是可以实时地语音双向翻译,二是电子文档、网页及社交媒体文本的双向翻译。作为在战争中解决口译和笔译译员短缺的替代方案,该系统仍然在不断更新和改进中,并将加入俄语、达里语、乌尔都语、波斯语及韩语等。① 在国防部 2017—2027 年的 10 亿语言服务类的资助项目中,语言技术开发公司获得的资助最多。目前由美国军方资助开发的翻译系统、翻译工具不仅已经在军事行动及情报收集中得到应用,也被广泛应用在人道主义救援、医疗救助等领域。

其次,美国的军事翻译政策促进了语言服务业的发展。美国国防部建立的语言服务承包商制度对美国的语言服务产业产生了重大影响。国防部外包给私立语言服务公司的翻译任务往往是紧急的,且是临时通知的,对语言服务公司的人员配置和行动能力要求极高。以国防部的"国防语言口译和翻译事业规划 II 期"项目为例。该项目要求承包商提供伊拉克、阿富汗、波斯尼亚及关塔那摩湾地区的口译、笔译及转写(Trsanscript)服务,要求译员不仅具有语言能力,更具备军事、医疗救助、工程及法律领域的知识和技能。② 因此,在美国国防部的新要求下,只能提供语言技能的公司获得的服务合约数量逐步减少,拥有复合型能力翻译人才的综合性语言服务公司才有资格成为美国国防部的承包商。以"根本使命公司"为例,其官方网站对公司业务的描述为:在过去的十年里,成功地为高危险地区提供了数千名语言学家,公司拥有提供高性价比、高质量解决方案的全球经验,拥有部署和执行高级语言服务的无与伦比的能力,在全球部署了拥有丰富经验和后勤专业知识的 2 万多名语言学家,可以高效灵活地在任何地方开展涵盖口译、笔译和转写,语言教学

---

① Doney, M. Christina Bates and Tracy Blocker Technically Speaking:Making language less foreign [EB/OL]. (2017-10-17) [2020-12-23]. https://www.army.mil/article/195459/technically_speaking_making_language_less_foreign.

② Marking, M. US Army Awards USD 10 Billion Language Services Contract [EB/OL]. (2017-03-07) [2020-12-23]. https://slator.com/deal-wins/us-army-awards-usd-10-billion-language-services-contract/ 2017-03-07.

及课程开发，语言分析，文化咨询，密码逻辑语言学分析等语言综合服务工作。① 从"根本使命公司"的业务描述可以看出，由于美国国防部对军事翻译需求较大，语言服务公司在其公司的能力和服务内容方面得到了重大发展。许多语言服务公司根据美国国防部的语言服务需求制定了本公司的服务准则，而这些准则也对翻译规范和职业伦理带来了影响，语言服务承包商业也制定了公司服务质量保障条例及行为准则，如设置私密投诉热线鼓励报告违反公司道德规范和商业规范的行为，尤其是违反翻译标准、法律法规的行为。

再次，促进了对军事译员权益的保护。面对 21 世纪冲突给军事译员带来的风险，美国的翻译协会组织与世界其他国家的翻译专业协会团结起来，倡导以国际立法的形式保护军事译员的权益。如美国的"美国口译论坛"（Interpret America）于 2015 年发出了一项国际立法倡议，要求联合国发布"保护战争冲突中平民译员的决议"（United Nations Resolution to Protect Civilian Translators/Interpreters in Conflict Situations）。该决议目前得到了世界翻译联盟、国际会议口译协会、全球翻译人员保护协会(The Red T)等组织的支持和声援。该组织认为，"笔译和口译人员并没有受到国际立法的具体保护。作为一个专业类别，未受到《日内瓦公约》的保护，没有任何联合国决议涉及翻译人员，必须改变这种情况，首先通过一项联合国决议，以确保翻译人员受到国际法保护，决议也应授权成员国可起诉针对翻译人员的罪行"②。尽管组织倡议还未能在联合国形成真正的决议，但却为保护在战争冲突中的翻译人员的权益及免受各种威胁发出了声音。

本章小结：美国军事领域的翻译政策与实践对中国的启示

军事力量是现代国家的核心能力，美国强大的军事力量是保障其国家安全和维护其在全球的霸权地位的重要力量。在美国强大的军事力量背后有着强大的语言翻译能力做支撑。美国在世界冲突中的各类军事行动中，无论是

---

① Mission Essential. Language and Logistics［EB/OL］.［2020-12-23］. https：//www.missionessential. com/Language-and-logistics/.

② Allen，K. It's Time Translators and Interpreters Be Protected by International Legislation［EB/OL］.（2015-10-23）［2020-12-21］. https：//www. interpretamerica. com/single-post/it-s-time-translators-and-interpreters-be-protected-by-international-legislation.

用于语言翻译技术的开发和发展，几乎所有语言翻译技术开发背后都有国防部的资助。中国对非洲、拉丁美洲甚至是欧洲一些国家的语言能力储备仍不足，鉴于语言教育的长期性及人力资源的缺乏，应加大开发对中国具有战略意义的国家的语言的双向翻译技术，这不仅有利于军事情报的收集，也有利于中国更好地掌握对象国政治、社会、经济等情报，进而提前防范冲突，实现国家和人民之间的友好合作，维护世界和平。

第八章 翻译对美国国家能力建构的影响
及对中国的启示

国家能力本是主权国家所应具备的能力，但今日世界众多失败国家的案例说明一个国家只通过宣布独立及组建政府并不能自然而然地赋予主权国家理所当然的国家能力，国家能力需要主权国家通过各类制度建构和增强，而国家能力建构的过程中，翻译扮演着不可或缺的角色。正如历史发展所表明的，翻译在建构国家语言、主流文化并逐步实现国家认同中起到了至关重要的作用。① 在世界各国努力提升国家治理能力及参与全球事务能力的今天，翻译成为重要工具，并通过制度化的设计服务于国家能力的建构和提升。美国在建构和提升国家能力的过程中，翻译一直在场，无论是在殖民地时期对北美原著民的教化、独立后的国家扩张，还是今日参与全球事务的治理，都有隐性或显性的翻译政策参与其中。

正如前面几章所论述的，翻译一直服务于提升美国作为主权国家所应具备的合法化、统领、规划、濡化及强制能力，其具体表现在翻译参与了美国的国内治理、国际事务处理、国家文化建设、文化对外传播及国家军事强制力的提升。美国一方面通过翻译应对国内多元语言带来的国土安全、公共卫生服务等难题，另一方面借助翻译建构具有美国特色的主流语言和文化，外文化传播和意识形态宣传，并介入世界冲突和全球问题的处理。美国译进行立法并制定相关政策，是美国国家能力的彰显及巧妙运用，而和各种制度保障的翻译活动又进一步提升了国家能力。新时代的中国图加强国家治理和处理全球问题的能力，翻译在美国国内治理和全

---

① 自 20 世纪末以来的翻译文化转向，翻译学界和文化研究对翻译建构"的形成等进行广泛的探讨。如 Roger Ellis & Liz Oakley-Brown 共同编辑的以 "Bristol: 为主的论文集 *Translation and Nation: Towards a Cultural Politics of English* Multilingual Matters, 2001.

加上他们支持亚历山大·汉密尔顿，最终确保纽约加入联邦和宪法"①。英语版的美国宪法借助翻译在多语社区得到支持并最终获得通过，美国确立了以宪法为基础管理国家的政治制度。

建国后的美利坚合众国很快就开启了其在北美大陆的疆域扩张，翻译也在美国的扩张中起到了重要作用。在美国独立不到30年的1804年，在当时总统托马斯·杰斐逊的支持下，美国成立了向西部扩张的远征队，即著名的"刘易斯与克拉克远征"（Lewis and Clark Expedition）。为获得国会支持，远征队在国会的听证中强调他们的任务是"宣示美国主权、部落之间的和平及开创可以延续到太平洋的贸易"②，队长梅里韦瑟·刘易斯（Meriwether Lewis）同时专门强调此次西部探险也可以实现掌握和理解"土著印第安人部落的语言、传统及代表性文化"的目标，该主张也得到了杰斐逊总统的赞同和支持，并要求他们聘用"好的译者"（good interpreters），翻译对这次向西部扩张的重要性从其聘用译者的报酬中可以看出——远征队聘请的译者的报酬是远征队成员的三到四倍。③ 远征队翻译杜桑·夏博诺（Toussaint Charbonneau）和他的土著人妻子萨卡加维亚（Sacagawea），因其对远征队西部探险所做出的重大贡献而被载入美国史册。④ 在翻译的帮助下，远征队成功地完成了任务，不仅为之后的西部扩张奠定了基础，也彰显了美国在地理、生物资源知识领域的贡献。1806年，杰弗逊总统做了关于这次远征的报告——《来自美国总统的信息，传达在探索密苏里河、红河和沃希塔的发现》（*Message from the President of the United States，Communicating Discoveries Made in Exploring the Missouri，Red River，and Washita*）。该报告成为美国联邦政府的第一本出版物，也是美国当时最重要的关于所考察地区的生物及地理状况的科学记录，⑤ 其影响范围超越

①　Griffis，W. E. The Story of New Netherland：the Dutch in America［M］. Boston：Houghton Mifflin Company，1909：205.

②　Ronda，J. P. "A Chart in His Way" Indian Cartography and the Lewis and Clark Expedition［J］. *Great Plains Quarterly*，1984（3）：43.

③　Nelson，W. *Interpreters with Lewis and Clark：The Story of Sacagawea and Toussaint Charbonneau*［M］. Denton T. X.：University of North Texas Press，2003：12-13.

④　萨卡加维亚属于土著肖尼族，她在远征队的贡献让她入选美国国家女性名人堂，美国2000年用她的头像发行了一元硬币，北达科他州的州议会大厦立有她的塑像。

⑤　"刘易斯和克拉克的探险不仅仅和其同辈欧洲探险家一样代表了欧洲的理性主义，也代表了一个正在崛起的美洲帝国，一个建立在侵略性的领土扩张和商业利益之上的帝国。"参见美国国会图书馆题为"Rivers，Edens，Empires：Lewis & Clark and the Revealing of America"的展览说明：https：//www. loc. gov/exhibits/lewisandclark/lewis-landc. html［2020-12-22］.

了美国，对当时科学文化处在优越地位的欧洲也产生了一定的影响，是当时欧洲学者的案头书。① 在翻译的帮助下，美国不仅为驱赶印第安人，以及把法国和西班牙殖民者赶出北美大陆奠定了基础，其实施的科学调查也为美国在科学文化方面赢得了声誉。刘易斯与克拉克远征之后，美国成立了印第安人事务局，聘用专业口译人员帮助他们在冲突处理、土地买卖谈判和合约签订中取得成功。如果没有翻译的协助，美国将很难通过签订条约的形式和印第安人相处，尤其是联邦政府借助翻译同化印第安人，并通过签订条约把中西部大量土著部落居留地逐步缩小，最终只让他们在专属居留地(reservation)生活。正是翻译让以盎格鲁-萨克森为主的欧洲白人的美国能以所谓的"温情脉脉"的方式进行国土扩张。美国在南北战争之前就能从最初的 13 个州扩张到30 多个州，其中翻译起到了重要作用。近年来，随着北美土著文化研究的发展，印第安人译者帮助白人以不公正手段获取土地所带来的伦理和不公正问题受到学者的关注。② 总体而言，虽今日的学术研究倾向于分析和论证翻译如何作为殖民手段压迫印地安人，但从美国的国家发展角度而言，翻译帮助新成立的美利坚合众国有效地实施了土著民族事务的管理，并为美国疆域扩张提供了不可或缺的语言服务。

南北战争后，美国的国家发展吸引了大量移民，翻译又参与了美国管理和同化移民的国家事务。从西海岸涌入的亚洲移民和从东海岸涌入的中南欧的移民，促使美国成立了专门的移民管理机构。移民管理机构即第一个因国内事务而聘请专职翻译的机构。为确保翻译的质量，翻译职员也需通过公务员考试，以及翻译资格证书考试。从东海岸入境的主要是来自德国、爱尔兰、意大利、波兰、俄罗斯及斯堪的纳维亚等地的欧洲移民。每天大约有 5000 名移民经过纽约港的埃利斯岛，岛上贴着 9 种不同语言的告示。在"一战"前夕，1907 年某天移民管理局曾接待过 11000 名移民。③ 曾担任纽约市市长的菲奥

---

① Foley, W. E. Lewis and Clark's American Travels: The View from Britain[J]. Western Historical Quarterly, 2003(3): 301-324.

② 著名的土著派尤特语译者莎拉·温妮穆卡(Sarah Winnemucca)在其自传中提出了这样的疑问，参见 Gae Whitney Canfield. *Sarah Winnemucca of the Northern Paiutes*[M]. Norman, O. K.: University of Oklahoma Press, 1988. 当代很多美国学者用后殖民理论对当时译者的行为及影响进行了批判。

③ Heaps, W. A. *The Story of Ellis Island*[M]. New York: Seabury, 1967: 68.

雷洛·亨利·拉瓜迪亚（Fiorello Henry Laguardia）也曾在海关担任译员，他在工作期间就观察到了因翻译不足及语言问题导致的对美国移民的不公待遇，许多人被判定为有精神问题而被遣返，但这实际上是因为错误翻译而造成的。[1] 翻译帮助美国合法吸收了大量劳工，为美国的农业和工业提供了宝贵的人力资源，促进了美国在19世纪末和20世纪经济的巨大增长，成为世界经济强国。

翻译在两次世界大战中为美国及盟军的胜利作出了重大贡献。"二战"后，美国国家实力快速增长，成为主导世界秩序的重要国家，在移民事务、国土安全、国内司法及国际事务等国家治理多个领域越来越离不开翻译。日益多元化的美国及世界需要翻译，而翻译也进一步提升了美国应对多语言、多元文化的国内社会和国际社会的能力。

二、翻译在美国主流文化的建构中扮演了重要角色

国家主流文化是一个国家濡化能力的重要体现，是建构主权国家所应具有的独特国家气质和特性的关键。清教徒自踏入美洲大陆以来就通过用符合他们信仰特点的文风来翻译宗教文献，与属于宗主国英国的主流宫廷文化保持一定距离，通过翻译隐秘地表达他们在文化和思想上的独特性和独立的诉求。[2] 随着北美13州经济、社会和文化的发展，尤其是政治精英们通过翻译把欧洲启蒙运动中国家主权独立的思想输入北美，点燃了北美13州的革命火花。而宣传革命思想的小册子大多是革命者自己翻译的或借用别人的翻译，其中最为著名的宣传革命的小册子——詹姆斯·奥蒂斯（James Otis）的《被证实的英国殖民地的权利》（*The Rights of the British Colonies Asserted and Proved*），实际上是对卢梭的《社会契约论》中主要内容的翻译，其对英国皇室的批判都翻译自卢梭《社会契约论》中的观点。[3] 通过翻译而传递的革命思想激励了当

---

① Profiles in World War I Immigration History：Fiorello La Guardia[EB/OL]. (2018-10-18) [2020-12-17]. https：//www. uscis. gov/about-us/our-history/history-office-and-library/featured-stories-from-the-uscis-history-office-and-library/profiles-from-world-war-i-immigration-history-fiorello-la-guardia. 这段经历在拉瓜迪亚的自传中也有记录，参见 *The Making of an Insurgent：An Autobiography, 1882-1919*[M]. Washington, D C.：Praeger Publishers, 1986.

② 指清教徒用自己的风格翻译出版的《海湾圣诗》（*Bay Psalm Book*）。

③ Bailyn, B. *Pamphlets of the American Revolution, 1750-1776*[M]. Cambridge：Harvard University Press, 1965：436.

时北美 13 州的政治精英和民众最终通过一场独立战争建立了独立自主的美利坚合众国。

建国后，美国建国之父们意识到政治、经济上的独立并不意味着文化的独立。美国要建构自己的文化，与当时处在优势地位的欧洲文化相竞争，首先要通过翻译学习当时欧洲的优秀著作。由于出版翻译欧洲的书籍需要支付翻译费用，为了能让出版社营利，促进欧洲优秀作品在美国翻译出版，美国版权法一直拒绝承认外国作者的版权，为美国出版社翻译引进国外的书籍提供便利。直到 19 世纪末，美国才开始承认外国作者的版权。翻译欧洲的著作对于美国发展国家文化的价值也得到美国国内知识和文化界学者的认可，例如，著名社会改革家和文学评论家乔治·里普利（George Ripley）实施了一项重大外国文献翻译项目——《国外标准文献集》（*Specimens of Foreign Standard Literature*），主要翻译法国和德国两国的诗人及哲学家的著作。里普利宣称："代表着外国的最好的文学作品和学术著作不能只局限于懂源语言的少数人，应该被翻译出来传播给大众，对不同国家文学的研究必然有利于解放我们的思想，扩大我们的视野，加强我们对真理的认识。"①里普利的翻译目标是让不懂外语的普通大众能阅读外国优秀作品，力图通过翻译国外优秀著作来发展和培养美国知识与文化。《国外标准文献集》促进了美国超验主义的诞生，也对强调美国文化独立性的学者爱默生产生了重大影响。鉴于这套翻译丛书所选的哲学等著作仍是面向精英阶层，并不是大众化普遍阅读的作品，为弥补这些不足，美国的出版商也通过翻译大量通俗小说来培育大众化的民主价值观，许多来自德国和法国的情感剧和惊悚小说被翻译到美国，受到普通读者的喜爱。例如美国作家亨利·威廉·赫伯特（Henry William Herbert）（1807—1858）翻译了法国作家欧仁·苏的 6 部惊悚的小说，在当时的翻译收入高达 3000 美元。多元的文化文本被翻译到美国，不仅说明美国培育大众的民主文化，也说明美国在借助翻译外国文学发展本土文学，因为美国文学需要更多接触和了解外国文学作品才能更好地发展。② 随着 19 世纪末美国文学逐步得到欧洲文化界的认可，美国又把目标转向东方国家，大量翻译了东方

① Ripley, G. Philosophical Miscellanies, Specimens of Foreign Standard Literature：Volume I［M］. Boston：Hilliard, Gray, and Company, 1838：xi.

② Venuti, L. "American Tradition" in Mona Baker. *Routledge Encyclopedia of Translation Studies*［C］. London, New York：Taylor & Francis Group, 2001：306.

尤其是中国古典诗歌以增强美国文化的世界性。20 世纪的美国文学得到了广泛认可，并成为影响世界文学发展的重要力量。

美国在塑造自己国家文化和价值观的过程中，翻译起着重要作用，正如亨利·詹姆斯所说："我们年轻的美国人是未来的人，我们成功的唯一机会是让西方的微风随意地吹过我们。我们是美国人，必须承认这一点，我把她看作一个伟大的祝福；我认为成为一个美国人是对文化的一种极好的准备。美国作为种族是领先欧洲的种族，因为我们是各种族的融合，我们可以自由地处理不属于我们自己的任何形式的文明，可以选择和吸收，在审美等方面只要我们找到了就可以声称属于我们美国。尽管我们没有国家独特性——一直是缺陷和缺点，但我认为，作为美国作家可能还意味着我们最重要的成就就是广泛融合与综合世界上各民族智识的发展趋势。"①詹姆斯所声称的美国"选择和吸收"世界上各种不同形式的文化的一个重要途径就是翻译，美国"融合与综合世界各民族智识发展"，使得美国文化逐步成为引领世界的主流文化。特别是第二次世界大战后，美国俨然已经成为世界诗坛的鉴赏家。美国通过中央情报局所主导的"文化自由联盟"在全球通过翻译促进文学的跨国传播，逐步让美国成为世界多元文化的主导者。美国出版市场、高等教育的发展促进了古典诗歌和世界各国现代诗歌在美国的翻译。美国在文学和文化领域广泛吸收世界各国的资源，美国人对欧洲各国经典文学更加开放，他们眼中的陀思妥耶夫斯基、尼采、克尔凯郭尔是世界作家，而不是欧洲人所界定的俄罗斯、德国和丹麦的作家。② 今日美国成为世界各国文学的竞技场，在很大程度上得益于翻译，因为世界各国文学作品大多是借助美国强大的出版业进行翻译传播而获得了相应的威望。美国的翻译出版一方面促进了美国对世界各国经典文学的吸收，另一方面又借助对外的翻译出版扩大了其国际文化版图。

三、翻译在美国国家治理和全球治理中扮演了重要角色

翻译在美国国内治理和全球治理的重要功能主要是基于两大基本的驱动

①　James, H. The Art of Criticism: Henry James on the Theory and the Practice of Fiction [C]. Veeder, W. & Griffin, M. Susan (eds.). Chicago: University of Chicago Press, 1986: 233.

②　Bercovitch, S. *Cambridge History of American Literature: Vol. 8* [M]. Cambridge: Cambridge University Press, 1996: 160-192.

力：一是美国国内对民权保护的诉求，要求政府机构尤其是联邦政府机构不能因公民的来源地而差别对待甚至歧视公民，并确保他们无差别地获得相关服务；二是美国需要从价值理念、意识形态、文化等方面对世界各国施加影响，并以美国的全球商业扩张及军事力量确保其在国际秩序中的角色。因此，在国内治理方面，各个联邦机构制定了语言翻译服务政策指南，核心内容就是为英语能力不足者提供翻译服务，协助他们获得公共服务，积极参与公共事务，实现国家治理目标。在全球治理领域，美国宪法规定国务院是美国行政部门的重要成员，对外代表美国处理国际事务。美国国务院在国际事务管理领域需要翻译人员完成日常事务的管理、外交谈判、领导互访等，并协助国务院实施文化教育交流、意识形态宣传。因此，美国制定了对美国学术团体、教育及文化机构，甚至公民个人对外文化交流的资助政策，以提升美国在全球的影响力，这些活动目标的实现不仅需要翻译参与其中，甚至翻译本身也是文化教育交流的内容，如国务院设置了海外图书翻译出版项目，也协助其他机构进行美国图书的海外翻译出版，进而实现美国的知识产品在全球的主控地位。美国还通过各类机构翻译引进世界各国的经典文献，以增强其对世界各国知识和文化的掌控力。

此外，全球治理能力更需要强大的经济力量做支撑，而建立全球经济网络首先也必须跨越语言和文化的障碍。"二战"之后美国实力增长与其在全球的经济扩张紧密相连，而经济的扩张需借助翻译克服和扫清语言障碍。语言翻译服务不仅促进了美国经济的全球扩张，如语言翻译服务公司为美国各类贸易公司在全球的扩张和发展提供贸易合同、操作手册、说明书、技术信息及本地化翻译服务，同时也促进了美国语言服务行业的发展。根据《纽约时报》1991年的报道，以"全语言翻译服务公司"（All-Language Services）为例，该公司在1946年成立时只有5个译员，但随着美国出口贸易的发展，法律合同、操作手册等各种材料都需要被翻译成不同的语言，"全语言翻译服务公司"在20世纪80年代得到迅速发展，员工增至90多人并可以从事59种语言的翻译，日语翻译业务在80年代增长了四倍。①目前美国的语言服务产业净产

---

① All About Translation Services: The Growing Gelt in Others' Words. [Z/OL]. (1991-10-20) [2021-01-06]. https://www.nytimes.com/1991/10/20/business/all-about-translation-services-the-growing-gelt-in-others-words.html.

值高达 560 亿美元，2018 年的数据表明美国占据了全球市场的近 40%，高达 2108 亿美元。① 虽语言服务也涵盖语言教育和语言技术等服务，但翻译服务占据其中主要部分，包括翻译技术和翻译教育培训服务。而且，目前美国的翻译公司大多是全球性的大企业，在全球设有分部，员工遍布世界各地，且大多是美国政府的翻译服务供应商。以目前排名第一的语言服务公司"完美翻译"（TransPerfect）为例，其不仅是美国国土安全部、卫生与公共服务部等联邦政府部门的翻译服务供应商，也在全球开展业务，在全球设有 100 多个办公室，业务范围涵盖了翻译服务、语言文化培训、呼叫中心支持、网站软件本地化、测试、咨询、多元文化营销、人力资源/招聘、多媒体、人工智能的数据解决方案、观点和媒体监测、培训/网络学习、法律服务等多个领域。美国的经济全球化发展为其全球治理提供了经济支撑，而翻译公司为经济全球化提供了必要的服务，进一步增强了美国经济实力和全球治理能力。②

美国全球治理能力的另一个重要保障是其强大的军事能力，正如第 7 章所论述的，美国的军事能力也有翻译作保障。美国军事部门有重视外语能力的传统，这和美国的军队自创立以来就面临的多语言现状有关。语言是美国军事学校的必修课程。翻译人员在美国参与的军事冲突中具有关键性作用，如果没有语言专家，美国在全球的军事力量就无法起到其应有的作用。目前美国军事部门为了减少对翻译的依赖，尤其是军事译员带来的伦理问题，采取了多项措施提升军事内部人员的语言能力。例如，为了促进现役军官学习外语，专门设置了外语能力奖金（Foreign Language Proficiency Bonus），不同的外语能力水平对应不同数额的特殊津贴。③ 此外，国防部为了应对现代战争对情报的需求，研发了机器翻译等技术，开发自动翻译软件及获取各类信息形式的技术。鉴于不同区域的社会文化风俗也是影响翻译语言能力及交流的关键性因素，目前美国国防部把外语能力和区域能力相结合制定并实施《国防部

---

① Language Services Industry in the U. S.: Statistics & Facts [R/OL]. (2018-01-21) [2020-06-30]. https://www.statista.com/topics/2152/language-services-industry-in-the-us/.

② About TransPerfect [EB/OL]. [2020-06-30]. https://www.transperfect.com/about.

③ 单一语言能力的奖金是 100~500 美元，具有两种或两种以上的语言或方言能力的奖金每月为 1000 美元，最高不超过 1200 美元，美国军队规定了不同级别的奖金水平，该奖金每年必须参加相应的资格考试才能获得奖金。参见 Foreign Language Proficiency Bonus (FLPB) [EB/OL]. (2020-12-21) [2020-12-30]. https://militarybenefits.info/foreign-language-proficiency-bonus/

关于语言技能、区域知识和文化能力的战略规划》①，要求国防部所有人员均需具备相应的语言技能、区域专业知识及文化能力。

总之，翻译在美国的国内治理和全球治理实践中起着不可或缺的作用。首先，美国应对国内多元语言和文化，需要借助翻译提升其公共服务能力。其次，尽管目前英语逐步成为国际交流的通用语言，但各国在进行官方交流中行使各自的语言主权，美国参与全球事务时必须尊重世界各国的语言主权，因而也必须借助翻译才能实现与世界各国的有效沟通。更重要的是，面对其霸权主义行径而引起的反美思潮，美国在全球推销其国际秩序理念时，必须把相关信息翻译成当地语言并尊重当地文化。在美国今后的全球治理中，翻译仍将扮演重要的角色。

第二节　美国翻译政策与实践对中国的启示

纵观美国 200 多年的发展历史，翻译一直参与其中。美国的翻译政策和实践不仅提升了国家能力，也是国家能力在翻译领域的重要表现。中国自 20世纪初期开启现代民族国家建设，尤其中华人民共和国成立以后，提升国家能力成为我党领导国家现代化建设的中心议题，美国翻译政策和实践对其国家能力建设的影响，为我国新时代的国家能力建设提供了诸多启示和参考。

一、翻译在提升中国国内治理能力中应扮演的角色

国家的合法化能力、统领能力及濡化能力是国内治理能力的保障。我国作为一个多民族的大国，民族语言的不同也对我国的国家治理提出了挑战。中华人民共和国成立后，我国在对少数民族居住区的治理方面也运用了翻译。首先，向少数民族地区翻译了《中国人民政治协商会议共同纲领》以及在此基础上诞生的 1954 年宪法——《五四宪法》，向少数民族地区传达了国家政治理念。1949 年西藏还没有解放，但国家民委组织了《中国人民政治协商会议共同

① Implementation Plan for Language Skills, Regional Expertise, and Cultural Capabilities ［R/OL］. （2014-05-30）［2020-07-18］. https：//dlnseo. org/sites/default/files/APPROVED%20Implementation%20Plan. pdf.

纲领》藏文版的翻译。① 之后，中共中央于 1953 年成立了"民族出版社"，1955 年又成立"中国民族语文翻译局"担任马列著作和毛主席著作的翻译任务，促进了政治意识形态的统一，提升了国家管理多民族社会的能力。翻译在我国建国之初已积极参与到国家政治制度的建构中，在 21 世纪的今天，中国需进一步发挥翻译在国家合法化能力、统领能力及濡化能力方面的功能，通过翻译促进国家治理能力的提升。

第一，加强司法领域的翻译。司法能力是国家合法化能力的重要组成部分，也是社会治理的最后一道防线。美国为避免诉讼人因语言能力不足而遭受不公正审判，专门出台了《法庭口译法》，对如何选择法庭译员、法庭译员的资格认定、宣誓、口译方式、质量保障等涉及法庭公正审判的步骤，以及翻译所应承担的功能都进行了规定。我国虽在宪法、法律、司法解释、部门规章制度层面对诉讼当事人，尤其是刑事诉讼的翻译制度进行了原则性的规定，涵盖了聘用翻译人员的情形、翻译人员聘用的回避制度、笔录证据翻译的有效性及相关翻译权利的告知等，但这些规定只是原则性的，并没有相应的操作规范，翻译问题及翻译人员在诉讼参与中应遵守的规范等未能得到应有的重视，存在诸多缺陷。② 这些缺陷必将对我国依法治国的理念和实践产生影响，如《刑事诉讼法》第 9 条规定，公安司法机关应当为不通晓当地通用语言文字的诉讼参与人提供翻译，但如何界定诉讼当事人是否"通晓"当地通用语言文字，没有司法解释及规定，也没出台相应的标准和规定来具体指导在何种情况下聘请翻译，这往往导致在一些需要聘用翻译的场合却未能聘用翻译，进而影响了诉讼程序及案件认定的准确性，影响了当事人权利的实现。③

此外，我国对翻译人员的资质认证缺乏具体的指导，没有设置专门的主管机构对翻译人员进行资格认定和管理，也缺乏相应的从业规则，这必将影响涉外人员、民族地区及聋哑人的诉讼权利及法庭审理的公正性。我国没有专门的司法翻译专业培训和翻译人才储备，更缺乏评估司法翻译能力和水平的相关机制。尽管一些省市对翻译人员资质进行了规定，但标准并不统一，

---

① 庄健，殷泓. 用民族语言传递共和国最美之声：写在中国民族语文翻译局成立 60 周年之际[Z]. 光明日报，2015(12).

② 薛培. 论刑事诉讼翻译制度的缺陷与重构[J]. 中国刑事法杂志，2007(4)：73.

③ 吴雯. 涉外刑事司法翻译问题的检讨[J]. 人民司法，2017(19)：82.

尤其对一些比较小众的语种，专业的翻译机构几乎没有相应的人才储备。① 而美国 1978 年《法庭口译法》专门对法庭口语考试、资格证书等进行了规定，并开发西班牙语、海地克里奥耳语及土著纳瓦霍语的法庭口译考试。涉及翻译问题的司法判例又进一步将译者资质及对翻译质量的要求具体化。在我国，一项调查表明，只有 25% 左右法庭审理中的翻译人员是专业翻译公司具有一定资质的翻译人员，大多是教育机构或懂一些相关语言的人员，② 这和美国对司法翻译人员资质的要求相去甚远。更重要的是，美国《法庭口译法》要求联邦法庭建立法庭口译人才储备库，以满足各级法庭对翻译人员的需求。相比而言，中国司法领域翻译制度的不完善还体现在很多方面，如翻译人员的中立性、翻译人员的权利和义务、翻译错误的追责和救济等制度尚未建立，这不仅影响了涉外人员、少数民族居民、聋哑人等的诉讼权利的实现，更不利于实现司法公正，不利于民族团结及少数民族自治区的治理。随着中国国际化程度的提升，司法领域翻译不足的问题也对我国的司法语言主权、国家司法形象等方面带来了不利影响。

第二，加强公共服务领域翻译规范的制定和相关制度建设。随着全球化的发展以及我国经济腾飞，大量国际人才来中国工作、经商，一些大城市已形成了外国人居住区，翻译是为外国人提供公共服务的重要手段，良好的语言服务不仅有利于我国国际化软环境的建设，也是国家治理能力提升的体现。正是基于此，我国于 2017 年专门制定并颁布了《公共服务领域英文译写规范》，该规范涉及交通、文化旅游、教育、体育、医疗卫生、邮政电信、餐饮住宿、商业金融等公共服务的多个领域。不过，仅凭该规范并不能满足公共服务领域的翻译需求，随着我国国际多语言社区的增加，我国在公共领域的语言翻译服务与我国的国际地位及国家的治理能力并不匹配。我国未能制定专门的多语种翻译服务政策，翻译服务语种较单一。目前中国公共领域的翻译只发布了英译规范，没有其他语种的译写规范，这不利于国家治理能力的提升，因为中国有大量来自亚洲国家的劳工，他们的英语能力不够，需要的也非英语服务。上海等国际化程度较高的城市在城市标牌景观方面，虽然已

---

① 赵森. 我国刑事诉讼翻译制度亟需完善[N]. 检察日报, 2018-02-12(003).

② 史航宇. 论我国刑事诉讼中翻译制度的完善[D]. 北京: 中国人民公安大学, 2020: 19-20.

在一些国际化小区已经实现了多语种翻译服务，但其语种数量仍然不够丰富，尤其是在一些非英语国家的国民居住区，如越南语、泰语、阿拉伯语等多语言社区，未能提供相应的语言翻译服务。① 不能提供非英语的翻译服务目前已经影响到我国公共治理，甚至国家形象。例如，在非洲移工居住的广东省，虽然政府已经针对非洲移工设立了管理站，并提供了英语、法语、阿拉伯语等语种的服务小册子，② 但许多非洲语言的服务仍比较欠缺，影响了来自非洲国家居民社区的服务质量，并导致了"三非"人员滞留的增加，影响了中国的国家治理和管理能力。尤其是随着"一带一路"倡议的实施，将会有更多的"一带一路"沿线国家的国民来到中国学习、工作并定居，从而对公共服务领域的多语种翻译能力提出更大的挑战。因此，中国应基于每年来华定居的外国居民的数量及其分布进行调查，在为他们提供汉语教学的同时，增设社区翻译服务规定。社区翻译服务也有利于《中华人民共和国国家通用语言文字法》的实施，我国推广普通话和规范汉字的目标也需要翻译得以保证，在国家官方场合坚持使用普通话和标准汉字，并通过翻译确保少数民族和外国人的语言权利。在一些多民族杂居地区，加强汉语与方言、汉语与少数民族语言的翻译能力，避免因为语言问题影响少数民族区域的公共服务。

第三，加强医疗卫生等专业领域的翻译服务能力。我国医疗等专业领域翻译能力的欠缺已造成一定的负面影响。一项针对外国人的关于语言服务满意度的调查表明，中国在医疗、文化娱乐方面能提供的有效的翻译服务比较欠缺，尤其是医疗翻译领域未能储备和培养足够的翻译人才，给在中国的外籍定居者就医带来困难。③ 另外，我国医疗服务的国际竞争力也受到影响，日本、韩国的医疗服务在国际市场上具有竞争力，主要因为其背后有国际化医疗人才及医疗翻译服务作支撑。更为重要的是，医疗领域翻译服务政策的欠缺也影响了国家形象，在2020年疫情期间，语言不通导致我国医护人员与外

---

① 杜宜阳. 智能时代国际化城市的语言生活治理[D]. 上海：上海外国语大学，2019.

② 周博. 在华非洲人管理新模式：广州外国人管理服务工作站[J]. 广西民族大学学报(哲学社会科学版)，2016(4)：129-134.

③ 罗雪梅，韩笑，等. 2010外籍人士对上海外语服务满意度的调查分析[J]. 上海管理科学，2010：103-105.

籍人员的交流不畅，对我国的防疫工作造成不良影响，影响了国家形象。①医疗等专业领域翻译能力的欠缺也影响了我国翻译服务产业的发展。美国在通过强制性的医疗翻译服务政策为患者提供医疗翻译保障的同时，也提升了其在医疗翻译产业的世界领先地位。美国各医疗机构是美国语言服务公司最大的客户，直接促使美国语言翻译产业的发展。与此同时，发达的医疗翻译服务产业也为美国的医药产业发展做出了贡献，无论是新药实验还是新药在国际市场的推广，都需要通过翻译进入世界其他国家。对全球 100 强语言服务供应商的人才需求调查也表明，对医学类翻译的需求仅次于 IT 产业，② 因此，中国应加强医疗等专业领域的翻译能力建设，这不仅有利于传染疾病的防控，也将提升我国医疗公共事务服务能力及医疗等相关产业的创新能力。

第四，加强文化教育领域的翻译制度建设。文化教育是提升国家濡化能力的关键领域。世界上几乎所有的主权国家都制定了发展文化教育的政策，而翻译既是文化教育活动的一部分，也是发展文化教育的重要措施。我国宪法有关文化教育发展的规定也需要借助翻译才能实现其目标：例如《中华人民共和国宪法》第 19 条制定了发展教育的规定："国家发展社会主义的教育事业，提高全国人民的科学文化水平"；第 22 条制定了发展文化艺术事业的规定："国家发展为人民服务、为社会主义服务的文学艺术事业、新闻广播电视事业、出版发行事业、图书馆博物馆文化馆和其他文化事业，开展群众性的文化活动"。这些文化教育的规定不仅是翻译制度建设的法律基础，也需要借助翻译才能实现法律规定的目标。一方面，我国为实现宪法所确立的文化教育、科学发展目标，依法成立了专门的翻译出版机构，通过大型翻译项目，译入了大量外国教育、科学、文化领域的著作。如中华人民共和国成立初期翻译了大量当时苏维埃共和国时期的著作和期刊以发展社会主义先进文化，促进文学、艺术及科学的发展。自 20 世纪 70 年代起，中国为学习世界先进科学及文化，开始大量翻译欧美国家的相关文学艺术及科学技术。另一方面，我国翻译的世界各国优秀文化为中国文化的创新作出了重大贡献。自 70 年代开始，我国加大对世界各国的优秀文学艺术及科学技术的翻译，不仅使中国

① 尼日利亚外长澄清：部分尼公民在广州未严格遵守防疫规定，社交媒体错误解[Z]．人民日报．[2020-04-15]．

② 穆雷、沈慧芝、邹兵．面向国际语言服务业的翻译人才能力特征研究[J]．上海翻译，2017(1)：8-16.

的现代化建设得到了蓬勃发展，而且产生了大量的优秀文化、艺术及科学技术，并逐步通过对外翻译让优秀的社会主义文化走向世界，在世界产生重大影响，实现了国家文化和科学技术的创新发展。

当今，中华文化的复兴和发展也进入新时代，我国文化教育的创新发展和中华文化的认同进入新的阶段。美国自建国以来通过在文化、教育与科学技术领域的翻译，实现了文化创新，并通过在各移民社区翻译美国文化以同化移民，促使他们认同美国文化。我国一方面可借鉴美国的做法，加强对世界各国经典文本和科技创新成果的翻译，设置翻译机构译入世界最新的学术成果，促进学术和科学研究的创新，提升中国在科技和知识生产领域的话语权，译入世界各国的文化著作，培养国民对世界各民族文化的包容度；另一方面，也需要借助翻译向少数民族区域翻译传播中华经典文化和当代优秀文学艺术作品，实现中华民族的认同。目前，中国许多优秀文化艺术作品未能翻译成少数民族语言。以中国近现代著名作家鲁迅的作品为例，尽管早在 20世纪 30 年代，《故乡》已被翻译成朝鲜文，50 年代成立的民族语言出版社也翻译出版了鲁迅的作品，但总体而言，主要集中在朝鲜文、蒙文、维吾尔文、哈萨克文译本，藏文、锡伯文译本较少，且大多只是翻译的单篇或选集版本，①如第一部维吾尔文的《鲁迅全集》在 2006 年才得以翻译出版。② 中华经典文化的民族语言译本还不如英译本数量多和全，这在一定程度上影响了我国的中华民族文化认同。另外，加强我国经典文献从文言文向现代语言的翻译。美国在建国后从未间断也几乎翻译最多的书籍是古希腊和古罗马经典著作，几乎每年都有重要经典著作的重译，美国的西方经典翻译加深了美国本土文化的历史传统根基，目前中国向世界各国输出了大量的儒家、道家及佛家经典，然而，用当代话语方式在中国青少年群体中传播中华文化经典也需要语内翻译，因此，中国应根据当代汉语语言的特点，特别应借助当今的电子媒体技术，以更活泼有趣的形式翻译传播中华文化经典，与时俱进，在新一代青少年中传播、发展、创新传统文化，促进社会主义新文化的发展。

总之，我国国家治理能力的提升需要翻译的参与，尤其我国在走向包容、

---

① 伊明·阿布拉. 鲁迅作品的民族语言的翻译与研究［J］. 语言与翻译，2000（1）：33-36.

② 《鲁迅全集》的维吾尔语出版［EB/OL］.（2006-05-11）［2020-12-1］. http：//www. chinawriter. com. cn/2006/2006-05-11/18940. html.

开放的世界强国的征程中，需要借助翻译增强国家的合法化、统领及濡化等国家能力。

二、翻译对提升中国全球治理能力的启示

正如《中国对外关系发展 40 年（1918—2018）》一书所论述的，自改革开放以来，中国开启了参与国际多边组织和全球多边机制的进程。40 年来，中国在参与国际组织和全球治理方面经历了不同的阶段，每个阶段都有自身的特点，无论从态度到角色都发生了重大变化，从过去的被动接受到 21 世纪的主动担当并积极引领，中国已经成为世界体系的重要参与者。无论是在国际组织的地位，还是在与世界主要经济体和主权国家建立良好的和平合作关系方面，中国都取得了非凡的进步。① 然而，中国作为社会主义且具有悠久文明历史的大国，在参与世界体系的规则制定及国际治理议题的探讨中，也遭遇了因文化、意识形态及治理理念的不同而产生的摩擦和冲突。为减少这些冲突和摩擦，需要翻译的参与，而美国在"二战"后为提升全球事务治理能力，也加强了相关翻译制度建设，为中国提供了富有建设性的参考。

第一，加强以国家安全为目标的军事翻译能力建设。美国参与全球事务有其强大的军事力量及灵活多样的军事翻译制度作为后盾。我国自 20 世纪以来也意识到了军事翻译的重要性——"军事翻译是研究世界军事发展，加强我军对外交流的重要桥梁和纽带，要着眼推进中国特色军事变革、加快我军现代化建设的需要，进一步加强军事翻译工作，争取多出成果，出高水平成果。从事军事翻译工作的同志们要进一步开阔战略视野，积极关注世界军事领域的发展变化，以全面过硬的素质和更加扎实的工作，为实现我军现代化跨越式发展贡献力量"②。2015 年发表的《中国的军事战略》规定的中国军队担负的八项战略任务几乎都需要相应的军事翻译能力。③ 中国作为世界大国，在全球事务治理方面承担着越来越重要的任务，尤其在维护国际和平安全方面。因

---

① 张蕴岭，任晶晶，等．中国对外关系发展 40 年（1918—2018）[M]．北京：社会科学文献出版社，2020.

② 《外国军事学术》特约评论员认真贯彻落实军委首长指示，努力开创军事翻译工作新局面[J]．外国军事学术，2004（12）：1.

③ 中华人民共和国国务院新闻办公室．中国的军事战略[R/OL]．（2015-05-26）[2020-12-22]．http：//www. mod. gov. cn/regulatory/2015-05/26/content_4617812. htm.

而军事翻译已从传统的军事装备翻译和情报翻译发展到军事外宣翻译、访问翻译、演习翻译、维和翻译及边境冲突翻译，但中国军事翻译人才仍比较缺乏，目前没有制定专门的政策制度发展翻译能力。中国军事领域的外语能力及翻译能力已经受到学者及军事院校和部门的关注。① 我国首先可借鉴美国，建立军事语言人才建制及储备。美国自"一战"以来基于战场的口译的需要及情报翻译的需求，设置了专门翻译军团和军事翻译培训学校。中国虽通过各军事类外国院校培养了相关语言人才，但在专业翻译人员方面并没有出台专门的政策措施。鉴于中国目前的军事任务主要是以维和为主，可以基于维和任务的需要，加大培养索马里语、阿拉伯语及非洲语言等中国维和任务涉及的国家和区域的语言人才。此外，加强翻译技术的开发。现代战争在很大程度上已经是情报和军事科技的较量，军事情报的获取有赖于对文字、图像、声音等涉及信息符号的翻译和加工。美国国防部"二战"后资助了大规模的语言翻译技术开发和研究，不仅国防部的技术人员直接参与语言翻译技术的研发，美国国防部也花巨资资助民间机构进行语言技术的研发。目前中国学界以及国防部门都意识到了语言技术的重要性，加大力度开发相关语言翻译技术平台，以满足军事情报和翻译的需求。② 然而，由于我国缺乏军事翻译技术前期研究基础，因此在创建相关语料库方面也面临着明显的劣势，尤其是汉语与世界冲突地区的语言的对比语料库较缺乏。相比美军和翻译服务行业在语言技术领域的发展，中国军队在翻译能力方面存在翻译保障信息化水平较低、翻译技术不够发达、翻译协同水平较低和生产能力不足等问题，而语言资源的不足制约了先进语言技术工具应用和翻译保障组织模式的升级。因此，在应对全球治理中对军事能力的需求，我们需要制定相应的军事翻译政策，通过政策激励军事翻译研究及相关人才的培养，支持民间信息技术公司发展翻译技术，从而提升军事情报信息的翻译能力以应对全球冲突，提升中国处理全球问题的能力。

第二，制定分区域、多主体、多层次、多载体的对外文化和信息的翻译传播政策。"二战"后，为向世界宣传美国模式，同时应对世界的反美思潮，

---

① 侯建伟，韩子满. 论新形势下的军事翻译与军事翻译人才的培养[J]. 高等教育研究学报，2012(2)：12-14.

② 刘明，彭天笑. 军事翻译语言资源平台建设构想[J]. 云梦学刊，2018(2)：13-17.

美国成立了国家新闻署，分不同区域对外翻译美国书籍等讲述美国故事和美国的成就。中华人民共和国成立以来，我国结合中国国情、历史和文化成功建设了具有中国特色的社会主义国家，并在经济、文化、法治、政治、民生等各方面取得了重大发展和成就。然而，我国在对外传播方面并未有效传递国家的价值理念和成就，仍然有许多国家的国民不认可中国的成就，并持有偏见。首先，中国也可借鉴美国经验，通过翻译分区域、多机构对外讲述中国成就和模式。虽自 1949 年以来中国就意识到翻译在对外宣传方面的重要性，并成立了中央编译社等，以多语种对外传播党和国家领导人的著作和建国理念，以及中国的政治制度、经济制度等重要文件，但相比美国形成的分区域、多机构通过翻译进行对外传播的体系，中国传播主体单一，在对世界不同国家和区域进行翻译的内容及翻译方式的选择上还有所欠缺。如在翻译内容的选择方面，美国分地区选择不同的内容：针对同属西方文明的西欧各国，美国强调其文化艺术领域的现代主义和国际主义精神①；而针对亚洲、拉丁美洲等国家，美国暗中支持拉美、亚洲等国家的异见分子或意见领袖的文学艺术作品的翻译出版，在内容方面也不回避一些丑化美国的作品，以显示美国的客观性和包容性，从而在意识形态方面促使第三世界国家向美国靠拢。对外翻译传播主体方面，美国避免了官方主控地位，通过私立基金会、学术机构等实施了多样化的文化传播模式。因此，我国需加强翻译制度建设，促进多机构和主体的参与，进行中国故事的多样化叙述；也要加强翻译内容的管理和学术化。如中国治理理念如何和多样化的国际社会治理相结合，尤其如何把国家治理中有效的具体措施理念与构建"人类命运共同体"相融合，形成逻辑的整体，并分不同区域选择不同内容进行翻译传播，而不是单一的"一刀切"式的翻译传播。在内容的选择和讲述方式中，不一定总是强调中国的成就，也针对现实问题进行论述，向外展示一个不回避问题并总在不断改进和发展的中国。其次，要充分利用现代大众媒体技术对普通民众进行传播，基

---

① 美国中情局在冷战期间资助世界各国的文学家和艺术家作品的翻译和出版以打造美国支持文化自由和民族精神的形象，赢得了许多知识分子的好感，如 T. S. Eliot、W. H. 奥登、托马斯·曼、纳博科夫等。21 世纪以来国际学界从文化角度对这种现象进行了揭示。如 Andrew N. Rubin. *Archives of Authority: Empire, Culture, and the Cold War*. Princeton: Princeton University Press, 2012; Saunders. *The Cultural Cold War: The CIA and the World of Arts and Letters*. New York: The New Press, 2001.

于国外不同历史文化背景中普通民众不同的接受方式，用最易接受的方式进行翻译和传播。如用中国基层治理的故事去感染海外的普通民众，避免使用理论化、学术化等不易打动人心的语言；① 在传播方式方面，采取多媒体的形式进行传播，通过电影、纪录片、动漫甚至游戏软件对外讲述中国文化，以展示中国的发展。再次，充分利用走出去的企业讲述中国的故事。中国应重视聘用当地员工及语言翻译人才，通过在中国企业的国际雇员或当地员工，讲述和展示中国治理的故事，发挥海外民众讲述中国故事的作用。同时，利用走进中国的国际企业，让外籍员工讲述他们在中国的工作、生活所经历的关于中国发展的故事。最后，在对外交流过程中，在对中国文本进行翻译传播的同时，也要加强在对外交流中的语言主权。在公务交往中，无论是会谈、记者招待会，还是涉及公务信函等交流，应以中文进行，通过聘用专业翻译实现双方交流，并厘清翻译的责任和义务。美国在这方面的规定值得我们借鉴。美国虽没有将英语规定为官方语言，但在海外的业务中，美国要求所有驻外机构在公务信函及相关会谈中必须使用英语，并特别强调，回复外方信函时必须使用英语，翻译责任属于信函接受方。这是一种隐晦宣告英语作为美国官方语言的重要方式。中国在对外事务处理中也应通过翻译制度保障国家的语言主权，促进汉语的国际传播，汉语的国际传播又将进一步提升中国参与全球事务的能力。

第三，关注国际组织的语言翻译政策，提升中国在国际组织中的翻译能力。大量世界性和区域性的国际组织在第二次世界大战后相继成立，以应对超越国家和地区的全球性问题。翻译是国际组织运行的重要保障，国际组织也是聘用专业翻译人员的最重要的机构。中国目前已经加入几乎所有的国际组织，国际组织也成为中国就全球议题和问题贡献中国力量和智慧的重要平台。例如，中国是联合国安理会常任理事国，参与了几乎所有政府间国际组织，签署了 500 多项国际条约，并且在联合国粮农组织等联合国专门机构出任主要负责人。在实际贡献方面，中国已经是联合国第二大会费国、维和行动的第二大出资国和安理会五常中派遣维和军事人员最多的国家。中国在"世界银行"和"国际货币基金组织"等机构中的投票权位于前列，近年来也成功主办"二十国集团"、亚太经合组织、上海合作组织、亚洲相互协作与信任措施

---

① 周鑫宇，黄嘉莹. 中国国家治理体系的对外讲述［J］. 对外传播，2020（2）：7-9.

会议、金砖国家等多场峰会，并创设了亚洲基础设施投资银行、金砖国家新开发银行等新多边金融机构。① 我国的全球治理能力离不开与国际组织的合作，了解国际组织的语言和翻译政策并积极参与相关翻译政策的制定，对中国巩固在国际组织的主导权具有重大意义。首先，我国应借鉴美国在国际组织推行英语作为主要官方语言的做法，确立汉语在国际组织的官方语言地位。其次，在规则制定权、议程设置权方面坚持使用中文，不能为了迎合目前英语的通用语言地位而选择用英语对话，应强调汉语的使用，并通过翻译进行交流和传递，逐步确立汉语在国际组织的主导地位，切实提升中国的国际话语权。再次，随着行业性的非政府组织在全球问题中扮演着越来越重要的角色，尤其是其对国家的行业政策产生的重要影响，例如非政府组织良好棉花发展协会（Better Cotton Initiative）对棉花生产和加工行业具有较大的影响力，我国应加强在国际非政府组织中的影响力，进而在行业性的组织中加强汉语的地位。国际非政府组织的翻译政策已经是关于权力和语言的试验场，② 国际非政府组织的官方和工作语言也随着国家的话语权的变迁而变迁，许多国际组织的语言从最初的英语向其他语言转移，我国深度参与国际组织必将促使汉语逐步成为国际组织的工作语言，从而提升我国的全球治理能力。

中国曾以其悠久的历史文明和国家治理体系对东亚诸国的文化发展和国家治理制度产生重大影响，汉语曾和拉丁语一样成为东亚区域的超国家语言，东亚各族群在文字交流方面并不需要借助翻译。③ 然而，自现代民族国家诞生以来，国家通过法律及相关制度确立和发展自己的语言和文化，翻译随之成为不同语言的民族国家进行交流的重要途径。当今英语的通用语地位迫使许多国家选择用英语传达自己国家的声音，因此，我国一方面需提升汉语的国际地位，维护国家语言主权，另一方面也需借助翻译向全球传播中国的文化和价值理念，借助翻译提升我国国家治理以及参与全球事务的能力。

---

① 王毅. 谱写中国特色大国外交的时代华章[N]. 人民日报，2019-09-23.

② Tesseur, W. Incorporating Translation into Sociolinguistic Research: Translation Policy in an International Non-Governmental Organization[J]. *Journal of Sociolinguistics*，2017（5）：629-649.

③ Denecke, W. Worlds Without Translation: Premodern East Asia and the Power of Character Scripts[C]// Bermann, S. & Porte, C. *A Companion to Translation Studies*. Hoboken, N. J.: John Wiley & Sons, Ltd., 2014：204-216.

　　当今，面对气候问题、病毒的传播等全球性问题，科学界、政界及人文社科的学者都在重新思考和定义主权国家的角色，思考如何在尊重国家利益的基础上，共同应对全球问题。翻译界的学者也不例外，也在思考翻译如何跨越国家的边界以应对今日世界面临的共同问题，并促进国家治理和全球事务处理能力的提升。笔者希望本书的论述能对当今翻译界思考的问题有所启迪，更期盼中国的翻译界能为提升国家治理及全球治理能力发挥更加重要作用。

后　记

　　本书是在对国家社科研究课题的总结、补充及深化的基础上完成的。早在2013 年我的第一部学术专著《美国高校外语教育发展》出版后，我就开启了对所在学科领域新问题的探索，恰逢学界也正在探讨外语学科尤其是翻译如何服务于我国正在实施的"中国文化走出去"战略。翻译应如何发展才能既满足国家战略需求，又能在理论创新和实践方面实现新突破？鉴于我一直在从事有关美国和日本的外语教育研究，我首先思考，美国、日本作为对外文化传播先行者是如何实施的，它们有着怎样的经验和教训值得借鉴和参考。带着这样的问题，我除了阅读相关文献之外，还去日本和美国进行了实地调研。研究和考察发现，在美国和日本，除了学界从文化发展和传播层面研究翻译策略、方法及技巧等问题，在国家层面也通过相应隐性和显性的翻译政策引导翻译活动以满足国家在政治、经济及文化发展方面的需求，尤其是在作为移民国家的美国，翻译参与了国家各个层面的治理。基于调查研究，2016 年我以"美国翻译政策及其对中国文化走出去的影响"为题申报了国家社科基金项目，选题幸运地得到了学界的认可，获得了国家社科基金项目的资助。这既是鼓励，也是一种压力，为了不辜负国家和学界专家的信任，在接下来的近 6 年的时间里，我阅读文献，搜集相关数据，走访美国实施翻译项目的机构，验证自己的假设和推理，并结合国家需要和翻译学科的发展，确立了以"国家能力"为理论视角，从强制能力、濡化能力、统领能力、整合能力四个方面，探讨了美国翻译政策的法律基础，以及翻译是如何服务于美国国内事务治理、国际事务的处理、文化发展、对外文化传播及体现国家强制力的军事活动，论证了翻译对提升美国国家能力的功能和价值，最后根据新时代我国在国家治理、文化发展及对外文化传播等领域的需求，对如何借鉴、参考美国的一些做法，充分发挥翻译在提升我国国家能力方面的作用提出了自己的思考。

　　本书距 2013 年我的第一部学术著作的出版已十年有余，似乎印证了"板凳要坐十年冷"。但下一句"文章不写半句空",我却没有自信,只有读者才有发言权。在十多年的研究和思考付梓成书之际,我想借此机会,对这场漫长而艰辛的学术探索之旅中得到的各种帮助和鼓励表达我的感激之情。

首先感谢学界匿名专家,谢谢他们认可我的研究,让该研究有较高的起点,特别要感谢一位评审我的最终研究成果的专家的评价:"以法学及政治学的核心理论视域即'国家能力',将翻译问题置于更加广阔的理论语域进行审视,突破了传统翻译学的桎梏,从翻译主体、翻译呈现、与宏观文化语境,尤其是翻译行为与时代语境的互动中解读翻译问题,避免了就语言、文学谈译学带来的限制,为准确把握翻译与时代发展的关联提供研究方向,为交叉学科相互促进带来了契机。"这些评价不仅给了我勇气、力量和信念坚守这一研究的价值,也让我以更严谨、认真的态度修改完善,并最终让我有信心出版,接受更多的读者的批评指正。

其次,感谢康奈尔大学的 Goldwin Smith 讲席教授酒井植树,谢谢您的邀请和提供的平台让我再次有机会去美国进行实地考察调研,感谢国家留学基金委的资助让调查研究得以完成。

感谢华中农业大学外国语学院以胡守强书记和覃江华院长为代表的领导集体为本书出版提供的帮助,谢谢你们营造的宽容环境让我能在人生的低谷期有力量坚持下去,最终完成了该研究。

感谢我的家人,感谢他们的理解及在物质和精神上的支持,让我能潜心进行研究,尤其要感谢我的女儿苏醒,无论是在日本还是美国的调研和考察,她都毫无怨言陪伴我,忍受我在这场孤苦的学术之旅爆发的坏脾气,协助我完成了调研和研究,并取得了较好的成果。

最后,感谢武汉大学出版社的编辑团队认可该书的出版价值,不仅帮助解决了书籍出版各种手续问题,还对书稿中的翻译腔和欧化表达进行了优化,增强了本书的可读性。

本书中一切不够成熟的地方和观点,都是作者本人的问题,作者将在今后的研究中进一步改进和完善。

龚献静

2024 年 2 月 20 日